Helga Breuninger/Dieter Betz

Jedes Kind kann schreiben lernen

Ein Ratgeber für Lese-Rechtschreib-Schwäche

Unter Mitarbeit von
Klaus-Peter Kleinsimon, Elisabeth Möller,
Elsbeth Peekel

5. Auflage

Beltz Verlag · Weinheim und Basel

Anschriften der Verfasser
Dr. Helga Breuninger
Prof. Dr. Dieter Betz
Scheidtstr. 98a, 4300 Essen 1

Dr. Klaus Peter Kleinsimon, Rembrandtstr. 37, 4300 Essen 1
Elisabeth Möller, Cranachstr. 5, 4300 Essen 1
Elsbeth Peekel, Leimgardtsfeld 91, 4300 Essen 1

Die Deutsche Bibliothek — CIP-Einheitsaufnahme

Breuninger, Helga:
Jedes Kind kann schreiben lernen : e. Ratgeber für
Lese-Rechtschreib-Schwäche / Helga Breuninger ;
Dieter Betz. Unter Mitarb. von Klaus-Peter Kleinsimon ... —
5., unveränd. Aufl. — Weinheim ; Basel : Beltz, 1993.
(Beltz grüne Reihe)
ISBN 3-407-25080-0
NE: Betz, Dieter:

5., unveränderte Auflage 1993

Lektorat: Peter E. Kalb

© 1982 Beltz Verlag · Weinheim und Basel
Satz: Auer, Donauwörth
Druck und buchbinderische Verarbeitung: Druckhaus Beltz, Hemsbach
Umschlagentwurf: Dieter Vollendorf, München
Printed in Germany

ISBN 3-407-25080-0

Inhaltsverzeichnis

5

Inhaltsverzeichnis

Zu diesem Buch

Dieses Buch handelt von Störungen beim Lesen- und Schreibenlernen in der Schule. Es ergänzt und erweitert unser an Schulpsychologen gerichtetes Buch „Teufelskreis Lernstörungen" (Betz/Breuninger 1982) um den wichtigen Bereich *pädagogischer* Hilfestellungen durch Eltern und Lehrer.

Diese umfassen nicht nur einzelne Übungen mit dem Schüler, sondern vor allem eine grundlegende Einstellung der Erzieher, die nur aus der Kenntnis der Zusammenhänge erwachsen kann. Lernstörungen sind nicht plötzlich da und bleiben nicht stehen. Sie entwickeln sich in mehreren Stadien. Falsche Erwartungen von Eltern und Lehrern lösen Enttäuschungen und unpädagogische Reaktionen aus, die zu Teufelskreisen führen, die für die Lese-Rechtschreibschwäche charakteristisch sind. Einzelne Ereignisse wirken dabei wie Schneebälle, die auf steilen Abhängen bei schweren Schneemassen Lawinen auslösen. Weder der Schneeball, noch das steile Gelände, noch die schweren Schneemassen allein führen zur Lawine. Dafür müssen sie zusammenwirken.

Mit diesem Buch möchten wir Eltern und Lehrer ins Gespräch bringen und ihnen die nötigen Informationen und Hilfestellungen geben.* Unsere Erfahrungen zeigen: Wo geduldige Eltern und sachkundige Lehrer mit Verständnis zusammenarbeiten, können sie Lernschwierigkeiten bewältigen und verhindern, daß sie selbst auf unheilvolle Weise mit hineinverstrickt werden.

Dieses Buch entstand in mehrjähriger praktischer Arbeit mit betroffenen Eltern, Schülern und Lehrern.

Die Rückmeldungen von sachkundigen Teilnehmern an unseren Aus- und Fortbildungsangeboten ermunterten uns, den vielen Büchern zum Thema Lese-Rechtschreibschwäche noch ein weiteres hinzuzufügen.

Lehrer suchen nach einem Konzept, das – ohne theorie*lastig* zu sein – Zusammenhänge zwischen einzelnen Ereignissen anschaulich erklärt, vorhandenes Praxiswissen strukturiert und durch konkrete Anweisungen vervollständigt.

---

* Verweise auf solche Ratschläge erfolgen mit Pfeilen →.

Eltern brauchen Aufklärung, Befreiung von Schuldgefühlen und Zukunftsängsten und konkrete Ratschläge, was sie tun können, um ihrem Kind Lesen und Schreiben zu erleichtern; dies haben wir hier zusammengetragen. Darüber hinaus darf aber nicht vergessen werden, daß eine gute Beziehung zu seinen Eltern das Kind am wirksamsten vor schweren seelischen Verletzungen bewahrt, die schulische Mißerfolge anrichten können. Deshalb machen wir Eltern Mut, zu Hause ohne schlechtes Gewissen die „*schule*" klein und das „*KIND*" groß zu schreiben.

Unser Dank gilt den Lektoren, Herrn Dr. Bernd Weidenmann und Herrn Maximilian Weber, die uns mit sachkundigen Vorschlägen geholfen haben, den Umfang dieses Buches zu beschränken, ohne dabei auf wichtige Bereiche zu verzichten.

Teil I
Informationsteil

Kapitel 1

Die Schule: Eine Arznei mit Nebenwirkungen

Der Staat verschreibt allen Schülern die Schule. Vergleichbar mit einem starken Medikament wirkt die Schule bei jedem Schüler anders.

Ein guter Arzt versucht gemeinsam mit dem Patienten herauszufinden, in welcher Dosierung und Zusammensetzung das Medikament die beste Wirkung zeigt. Kein Arzt käme auf die Idee, ein Medikament würde von allen Patienten gleich gut vertragen. Er wird auch einen Patienten nicht als „schlechten Patienten" einstufen, wenn er Nebenwirkungen zeigt, sondern sich bemühen, seine Behandlung dem Patienten anzupassen.

Diese Einstellung würden wir uns für die Schule wünschen. Jeder Schüler braucht die unumgängliche Arznei „Schule" in anderer Dosierung und Zusammensetzung, um möglichst wenig unerwünschte Nebenwirkungen zu erleiden. Störungen im Lernprozeß zeigen an, daß die „Arznei" bei einem Schüler nicht im erwarteten Sinne wirkt. Der Streit um die Ganzwort- und die Synthetische Leselernmethode wäre hinfällig, würden Lehrer beide Methoden wie unterschiedlich wirkende Medikamente betrachten, die bei verschiedenen Kindern anders ansprechen. Neue Versuche in dieser Richtung zeigen, daß der Weg gangbar ist (Eucker 1975, siehe Kap. 8.2)

Bei dem Vergleich mit der Arznei wird klar, worauf es uns hier ankommt:

Nicht die Arznei steht im Mittelpunkt der Diskussion, sondern das Kind mit seinen Reaktionen darauf. Die Lese-Rechtschreibschwäche ist eine ernst zu nehmende Nebenwirkung der herkömmlichen Zusammensetzung und Dosierung von Schule. Schulreformen und alternative Schulmodelle zeigen, daß andere Zusammensetzungen und insbesondere flexiblere Dosierungen weniger unangenehme Nebenwirkungen hervorrufen (Twintschule, Glocksee-Schule, Bielefelder Laborschule, Freie Waldorfschule, Montessori-Schule, Gesamtschule u. a.).

Wohl wissend, daß wir nicht warten können, bis alle Schulen sich zu einer „Arznei" ohne schädliche Nebenwirkungen entwickeln, gibt das vorliegende Buch mit seinem „Rezeptteil" eine Reihe von Gegenmitteln an, die bei frühzeitiger Verabreichung in der angegebenen Dosierung die Lese-Rechtschreibschwäche wirksam lindern.

Für *Eltern* haben wir eine „Hausapotheke" eingerichtet (Leben mit der LRS → E 1, Elternratgeber für die Primarstufe → E 3 und für die Sekundarstufe → E 4, Ratschläge für die Lehrerkontakte → E 2).

Für *Lehrer* haben wir aus dem Schatz heil- und sonderpädagogischer, sowie leicht zu verabreichender psychotherapeutischer Methoden, bewährte „Mixturen" zusammengestellt, die im Normal- und Förderunterricht lese-rechtschreibschwachen Schülern (und nicht nur diesen!) helfen können (siehe Kap. 8, 12 und Ratschläge → L 1 bis → L 5).

Bitte vergessen Sie nicht, die Reaktionen des Schülers zu verfolgen und in schwierigen Fällen einen Experten für Lernstörungen aufzusuchen. Manchmal greifen unsere hier gegebenen Ratschläge zu kurz und der Schüler braucht, zusammen mit seinen Eltern, eine „Intensivkur" zur Überwindung seiner Störungen (Betz/Breuninger 1982). Der Informationsteil ist unser „Anatomieunterricht". Er soll die Grundlagen vermitteln, um die Ratschläge in ihrer Wirkungsweise zu verstehen und sie hilfreich anzuwenden. Eine Übersicht darüber, welche „Mixturen" für welche Symptome geeignet sind (unsere „Rote Liste"), findet sich in Kap. 8.5 unter „Indikationskriterien". Zwischendurch predigen wir, wie Pfarrer Kneipp, gesunde Lebensführung (siehe Kap. 10) oder schwärmen von vorbeugenden Maßnahmen. Manchmal sind wir auch missionarisch bestrebt, aus Ihnen ein gutes „Ärzteteam" zu machen (bes. in Kap. 11, Ratschläge → L 6 und → E 2). Unsere Ansicht über die bisherige Diagnosepraxis äußern wir kurz in Kap. 7, die Folgen zu spät einsetzender Hilfen beschreiben wir in Kap. 8.10.

Die Behandlungschancen im Frühstadium sind wesentlich höher. Allerdings gibt es bei der Lese-Rechtschreibschwäche Selbstheilungsprozesse im Verlauf der Pubertät, die der Störung ein weniger beängstigendes Gesicht verleihen. Mit der richtigen Einstellung können Eltern und Lehrer viel dazu beitragen, die Selbstheilungskräfte eines Schülers zu mobilisieren. Der Schüler kann sich dann mit einfachen Mitteln und etwas Unterstützung durch Erzieher selbst helfen (siehe Kap. 12).

Kapitel 2

Die Geschichte von Franz oder: Entstehung der Lese-Rechtschreibschwäche

Die LRS gehört zu den Lern- und Leistungsstörungen, die sich über längere Zeit hin aufbauen. Sicher möchten Sie einen Blick auf die Baustelle werfen und verstehen, wieso Franz plötzlich nicht mehr das gleiche leistet, wie die anderen Kinder, mit denen er doch zusammen im Kindergarten war.

Wir wollen dies möglichst anschaulich zeigen und verwenden dazu Bilder, die wir sonst den Eltern ohne Text in die Hand geben. Im Gespräch über die Bilder schafft sich die Elterngruppe selbst das Verständnis, wobei der Leiter nur ab und zu etwas erklärt. Wir hoffen, daß der beigefügte Text das Gespräch und die zusätzlichen Erklärungen ersetzt.

2.1 Die Welt der Tassen

Ob eine Kaffeetasse so steht, daß der Henkel nach links oder nach rechts zeigt, ist für uns bedeutungslos, es ist immer die gleiche Tasse.

Es kommt darauf an, die Tasse in jeder Lage zu erkennen. Deshalb ist es lebenswichtig, daß unser Gehirn solche Details wie die Stellung des Henkels unterdrückt. Wir leben alle normalerweise in der „Welt der Tassen". Buchstaben gehören in eine andere Welt:

Wenn bei einem Buchstaben der „Henkel" auf der anderen Seite steht, ändert sich der Name! Wenn wir mit Buchstaben umgehen wollen, müssen wir also unser Gehirn *umschalten*:

Es darf jetzt *nicht mehr normal* funktionieren, sondern muß gerade die Details ernst nehmen, die es sonst unterdrückt. Das machen wir als Erwachsene leicht und automatisch; kleine Kinder können es noch nicht. Für sie ist z. B. wichtig, daß *alle* Perlen aufgefädelt sind, aber nicht die Reihenfolge (stellen Sie sich das bei Buchstaben vor!).

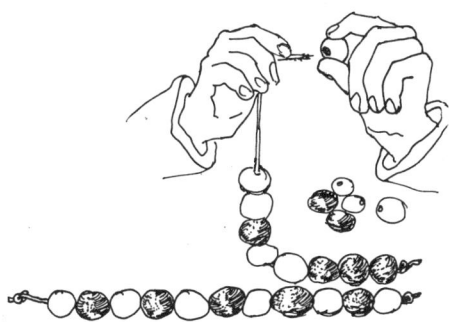

Sie lassen sich auch über die Anzahl täuschen.

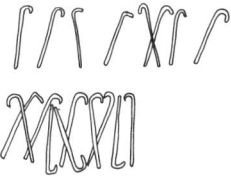

21

Zwischen dem 4. und dem 9. Lebensjahr reifen bei jedem Kind die Funktionen heran, die es für die Buchstabenwelt braucht, schneller oder langsamer, und niemand kann sagen, wann. Es handelt sich um eine absolut natürliche Entwicklung und das Kind, das mit 5 Jahren so weit ist, ist genau so normal, wie das andere, das mit 8 Jahren den „Schalter" findet! Von den Fünfjährigen, die miteinander älter werden, haben zuerst wenige den „Schalter", dann immer mehr und spätestens mit 9 Jahren alle.

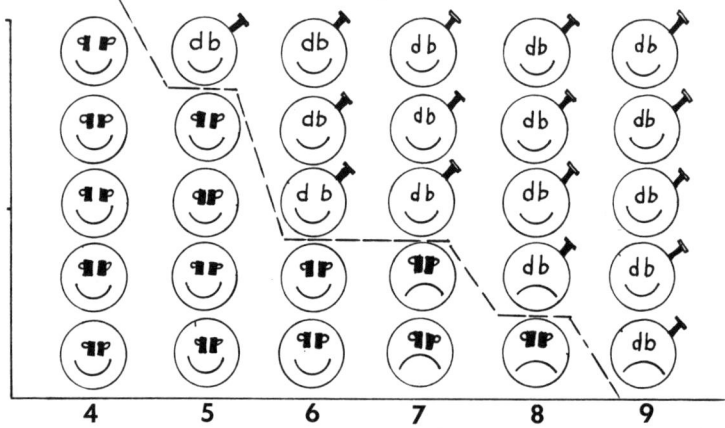

In dem Übergang liegt aber der Schuleintritt. Sicher wissen wir, daß ein Teil der Kinder dann noch nicht mit Buchstaben umgehen kann, aber niemand weiß, wieviele das sind und *welche*.

Wir verfolgen, wie es einem solchen Kind in der Schule ergehen *kann* (nicht muß) und werden dann verstehen, warum ein Teil der Kinder auch mit 9 Jahren noch traurig blickt, obwohl sie inzwischen alle reif genug sind.

Dez Lezeu uuq Soqlelqeu zu leqleu qe-
qöll zu qeu Heuqleulqeqeu qel Gluuq-
zoqule uuq ez lzl lqle qëqeqoqlzoqe
Aulqeqe, qelül zu zolqeu, qeß wöqlloqzl
weulqe Soqülel qeqeuüqel qlezeu
Gluuqlolqeluuqeu velzeqeu

So etwa sieht unsere Schrift für Tassenaugen aus.

„Aber Franz! Gestern hast Du das alles gelesen. Konzentriere
Dich!"

Informationsteil

Hier erfahren Sie, warum:

Dez Lezeu uuq Soqlelqeu zu leqleu qe -
Das Lesen und Schreiben zu lehren ge -

qöll zu qeu Heuqleulqeqeu qel Gluuq -
hört zu den Hauptaufgaben der Grund -

zoqule uuq ez lzl lqle qëqeqoqlzoqe
schule und es ist ihre pädagogische

Aulqeqe, qelül zu zolqeu, qeß wöqlloqzl
Aufgabe, dafür zu sorgen, daß möglichst

weulqe Soqülel qeqeuüqel qlezeu
wenige Schüler gegenüberdiesen

Gluuqlolqeluuqeu velzeqeu
Grundforderungen versagen

Vergleichen Sie die Schriften. Die legasthenische Schrift ist eine gute
Erinnerungshilfe. Franz kann den Text auswendig lernen, wenn er
ihn hört. Deshalb „liest" er manchmal flüssig, manchmal schlecht. Er
kann auch den Inhalt aus dem Zusammenhang erschließen.

Aber wenn er ihn falsch errät, die genauen Ausdrücke vergessen hat
oder Begriffe nicht kennt, dann ersetzt er ganze Wörter durch andere
mit ähnlichem Klang oder verwandtem Inhalt:
Den Satz: „Der Besen lehnt an der Mauer" liest Franz: „Der Besen
steht an der Wand". – „Ja ist denn das noch zu fassen!?! Das kann
man einfach nicht verwechseln, – das sieht man doch!"

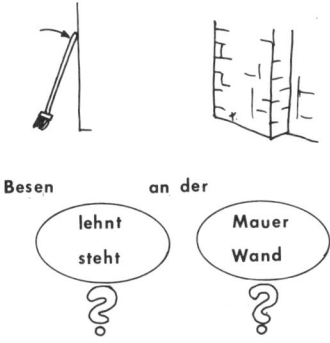

Besen   an der

lehnt   Mauer

steht   Wand

„Außerdem zeigt der Franz, daß er kann, wenn er will!" – Würden Sie nicht auch so denken (müssen)?

2.2 Franz kommt in Schwierigkeiten

Franz kommt nicht damit zurecht, daß die anderen Kinder das Zeichen „Strich + Henkel" einmal als „b", einmal als „d" lesen. – Woher wissen die das? Wieso weiß *er* das nicht? Die anderen müssen recht haben, denn sie sind alle einig und der Lehrer sagt das gleiche! Natürlich kann Franz auch keine Wortbilder speichern:

Das Wort mit den zwei Bechern und der Henkelvase – wie heißt es richtig: „nun" oder „unu", „man" oder „und"?

25

Er sucht verzweifelt nach Hinweisen und versucht aus dem, was der Lehrer *sagt,* die Schreibung abzuleiten. Achim hat es da besser: für ihn sind die Wortbilder eindeutig, er kann sie sich merken, er schreibt einfach, was er *weiß.*

Das hat Franz bisher in der Schule gelernt:

Er hat einen Defekt, er ist anders als die anderen, ein Krüppel. Er wird *nie* Lesen und Schreiben lernen.
Eltern, Lehrer, Mitschüler lernen auch etwas: Wenn man ihm helfen will, wird er verstockt.

Die enttäuschten Helfer

denken sich ihr Teil

– und ergreifen Maßnahmen

Dumm, faul, frech, unkonzentriert, verstockt . . .

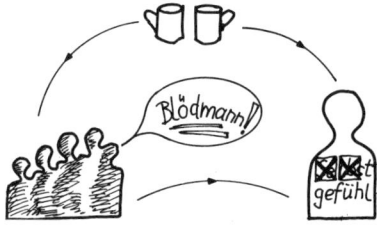

2.3 Franz reagiert „nach innen"

Franz fühlt sich isoliert, niemand versteht ihn, er selbst weiß auch nicht, was mit ihm ist, er sucht einen Grund – und findet ihn, Gott sei Dank!

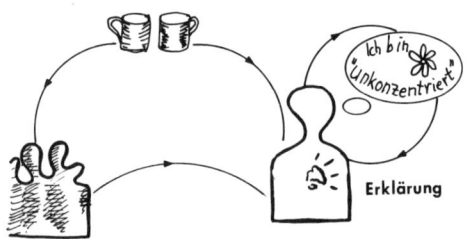

Die Erklärungen bei Franz können viele Formen annehmen („Ich will gar nicht lesen" – „Ich bin krank" . . .). Eines haben sie alle gemeinsam: Er muß sich nach seiner Erklärung verhalten, sonst geht sie verloren. Er wird also „unkonzentriert", „unwillig" oder krank.

2.4 Franz reagiert „nach außen" und kommt in den ersten Teufelskreis

All das hat irgendwie mit „Anerkennung" zu tun. Franz lernt, daß er in ganz bestimmter Weise unfähig ist und fühlt sich (mit Recht) isoliert. Kein Tag vergeht ohne Lesen und Schreiben – und damit ohne Erniedrigung.

Franz träumt von Anerkennung und schafft sich Ersatz: Für kurze Zeit an der falschen Stelle, er stört, demonstriert Langeweile, hampelt herum.

Natürlich wird das nicht einfach hingenommen. („Der ist gar kein Legastheniker, der ist verhaltensgestört").

Franz bekommt gerade nicht, was er will: Anerkennung. Er muß also noch mehr darum kämpfen und sich immer weiter außerhalb der Normen stellen . . . Der Teufelskreis des 2. Stadiums ist erreicht. Er entsteht, weil Franz auf seine Lage reagiert. Seine Reaktionen haben soziale Folgen, die seine Lage verschlechtern, statt ihm zu helfen. Das ist der Kern. Alles andere ist in jedem Einzelfall verschieden:

Zwei Beispiele für Teufelskreise:
– Kind fühlt sich ungerecht behandelt – verweigert – wird „hart angefaßt" – verweigert noch mehr . . .
– Kind erfährt sonst wenig Zuwendung – erhält „Trost" (Zuwendung) bei schlechter Arbeit – beginnt „Sechsen" zu schreiben.

Der Teufelskreis hat die Eigenschaft, daß Eltern und Kinder wie in einen Strudel hineingerissen werden, und daß weitere Teufelskreise entstehen.

Damit hat sich die Lage völlig verändert. Ab jetzt hilft es nicht mehr, wenn die Differenzierungsschwäche (Tassenaugen) verschwindet, denn der Teufelskreis spielt sich ja nicht mehr in der Wahrnehmung ab, sondern im sozialen Feld.

Die Geschichte bis hierhin soll Ihnen nachfühlbar machen, wie es zu dem Teufelskreis im 2. Stadium kommt. Der fehlende Schalter ist gewiß nicht allein verantwortlich für die LRS. Wir verzichten hier aber auf die Beschreibung weiterer Auslöser, die beim Lehrer (falsche oder einseitige Didaktik, unangemessene Normen), bei den Eltern (Probleme in der Familie, überhöhte Erwartungen) oder beim Kind (unerkannte Schwierigkeiten) liegen können.

Wir beschränken uns absichtlich auf die dargelegten Differenzierungsrückstände, eine sicher existierende und nach unserer Meinung häufige „Ursache". Den interessierten Leser verweisen wir auf Kap. 6 und weiterführende Literatur (Betz/Breuninger 1982, Kap. 2).

So viele und schnelle Wege es in das zweite Stadium *hinein* gibt, so schwierig ist es, wieder *heraus*zukommen.

Es ist zu schaffen, und dieses Buch soll eine Hilfe sein. Ohne gründliches Umlernen der Erwachsenen geht es aber nicht.

Zum Schluß der Geschichte möchten wir Ihnen kurz andeuten, welche Hürden für Franz noch in der Schule aufgebaut sind. Es mag ihm die eine oder andere erspart bleiben, aber sie warten alle auf ihn.

Was er bisher in der Schule gelernt hat, faßt er selbst zusammen:

„Diktat, Hausaufgaben, Aufsatz, Rechentexte, Englisch, Schreiben – schreiben – wenn ich falsch schreibe, noch mehr schreiben . . . "

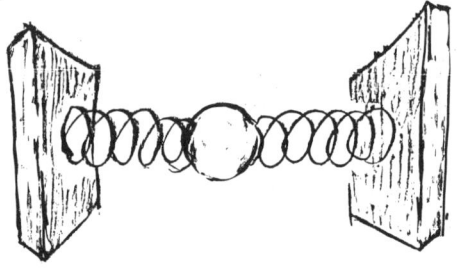

Der Druck wird zu groß

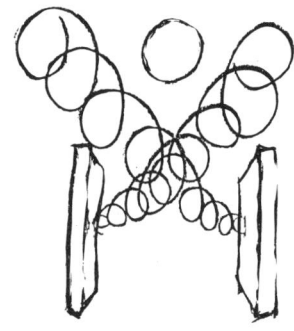

– Nach Möglichkeit überhaupt nicht mehr zur Schule.
Die Zeit tickt.

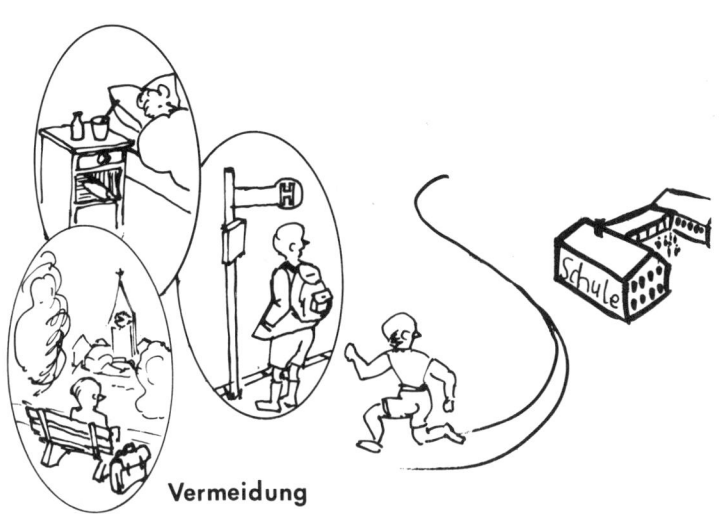

Vermeidung

In der Schule baut eins auf dem anderen auf. Wer Lücken hat, kann schlecht weiterbauen.

33

Durch Angst blockiert.

Neue Teufelskreise

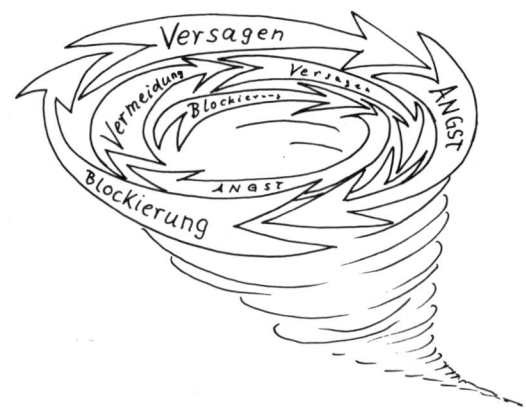

Das dritte Stadium

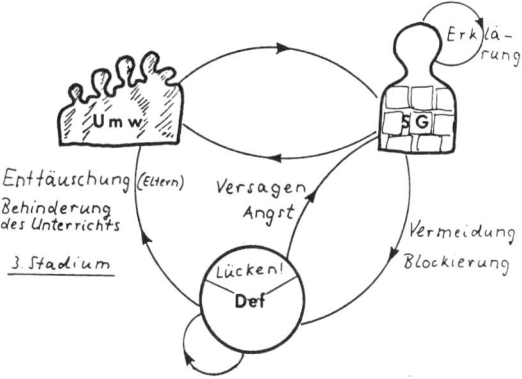

– und das vierte beginnt:

So hängt alles zusammen:

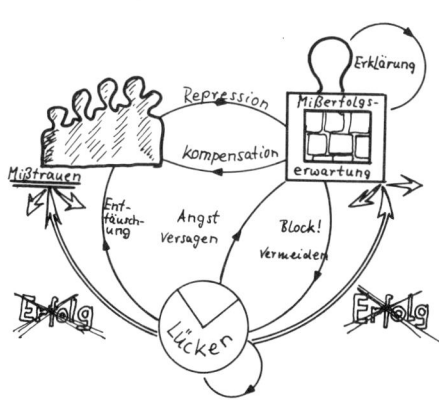

2.5 Bilanz

Es nützt niemandem, nachträglich einen „Schuldigen" zu finden. Es kommt nur noch darauf an, *jetzt* mit Franz aus den Teufelskreisen herauszukommen.

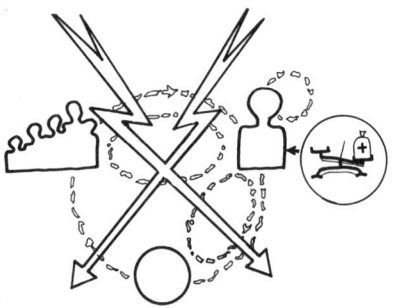

Wenn alles so bleibt, wie es ist, hat er keine Chance. Er braucht Vertrauen, Erfolg und Zeit.

Kapitel 3

Schüler im Teufelskreis

3.1 Psychologie, Pädagogik und Alltagserfahrung

Was in unserem Gehirn vorgeht, wenn wir lernen, behalten, vergessen oder von Gelerntem Gebrauch machen, das erforscht die Psychologie. Diese Erkenntnisse in äußere Anordnungen umzusetzen, so daß sie ein Lernen in der Schule ermöglichen oder erleichtern, ist Sache der Pädagogik.

Das in Jahrhunderten angesammelte Alltagswissen, die exakte psychologische Erforschung und die pädagogische Umsetzung können sich dabei gegenseitig hilfreich ergänzen. So gehört es zur täglichen Erfahrung, daß wir Gelerntes einüben müssen, um es verfügbar zu haben.

Die voreilige Verallgemeinerung führt aber in der Alltagspädagogik zur Überzeugung, der Schüler müsse „üben, üben, üben . . .“. Folglich sitzt der kleine Franz über seinen Hausaufgaben und „übt“. Das schadet im Prinzip nicht (und deshalb ist die Unsinnigkeit des Verfahrens so lange nicht erkannt worden), ist aber zunächst einmal unökonomisch. Denn bei diesem blinden Üben besteht nach einiger Zeit ein großer Teil des Stoffes aus Dingen, die Franz längst kann. Dieser Ballast verhindert, daß Franz sich auf die Dinge konzentriert, die er *noch nicht* hinreichend geübt hat. Er führt auch dazu, daß die meisten Schulkinder nie lernen, wie sie vernünftig an einen Lernstoff herangehen.

Das müßte nicht sein, denn die Lernpsychologie hat die Vorgänge, die mit dem Üben zusammenhängen, längst erforscht. Sie hat dabei auch ermittelt, in welchen Abständen etwas geübt (wiederholt) werden muß, damit es mit dem geringsten Aufwand sicher behalten wird. Die pädagogische Umsetzung dieser Erkenntnisse hat u. a. zur Entwicklung der Lernkartei geführt, die allein durch das äußere Arrangement gewährleistet, daß kein Ballast mitgeschleppt wird und die richtigen Abstände beim Wiederholen eingehalten werden → L 3.9. Dieses Beispiel soll zeigen, wie falsch es sein kann, wenn in unserem

Bereich Erkenntnisse, und seien sie noch so richtig, vereinzelt und zur Grundlage pädagogischer Anweisungen gemacht werden, ohne daß dabei das Umfeld einbezogen wird.

3.2 Betrachtung in Wirkungsgefügen

Beginnt man hier zu überlegen, was alles direkt oder indirekt zusammenhängt, dann sieht man bald, daß man ohne Veranschaulichung nicht auskommt. Die inneren und äußeren Bedingungen, die auf einen Lernprozeß einwirken, lassen sich dabei am einfachsten in Form von sogenannten „Wirkungsgefügen" (Strukturmodellen) veranschaulichen. Ein Wirkungsgefüge dieser Art besteht aus Kästen und Pfeilen. Die Pfeile sollen Wirkungen anzeigen, die Kästen sind Stellen, an denen eine Wirkung in eine andere umgesetzt wird.

3.3 Lernprozesse und Lernstörungen im Wirkungsgefüge
– zugleich eine Einführung in unsere Methode –

An einem Lernprozeß sind äußere Einflüsse und innere Funktionen des Schülers beteiligt. Uns interessieren vor allem solche Stellen, an denen bei Bedarf die Möglichkeit besteht, einzugreifen und solche, die für das Verständnis der Prozesse notwendig sind.

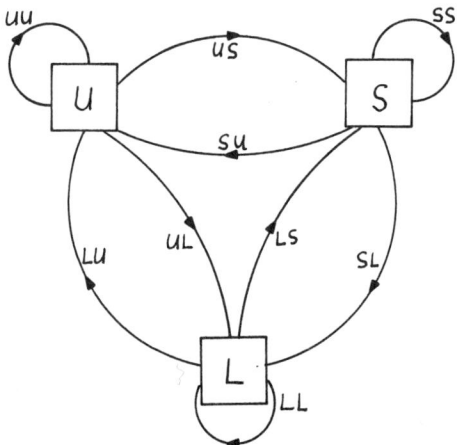

Das Wirkungsgefüge, von dem wir hier ausgehen, ist von einfacher Struktur (siehe Abbildung Seite 38). Es umfaßt drei „Blöcke" (umrandete Kästen): Die soziale Umwelt des Schülers (U) (Lehrer, Familie, Klasse), den Schüler selbst, genauer sein Selbstwertgefühl (S) und die Leistungen (L), die er erbringt.

Dieses Wirkungsgefüge ist vereinfacht: Denn natürlich gehen die sichtbaren Leistungen auf Voraussetzungen zurück, die wir nicht sehen können, die man aber im Wirkungsgefüge ebensogut darstellen könnte, wie das Selbstwertgefühl, das wir ja auch nicht sehen.

Zwischen den drei Blöcken gibt es Wirkungen, die wir als Pfeile darstellen und vorläufig nur durch Angabe von Anfang und Ende bezeichnen (der Pfeil UL führt also von der *U*mwelt zu den *L*eistungen). Wir beschäftigen uns damit, welche Wirkungen dies sind und *wie* sie miteinander zusammenhängen.

Zunächst besprechen wir den Fall, in dem das Lernen gelingt, also keine Störungen auftreten.

Wir können beliebig anfangen, z. B. auf der Seite des Schülers: Wenn seine Leistung (L) den Erwartungen (UL) entspricht, hat er Erfolg (LS). Dieser wirkt zurück auf sein Selbstwertgefühl, er faßt Selbstvertrauen und sagt sich: „Das kann ich" (SS). Arbeiten, die uns befriedigen, verrichten wir gern, es stellt sich Elan und Freude an der Sache ein, das, was man in der Psychologie mit „Funktionslust", Lust am eigenen Schaffen, bezeichnet (SL). Folglich wird der Schüler mitmachen, und die Leistungen werden weiterhin erbracht oder noch verbessert (LL). Die Eltern sind stolz und befriedigt (LU). Der Lehrer sieht seine Erwartungen und seine Methoden (UL) bestätigt, auch er ist zufrieden (LU). Es entsteht ein gutes soziales Klima, in dem der Schüler die emotionale Unterstützung bekommt, die er braucht (US). Er kann den Erwachsenen vertrauen (SU), die ihm das zutrauen (US), was sie erwarten (UL).

Pfeil UL enthält auch die Einwirkungen, die vom Lehrer ausgehen: Dieser vermittelt dem Schüler, was er sachlich und inhaltlich braucht: Lerntechniken und Lerninhalte in der Form, daß der Schüler damit etwas anfangen kann.

Wir sehen, daß sich Kreisprozesse ausbilden:

Der Erfolg (LS) führt dazu, daß der Schüler übt (SL), dies fördert wieder den Erfolg. Die Tatsache, daß die Erwachsenen dem Schüler etwas zutrauen (US), bringt diesen dazu, ihnen zu vertrauen (SU), so daß er sich gegebenenfalls Hilfe holt, dabei aber selbständig bleibt. Es entsteht ein Klima ungezwungener Hilfsbereitschaft, in dem der Schüler tatsächlich das leistet, was man ihm zutraut (US) – auch hier offensichtlich ein Kreisprozeß, bei dem die Einflüsse sich gegenseitig verstärken. (Finden Sie die weiteren fünf Kreise).

Dieses Gefüge ist wegen der Kreisprozesse recht stabil: Auch wenn Leistungsschwankungen auftreten, haben die Erwachsenen so viel Zutrauen und das Kind genügend Vertrauen, daß die Schwankungen aufgefangen werden, ohne daß echte Störungen auftreten; ggf. sind im unbelasteten Kontakt (UU) zwischen Lehrern und Eltern stützende Maßnahmen leicht zu vereinbaren.
Es ist weiter sichtbar, daß alle aufgezeigten Wirkungen *gleichzeitig* vorhanden sind. Was das Wirkungsgefüge enthält, sind andauernde Prozesse, die insgesamt ein gutes Lernklima kennzeichnen.

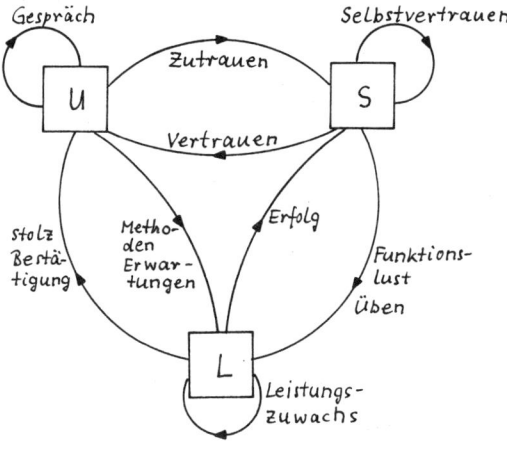

Wenn wir die Pfeile in dieser Art interpretieren, erhalten wir den „positiven Fall" siehe dazu oben stehende Abbildung).
Das gleiche Wirkungsgefüge kann benutzt werden, um *Lernstörungen* zu verstehen. Beginnen wir z. B. damit, daß die Leistungen des Kindes aus irgendwelchen Gründen nicht den Erwartungen der Erwachsenen entsprechen (UL in Abb. Seite 38). Es ist klar, daß dies auf das Selbstwertgefühl des Kindes negativ wirken muß, denn es muß sich ja fragen, ob es einen Defekt hat (LS). Auch die Umwelt merkt (voraussetzungsgemäß), daß etwas nicht stimmt. Die Eltern haben keinen Grund zum Stolz, eher zur Sorge (LU) und versuchen, auf das Kind Einfluß zu nehmen, kontrollieren die Hausaufgaben oder üben sonstwie Druck aus (US).

Der Lehrer hat einen schweren Stand: Das Kind gehört zu den langsamen, es behindert seinen Unterricht (LU), auch er wird versuchen, Einfluß zu nehmen (US), läßt z. B. das Kind in der Klasse öfters „drankommen" (was von diesem u. U. mißverstanden und als Schikane interpretiert wird). Auch den Klassenkameraden ist der Versager ein willkommenes Objekt für Sticheleien (US). Was bleibt unserem Schüler übrig, als sich die entgangene Anerkennung als Großsprecher oder Klassenkasper zu holen (SU)? Damit aber tut er genau das Gegenteil von dem, was die Erwachsenen für angemessen halten; sie werden (oder müssen) deshalb noch mehr Druck ausüben (US), was seinerseits weitere Reaktionen (SU) des Schülers hervorruft. Von Selbstvertrauen ist keine Rede mehr, eher von „das schaffe ich nie" oder „das kann mir gestohlen bleiben" (SS).

Tätigkeiten, bei denen wir keinen Erfolg haben, *vermeiden* wir nach Möglichkeit (SL). In der Folge entstehen Lücken in den Leistungen, die zu weiteren Lücken führen (LL).

Die Leistungen sinken ab, der Schüler wird in Leistungssituationen mit Angst (LS) hineingehen. Jeder aber weiß, daß Angst die geistigen Vorgänge blockiert (SL), dadurch bleibt die Leistung noch hinter dem Stand zurück, der dem Schüler „eigentlich" möglich wäre – was seinerseits die Angst verstärkt . . . usw.

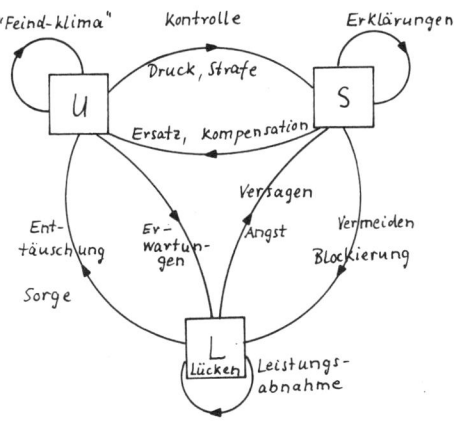

Aus dem positiven Fall ist der „negative Fall" geworden. Was gleich geblieben ist, ist die Art, wie die einzelnen Wirkungen untereinander zusammenhängen und wie sich die verschiedenen Einflüsse in Teufelskreisen aufschaukeln.

Dieses Beispiel zeigt, was ein Wirkungsgefüge ist: ein neutrales Anschauungsmittel. Durch diese Neutralität hat es eine wichtige Eigenschaft: Es ermöglicht uns, an irgendeiner Stelle in Gedanken etwas zu verändern und in der Phantasie durchzuspielen, was sich daraus für die Gesamtheit der Wirkungen ergibt. Auf unser gegenwärtiges Anliegen angewandt: Wir können aus demselben Wirkungsgefüge ablesen, durch welche äußeren und inneren Bedingungen ein Lernvorgang gefördert, aber auch, an welchen Stellen er gestört werden kann.

3.4 „Das ist ja alles trivial"

Die Darstellungen und Wirkungsgefüge, die Sie in diesem Band finden, setzen sich aus Einflüssen zusammen, die Ihnen bekannt sind. Es wird kaum etwas geben, was Ihnen nicht selbstverständlich erscheint, nicht schon irgendwo beschrieben oder aufgezählt ist. Lassen Sie sich dadurch nicht dazu verführen, schnell weiterzulesen, in der Annahme, mit der Kenntnis der Einzelteile sei Ihnen das Ganze durchsichtig.

Eine Lehrerin formulierte dies:

„Zu jedem Ihrer Pfeile fallen mir sofort reihenweise Beispiele ein. Das ist mir alles vertraut. Aber schon beim nächsten Pfeil merke ich, daß ich das alles isoliert gesehen habe und daß man das nicht darf."

3.5 Wirkungsbereiche und das vorliegende Buch

In den Schaubildern (Abbildungen Seite 38, 40, 41) lassen sich drei große Bereiche ausgliedern: Auf der *rechten* Seite finden wir die Vorgänge, die sich im Schüler selbst abspielen.

Die *obere* Hälfte enthält soziale Vorgänge zwischen dem Schüler und seiner Umwelt (Familie, Lehrer, Klasse). Auf der *linken* Seite finden wir das, was die soziale Umwelt mit dem Lernen und den Leistungen des Schülers unmittelbar zu tun hat.

Entsprechend der Zielsetzung des vorliegenden Bandes ist besonders der *linke* Teil von Interesse. Das Buch wendet sich ja an Lehrer und

Eltern. Bei ihnen setzen wir keine professionelle Ausbildung für die Therapie von Störungen voraus, sondern vielmehr den Willen, pädagogisch zu handeln, also Lernsituationen so zu arrangieren, daß die Schüler darin auch lernen *können*. Hier geht es also mehr um Vorbeugung im Großen und kleine „Reparaturen".

3.6 Bedeutung der Umwelt für die Vorbeugung

Der direkte Pfeil von der Umwelt zu den Leistungen ist für dieses Buch von relativ großer Bedeutung. Viele Lernstörungen sind von hier ausgegangen. Im Kap. 5 wird auf Fehlleistungen hingewiesen, die wir für mindestens 50 Prozent der LRS-Schüler verantwortlich machen können: pädagogisch hervorgerufene *falsche Hypothesen* der Schüler über den Vorgang des Lesens und Schreibens. Hieran sind nicht die Lehrer allein beteiligt, genauso stark sind die Eltern angesprochen. Denn die falschen Hypothesen stammen aus der (vermeintlichen) alltäglichen „Erfahrung", die allerdings einer wissenschaftlichen Durchleuchtung nicht standhält. Dennoch wirkt sie überzeugend. Sie hat sich infolge der scheinbaren „Selbstverständlichkeit" in der wissenschaftlichen Literatur ausgebreitet und wird teilweise sehr ernst genommen.
In diesem gleichen Pfeil (Einflüsse der Umwelt auf das Defizit des lerngestörten Schülers) stecken aber auch alle Erwartungen, die von Eltern und Lehrern an die Leistungen des Schülers herangetragen werden: Diese Erwartungen sind z. T. den Erwachsenen selbst gar nicht bewußt. Es liegt beispielsweise nahe, daß Eltern von ihrem Kind das gleiche erwarten, wie sie es bei fremden Kindern sehen – sie übernehmen also Normen aus ihrer Umwelt und lassen ihre Erwartungen davon formen. In gleicher Weise trägt der Lehrer Normen und Vorstellungen an das Kind heran, die er seiner eigenen Definition der Lehrerrolle entnimmt. Dies kann z. B. ein bestimmtes Verständnis von „Gerechtigkeit" sein, etwa in dem Sinne, es sei ungerecht gegen die übrigen Schüler, wenn man dem LRS-Schüler keine Note gibt (s. hierzu Kap. 10.2).
Auch aus undurchdachten Erlassen der Bürokratie stammen Erwartungen, die jedes pädagogische Bemühen von vornherein absurd werden lassen. Man denke z. B. an die Vorschrift für die Benotung, nach der der Maßstab so zu finden ist, daß es ungefähr gleich viele

„Einsen" wie „Sechsen" gibt – hier wird doch unausgesprochen zugrunde gelegt, daß pädagogische Angebote *nicht* geeignet sind, *alle* Schüler zur Beherrschung des Stoffes zu bringen.

3.7 Ein Beispiel für die besondere Bedeutung der Didaktik

Von besonderer Bedeutung ist selbstverständlich das Vorgehen im Unterricht (UL). Dieses wird innerhalb der Lehrerausbildung vermittelt, und zwar nach einer abstrakten Vorstellung von Schulkindern. Da in der Klasse aber die unterschiedlichsten Kinder sitzen, ohne äußerlich kenntlich zu sein, bahnt sich eine Tragödie an: Der Unterricht läuft von außen gesehen normal. Der Lehrer hat nicht die geringste Veranlassung, davon auszugehen, daß ein Kind mit seiner Methode nicht zurechtkommt.

Der einzige, der etwas bemerken könnte, ist das betroffene Kind selbst. Ihm aber fehlt die Übersicht. Es hat keine andere Wahl, als sich selbst ein Defizit zuzuschreiben und sich künftig als eine Art Krüppel zu betrachten. Auch die Umwelt nimmt lediglich wahr, daß das Kind anders reagiert als die übrigen Kinder, doch muß dies ja offensichtlich an dem Kind selbst liegen (ein Alltagsschluß!). Der Lehrer wird bestenfalls so reagieren, daß er seine Bemühungen um das Kind verstärkt. Da er aber den wahren Grund nicht sieht, wird er seine Förderung mit derselben Methode bestreiten, durch die das Kind in die Schwierigkeiten hineingelangt ist. – Der Teufelskreis ist perfekt –.

Dieses Beispiel zeigt, wie zentral die Umwelt auf die Schulkarriere des Kindes einwirkt. Die Umwelt entscheidet mit darüber, ob bei einem Kind die Voraussetzungen zustandekommen bzw. erhalten bleiben, die für Lernen und Leistung nötig sind.

Kapitel 4

24 Merksätze zur Lese-Rechtschreibschwäche

1. Die Lese-Rechtschreibschwäche ist keine Krankheit.
2. Eltern, Lehrer und Mitschüler sind in die Lese-Rechtschreibschwäche einbezogen.
3. Es gibt viele Möglichkeiten, lese-rechtschreibschwach zu werden: Reifungsverzögerungen, psychische, körperliche, soziale und methodisch-didaktische Ursachen.
4. Eine Lese-Rechtschreibschwäche entwickelt sich in verschiedenen Stadien, in denen man Ursachen und Wirkungen schließlich nicht mehr voneinander unterscheiden kann.
5. Entscheidend sind soziale Kreisprozesse, „Teufelskreise", durch die sich die Schwierigkeiten aufschaukeln.
6. Schüler im Teufelskreis versuchen, ihren Mißerfolgen auszuweichen, indem sie Hausaufgaben, Lesen und Schreiben vermeiden.
7. Schüler im Teufelskreis verschaffen sich Ersatz-Anerkennung: Sie werden frech und stören den Unterricht, oder werden weinerlich und klammern sich an die Eltern, treiben wie „verrückt" Sport oder basteln und musizieren in jeder freien Minute . . .
8. Eltern und Lehrer geraten in den Teufelskreis, wenn sie versuchen, mit Druck und Strafe den lese-rechtschreibschwachen Schüler zum Lesen und Schreiben zu zwingen oder ihn durch übertriebene Fürsorge abhängig halten.
9. Es gibt mehrere Teufelskreise, die sich gegenseitig in einem Wirkungsgefüge aufschaukeln.
10. Eltern und Lehrer können dem Schüler dann nicht mehr helfen, wenn sie selbst tief mit hineinverstrickt sind und brauchen dann einen außenstehenden Berater.
11. Am auffälligsten sind für Eltern und Lehrer die Rechtschreibfehler: Die Fehler sind dabei wie das Fieber bei einer Krankheit und alarmieren die Umwelt über zugrunde liegende Lernprobleme.
12. Übungen im Lesen und Schreiben bringen erst dann Erfolg, wenn der Schüler sich selbst Fortschritte zutraut.
13. Deshalb gehört es zu den wichtigsten Aufgaben von Eltern und

Lehrern, das Selbstwertgefühl eines lese-rechtschreibschwachen Schülers zu stärken.

14. Lehrer können in Kenntnis der Zusammenhänge verhindern, daß die lese-rechtschreibschwachen Schüler in der Klasse gehänselt werden und als Versager gelten.

15. Die rechtzeitige Förderung lese-rechtschreibschwacher Schüler gehört bereits in die erste Klasse, sie kann aber von den Eltern nicht eingeklagt werden, da sie noch keine Selbstverständlichkeit ist.

16. Zu hohe und falsche Erwartungen sind Ansatzpunkte vieler Teufelskreise; Eltern und Lehrer sollten gemeinsam ihre Erwartungen an sich und die Schüler klären, prüfen und ggf. korrigieren.

17. Wenn ein Schüler langsamer lernt als andere, braucht er mehr Zeit und nicht mehr Druck.

18. Eine als Fördermaßnahme *eingeplante* Klassenwiederholung ist in vielen Fällen die einzige Möglichkeit, Teufelskreise zu verhindern bzw. aufzubrechen.

19. Die Normalschule wird einem lese-rechtschreibschwachen Schüler nicht gerecht, deshalb kann er dort auch nicht gerecht benotet werden.

20. Eltern können ihrem Kind am ehesten helfen, wenn sie es psychisch unterstützen, sich durch *ungerechte* Benotungen nicht verunsichern lassen und sich vor allem weigern, der Nachhilfelehrer ihres Kindes zu werden.

21. Eltern müssen an die Leistungsfähigkeit ihres Kindes glauben, sonst traut sich das Kind keine Fortschritte mehr zu.

22. Eltern glauben wieder an die Fähigkeiten ihrer Kinder, wenn sie sich auf die guten Seiten ihrer Kinder konzentrieren.

23. Im Interesse des lese-rechtschreibschwachen Schülers sollten sich Eltern und Lehrer um eine gute Beziehung bemühen, sich gegenseitig keinen bösen Willen unterstellen und sich Fehler eingestehen.

24. Wenn Eltern und Lehrer verständnisvoll und geduldig bleiben, können sie gemeinsam dem lese-rechtschreibschwachen Kind wirksam helfen.

Kapitel 5

Was Franz braucht, um richtig zu lesen und zu schreiben

5.1 Was ist Lesen und Schreiben?

Franz macht sich verständlich, er teilt sich mit. Er benutzt von Anfang an sichtbare und hörbare Zeichen: er strampelt, verzieht das Gesicht, lächelt, schreit ... Die Mutter versteht ihn.

Wir sind für sichtbare und für hörbare Zeichen gleich empfänglich: Es ist der Mutter egal, ob sie *sieht* oder *hört*, wie es Franz geht, sie will es nur *wissen*.

Auge und Ohr liefern ihre Nachrichten am selben Fleck ab, alles kommt in einen großen, gemeinsamen Topf, das „sensorium commune".

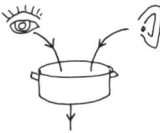

Was aus dem Topf wieder herauskommt, ist „Wissen" (Bedeutung) – und es ist uns egal, wie es hineingekommen ist.

Krach können wir *selber* und *immer* machen, auch wenn es dunkel ist, und er geht um die Ecken herum. – Das ist der Vorteil der *hörbaren* Zeichen.

Deshalb ist unser normales Verständigungsmittel das *Sprechen* und *Hören*.

Wörter haben einen Nachteil: Sie verklingen sofort. Wenn die Mutter nicht da ist, kann sie Franz nicht hören.

Wenn wir dauerhafte Mitteilungen haben wollen, müssen wir zum *Sichtbaren* zurück.

Mutter will abends weg, bevor der Vater kommt, also schreibt sie ihm auf: „Bin bei Maiers"

Das erfüllt den gleichen Zweck wie das Sprechen: Der Vater kann es aber *später* lesen.

Es ist egal, ob wir sprechen oder schreiben. Was wir mitteilen wollen, die Bedeutung (Nachricht) wird so oder so in unserem Gehirn umgesetzt in Befehle an Muskeln. – Und zwar an die Sprechmuskeln allein oder an die Muskeln in der Schreibhand (wobei es allerdings eine Verbindung zum Sprechen gibt – hierauf kommen wir noch zurück).

Schreiben ist „Sprechen" mit jemand, der später kommt. Lesen ist „Hören" auf jemand, der vorher da war.

Leise lesen ist *eine* Funktion, Sprechen und Schreiben auch. Laut Lesen sind zwei: Lesen und Sprechen. Schreiben von Gehörtem (Diktat) sind auch zwei: Hören und Schreiben.

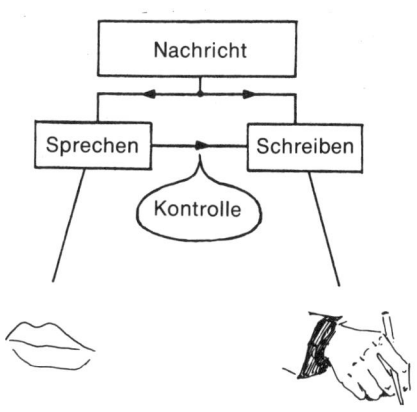

5.2 Was braucht Franz, damit er lesen kann?

Bilder sind sichtbare Zeichen. Man versteht sie sofort (wenn sie richtig gemacht sind). Sie sind aber für den normalen Gebrauch zu aufwendig.

Unsere Schrift ist deshalb keine Bilderschrift. Trotzdem gibt es Wörter und Wortteile, die wir *wie Bilder sofort* verstehen. Es sind die Wörter und -Teile, die wir oft genug gesehen haben: und, mit, . . . -ung, -keit, . . . an-, ver-, . . . Man nennt sie „Grundwörter" oder „Häufigkeitswörter".

Franz braucht einen „Grundwortschatz", sonst kommt er im Lesen nicht mit, weil es bei ihm zu langsam geht. Für längere und schwerere Wörter wie „Verbesserung" hat Franz zwei Hilfen:

1. Hilfe: Seinen Grundwortschatz. Wenn „ver-" und „-ung" schon dazugehören, braucht er diese Teile gar nicht mehr anzusehen, sie wirken wie Bilder und geben seinem Gehirn die Bedeutung „ver-" und „-ung" unmittelbar ein. Er kann gleich beim „b" von „besser" anfangen und seine

2. Hilfe einsetzen: das *Erlesen:* Er übersetzt die Buchstabenreihe, die er sieht, in eine Lautfolge, die er sich vorstellt. Dazu braucht er zweierlei: Die Fähigkeit der „Umkodierung" und die Laute, die zu den Buchstaben gehören.

„Kodieren" heißt, einem Inhalt ein Zeichen zuordnen, „umkodieren" heißt, das Zeichen durch ein anderes ersetzen. Beides kann Franz schon seit langem: Er hat sprechen gelernt und dabei erfahren, daß er einem Gegenstand (Inhalt) einen Namen (Zeichen) geben kann (kodieren), und daß er den Namen durch einen anderen oder ein Bild ersetzen kann (umkodieren).

Im Lese- und Schreibunterricht lernt Franz die gesprochenen Laute und die sichtbaren Buchstaben ineinander umzukodieren: Er lernt eine „Abbildung", die wir uns vorstellen können ähnlich wie ein Wörterbuch, wo links die deutschen Wörter aufgelistet sind und rechts die zugehörigen englischen:

Deutsch	Englisch	und umgekehrt:	Englisch	Deutsch
behutsam	: cautious; gentle		buzzard	: Bussard
bei	: by; near; at; with		by	: bei; an; neben; durch; über

Genau wie die Wörterliste zu dem linken Wort oft mehrere Übersetzungen (Kodierungen) angibt, so gibt es für viele Buchstaben mehrere Laute, die in Frage kommen und für die Laute mehrere Buchstaben, weil unsere Schrift die Laute nicht genau wiedergeben kann. Ganz besonders gilt dies für Laut*folgen* und Buchstaben*folgen*:

Es kommt also wie beim Wörterbuch auf den Zusammenhang an, welche „Übersetzung" die treffendste ist. Deshalb muß Franz beim *Erlesen* auch probieren: Er prüft dabei, ob die Lautfolge, die er gebildet hat, ein bekanntes Wort ergibt und ob dieses in den Zusammenhang paßt. Wenn nicht, verändert er die Lautfolge. Dabei kommt ihm zugute, daß es zu jeder Buchstabenfolge solche Laute gibt, die *häufig* passen und solche, die nur selten passen. Das erleichtert die Arbeit.

Um Ihnen zu zeigen, daß man beim Erlesen wirklich oft probieren muß, haben wir die folgende Lese-Aufgabe: „Morgenstern, Abendstern, Zwergelstern." – „Mordskerle, Parkerle, Ankerle"

Was Franz zum Lesen braucht ist also:
A.) ein möglichst großer Grundwortschatz
B.) die Fähigkeit des Erlesens.

5.3 Was braucht Franz zum Schreiben?

Franz malt gerne; dabei malt er nicht, was er sieht, sondern was er weiß; manchmal spricht er auch dabei und gibt sich damit selbst einen Leitfaden: „. . . is Mama, hat'n 'ock (Rock) . . . " oder „. . . un etzt noch das . . . " (malt das Dach am Haus). Er hat entdeckt, was ein „Schema" ist und malt das Schema Strich für Strich: ein Haus ist ein „Topf" mit einem Dach.

Wenn Franz später geübt ist, wird er viele ganze Wörter genauso sicher schreiben, wie er jetzt das Dach am Haus malt.

Diese Wörter und Wortteile sind als fertige Bewegungsfolgen gespeichert und können als Ganze abgerufen werden. Franz schreibt sie automatisch (und richtig). Er braucht auch im Schreiben einen „Grundwortschatz", sonst geht es zu langsam. Bei schwierigen und langen Wörtern hat er zwei Hilfen – wie beim Lesen: Einmal seinen Grundwortschatz, der ihm dann helfen kann, wenn in einem langen Wort solche Teile enthalten sind, die er schon automatisch (Grundwort) kann. Die zweite Hilfe besteht darin, daß er sich für das Schreiben ebenfalls einen „Leitfaden" schafft – wie seinerzeit bei den Schemazeichnungen. Damals hat er sich an schwierigen Stellen selbst Anweisungen gegeben und die einzelnen Striche „vorgesagt". Genau denselben Vorgang kann er jetzt wieder benutzen, wobei ihm die Natur noch zu Hilfe kommt: Die Sprechbewegungen haben Kontrolle über die Schreibbewegungen.

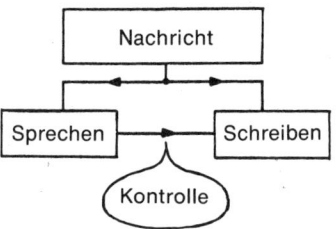

Probieren Sie selbst:
Schreiben Sie irgendetwas; es kann noch so gut „sitzen" (z. B. die Zahlen von „0" an oder das Alphabet) und sprechen Sie gleichzeitig etwas anderes (sagen Sie „zwei", wenn Sie „1" schreiben, „drei", wenn Sie „2" schreiben usw.). Sie werden Schwierigkeiten bekommen, und in dem Kampf gewinnt immer das Sprechen.
Wenn Franz langsam spricht und dabei gleichzeitig schreibt, so steuert das Sprechen die Schreibbewegung und wird vom Schreiben so verzögert, daß beide gleichzeitig ablaufen. Franz schreibt „unter Artikulationskontrolle" → L 4.4.
Wenn er etwas geübt ist, reicht es schon, sich die Sprechbewegungen vorzustellen.

52

5.4 Die Pilotsprache

Genau wie bei den Schemazeichnungen muß Franz sich vorsagen, was er *weiß*. Er darf nicht so sprechen wie er es gewohnt ist oder wie er die anderen sprechen hört. Wenn er z. B. in Bayern lebt, schreibt er sonst „da Hos legd Oar" statt „der Hase legt die Eier".

Das Wichtige an der Artikulationskontrolle ist also nicht die Kopplung von Sprechen und Schreiben – die geht auf natürlichem Wege von selbst –. Das Wichtige ist, *was* Franz sich vorspricht, denn das schreibt er auch. Er gewinnt es, indem er das Wort, das er schreiben will, in eine Folge der „richtigen" Laute verwandelt, die er als Buchstaben schreiben *kann*. Die Rechtschreibung ist darin schon enthalten. Er spricht also, was er weiß und schreibt dann, was er spricht.

Die besondere Lautfolge, die Franz beim Schreiben spricht, und in der die Rechtschreibung schon enthalten ist, verdient einen eigenen Namen. Wir nennen sie ab jetzt „Pilotsprache", weil sie das Schreiben so führt, wie der Pilot seine Maschine.

Beispiele:

Korrekt	Pilotsprache	normal gesprochen
Soest	So-est	„So:st" (mit langem „o")
doppelt	dop-pelt	„doplt"
vier	vi-er (oder vau-i-er)	„fi:r" (mit langem „i")
Fuchs	Fu-ch-s	„fux"

Franz hat einige Hilfsmittel, um zur Pilotsprache zu kommen: bekannte ähnliche Wörter (Analogien), die Liste der Zuordnung von Laut und Buchstaben, allgemeine Regeln, soweit er sich daran erinnert, vor allem aber die Erinnerung daran, wie das Wort aussieht, also sein Wissen.

Platt ausgedrückt: Wer die richtige Schreibung kennt, der kann sie mit Artikulationskontrolle ausführen, wer sie nicht kennt und nicht ableiten kann, dem hilft die Artikulationskontrolle nicht – er muß nachschlagen oder Fehler in Kauf nehmen.

Die Pilotsprache ist das Transportmittel vom Wissen zum Schreiben, nicht mehr. Sie hilft aber, um nicht Buchstaben durcheinanderzubringen und wegzulassen.

Um Schreiben zu können, braucht Franz also:

A. Einen möglichst großen, automatisierten Grundwortschatz.

B. Übung in der Artikulationskontrolle.

C. Hilfsmittel, um die Pilotsprache im Einzelfall zu gewinnen.

Kapitel 6

Die Rolle des Gehörs beim Spracherwerb, beim Lesen und beim Schreiben

6.1 Problem: Falsche Hypothesen der Schüler und die Folgen

Eine große Zahl von LRS-Schülern sucht die Bedeutung des Hörens an einer falschen Stelle und entwickelt deshalb absurde Vorstellungen über den Vorgang des Lesens und Schreibens. Diese Vorstellungen sind entscheidend an der Schwäche beteiligt und geeignet, sie aufrecht zu erhalten. Es ist also wichtig, *wie* die Schüler zu ihren falschen Hypothesen kommen und welche pädagogischen Ziele und Maßnahmen sich hieraus ergeben.

Wenn man LRS-Schüler nach ihren Fehlern fragt, so kommt in vielen Fällen die Antwort: „Ich höre das nicht." Fragt man weiter nach, so zeigt sich, daß die Kinder sich bemühen, möglichst genau hinzuhören, um dem gesprochenen Text irgendwelche Hinweise (Indikatoren) für die richtige Schreibung zu entnehmen. Sie versuchen, die gehörte Lautfolge unmittelbar als Buchstabenfolge wiederzugeben.

Es gibt auch eine Reihe von Fachleuten, die in akustischen Defiziten eine Hauptursache der LRS und in akustischen Trainings die richtige Medizin sehen, andere sehen die Ursachen eher auf dem visuellen Gebiet und plädieren entsprechend für andere Therapieformen.

Sehen und Hören wirken an *verschiedenen* Stellen und beide sind unentbehrlich. Wenn aber für eine Leistung zwei Voraussetzungen nötig sind, dann ist es wesentlich, zu wissen, *an welcher Stelle* jeweils die eine und die andere wirkt, um im Falle einer Störung *richtig* eingreifen zu können.

6.2 Die Rolle des Gehörs beim Spracherwerb*

Eine Analyse der Vorgänge beim Spracherwerb führt zu folgenden Ergebnissen: Die Lautbildung in der Lallphase und beim gezielten

Nachsprechen (Echolalie), die zu einer *hinreichenden* Artikulation führt, ist ohne akustische Differenzierung nicht möglich. Akustische Durchgliederung ist spätestens für den richtigen Gebrauch grammatischer Formen (Endungen, Wortstellung) nötig. „Hinreichend" heißt dabei: Jeder nähert sich der in seiner Umgebung allgemein gebräuchlichen Artikulation gerade so weit, daß er verstanden wird. Es bleibt ein Rest, der sich nach persönlichen Voraussetzungen richtet, z. B. der Bildung der Stimmwerkzeuge, dem Ehrgeiz, der Bequemlichkeit und insbesondere den sozialen Vorbildern. Jeder artikuliert deshalb anders. Verständigung wird erreicht, weil wir als Zuhörer die persönlichen Eigenheiten von vornherein in Rechnung stellen und die individuellen Verzerrungen „abziehen". Übrig bleibt eine Gestalt, die zum *Wort* gehört und von den Zufälligkeiten des Sprechers weitgehend unabhängig ist. Diese Wortgestalt ist es, die der Sprecher formen will und zu formen glaubt. Sie ist es auch, die das Kind aus vielen Hörerfahrungen herausfiltert.

Wenn ein Kind verständlich sprechen und artikulieren gelernt hat, so ist bei ihm die akustische Differenzierung so weit entwickelt, daß es die Laute sicher unterscheiden kann. Daß auch keine akustische Durchgliederungsschwäche vorliegt, geht daraus hervor, daß die Kinder beim Sprechen die Wörter in verschiedene Zusammenhänge einfügen und nach den grammatischen Regeln umformen.

Wenn sie dies tun, beweisen sie, daß ihnen die Wortgefüge, also Anfang und Ende jedes Wortes, aber auch die Grenzen zwischen verschiedenen Phonemen, die bei grammatischen Formen benutzt werden, auch im normalen Redefluß verfügbar sind. Wenn Kinder sprechen können, aber gleichzeitig der Überzeugung sind, Laute, Lautfolgen, Wortgrenzen usw. nicht zu „hören", so müssen dafür andere Ursachen verantwortlich sein. Akustische Differenzierungs- und Gliederungsschwächen scheiden jedenfalls aus.

---

* Die Ergebnisse, die in Kap. 5 und 6 unvollständig und gedrängt wiedergegeben werden, sind vom Autor in einem längeren Aufsatz ausführlich dargestellt worden. Nach ersten Reaktionen ist diese längere Form besonders für Lehrer hilfreich, die durch eine Ausbildung im Fernstudiengang Legasthenie verunsichert worden sind. Einige der dort enthaltenen Lehrinhalte, die nicht zur täglichen Erfahrung passen und deshalb mit Recht eine gewisse Skepsis gegenüber der „akademischen" Wissenschaft ausgelöst haben, werden dadurch richtiggestellt. Der Aufsatz ist bei den Autoren zu beziehen.

6.3 Die Rolle des Gehörs, insbesondere der akustischen Differenzierung und Gliederung, beim Lesen und Schreiben

Nachdem das Grundsätzliche über Lesen und Schreiben schon in Kap. 5 gesagt wurde, können wir uns hier kurz fassen: Für den Leseprozeß spielt das Gehör keine Rolle. Es wird weder für das leise noch für das laute Grundwortlesen gebraucht. Auch die Hypothesenprüfung beim Erlesen erfolgt nicht über den akustischen Weg, sondern über die sprachliche Vorstellung. Diese ist von vornherein zentral und kein akustischer Vorgang (auch wenn sie sich von akustischen Vorgängen in der Vergangenheit herleitet), sondern ein Bestand des sensorium commune (siehe Kap. 5).

Die einzige Stelle, an der das Hören überhaupt zum Zuge kommt, ist das Erlernen der Zuordnung von Laut und Buchstaben. Hier müssen die Buchstaben (visuell bzw. kinästhetisch) und die Laute (akustisch bzw. sprechmotorisch) *identifiziert* werden. Ist die Zuordnung einmal vorhanden, spielt das Hören weiter keine Rolle.

Schüler nach der 1. Klassenstufe haben damit meist auch kein Problem: Gibt man ihnen die Laute einzeln vor, so schreiben sie die zugehörigen Buchstaben ohne Umstände. Dies zeigt, daß ihnen die Zuordnung geläufig ist. Sie ist für das Erlesen → L 5.9 wichtig und muß deshalb bei jüngeren Schülern sichergestellt werden → L 4.2, → L 4.3.

Beim Schreiben liegt das Problem der Schüler in der zwanghaften Vorstellung, sie könnten und müßten aus dem gehörten Wort die Einzellaute heraushören und als Buchstaben wiedergeben: das sei Schreiben.

Beim motorischen Vollzug des *Schreibens*, also bei den Bewegungen, die nötig sind, hat das Gehör keine Bedeutung. Das gleiche gilt bei Grundwörtern und automatisierten Wortteilen. In der Artikulationskontrolle → L 4.4 bei nicht automatisierten Wörtern wird nicht das Hören, sondern das artikulierte *Sprechen* der Pilotsprache als Leitlinie und Zeitgeber für den Schreibvorgang benutzt. Die Umsetzung des Wortes in die Pilotsprache folgt der sprachlichen Vorstellung so weit, daß nicht Buchstaben *vergessen* werden. Die notwendige rechtschreibbedingte Verzerrung gegenüber der Umgangssprache stammt dagegen wieder aus visuellen Beständen des sensorium commune.

Schließlich gibt es Regeln, nach denen im Zweifelsfall die Pilotsprache konstruiert werden soll, z. B. durch Verlängern, Umformen,

Ableiten des Wortes (Wälder – Wald). Hier spielt die akustische *Erinnerung* in einigen Fällen eine Rolle (wie in dem angeführten), in anderen sicher nicht, ja es muß geradewegs *gegen* die akustische Erinnerung entschieden und entsprechend artikuliert werden, z. B. bei Tor-Moor-Mohr, die gleich klingen, aber für die Pilotsprache verschieden verformt werden müssen. In verstärktem Maße gilt dies noch für die Fremdsprachen (z. B. here-dear-deer).

Bei diesen nicht automatisierten Wörtern kommt die Schwierigkeit der betroffenen Schüler zum Vorschein, und zwar gerade bei der Bildung der Pilotsprache. Wir müssen aus diesem Grunde jetzt zwei Fälle unterscheiden und stellen zuerst dar, wie ein geübter Schreiber, der keine Schwierigkeiten hat, die Pilotsprache bei einem nicht geläufigen Wort bildet. Der Vorgang stellt sich folgendermaßen dar: Der Schreiber wird sich zunächst über die Bedeutung des Wortes klar und ruft sämtliche vorhandenen Informationen über die Schreibung ab. Dies sind in erster Linie visuelle Erinnerungen, Analogien und an der Wortbedeutung festgemachte Sonderregeln bzw. Kontraste (wieder-wider, Moor-Mohr . . .), zu denen es in vielen Fällen auch „Eselsbrücken" gibt („wer nämlich mit ‚h' schreibt . . ."). All dies geht in die Pilotsprache ein. Es erfolgt also ein Rückgriff auf das, was im Gehirn ohnehin *vorhanden* ist. Das Ohr als Sinnesorgan wird nicht angesprochen, in manchen Fällen wird dagegen „probegeschrieben", um zu sehen, ob das Schriftbild „richtig aussieht". Hier wird das Auge für einen Vergleich mit visuellen Erinnerungen herangezogen. Der Schreiber formiert die Pilotsprache nach dem, was er *weiß*.

Schwierig wird es auch für den geübten Schreiber, wenn er die Bedeutung des Wortes nicht kennt. Selbst wenn er dem Wortbild früher begegnet ist, bleibt es Zufall, ob er die Erinnerung (falls vorhanden) jetzt reaktivieren kann, weil das Hauptkriterium für den Suchprozeß fehlt. Es bleibt hier also nichts weiter, als der Rückgriff auf Analogien oder die Zuordnungsliste zwischen Laut und Buchstaben. Der Erfolg hängt wesentlich von der Lauttreue des Wortes ab. Auf diesen Zusammenhang zwischen Wortbedeutung und Rechtschreibung hat Grissemann schon vor vielen Jahren hingewiesen (1970).

Das Verhalten der betroffenen Schüler weicht von dem des geübten Schreibers radikal ab. Der entscheidende Unterschied ist, daß die Schüler nicht daran denken, auf ihr Wissen zurückzugreifen, sondern die Bedeutung des zu schreibenden Wortes oft überhaupt nicht erfassen, gleichgültig, ob sie sie kennen oder nicht. Sie kleben stattdessen am Klangbild, so wie sie es im Moment hören (Diktat), bzw. an der akustischen Erinnerung, die sie säuberlich isolieren und insbesondere von visuellen Erinnerungen getrennt halten. Auch wenn das Suchen klar durch probierende Sprechbewegungen erfolgt, verwechseln sie durchgehend Hören mit Sprechen und mit der akustischen Vorstellung.

Zusammenfassend:
Die Rolle akustischer Funktionen beim Lesen und Schreiben ist sehr untergeordnet: Wo sie überhaupt in Erscheinung treten, handelt es sich um akustische Erinnerungen. In den meisten Fällen, in denen das „Hören" angesprochen wird, liegt eine Verwechslung mit sprachlichen Vorstellungen oder gar direkt mit Sprechbewegungen vor*. Im „Sprachgefühl" mischen sich visuelle, akustische und kinästhetische Erfahrungen (siehe sensorium commune, Kap. 5).
Wo Gehörtes (in der Form akustischer Erinnerung oder Vorstellung) als Hilfe zur Rechtschreibung herangezogen werden soll, ist der Nutzen meist zweifelhaft: In vielen Fällen muß bei der Bildung der Pilotsprache gerade *gegen* die akustische Erfahrung verformt werden. Die richtige Hilfe liegt also nicht im Rückgriff auf akustische Sachverhalte, sondern auf das Wissen.

6.4 Verunsicherung

Nach den vorhergehenden Abschnitten wirkt das Verhalten der Schüler zunächst befremdlich. Ihre Ansicht ist doppelt falsch: Durch ihren Sprachgebrauch zeigen sie, daß sie hinreichend hören können und außerdem spielt das Hören bei weitem nicht die Rolle, die sie ihm ängstlich zuteilen. Ihre Strategie beim Schreiben ist angesichts

---

* Auch der geübte Schreiber wird oft zu Protokoll geben, er prüfe, wie das Wort sich „anhört"; beobachtet man ihn, so sieht man *Sprech*bewegungen. Überhaupt wird hier fortwährend Sprechen mit Hören verwechselt. Auch dies ist nichts, was man verübeln dürfte und hat auch nichts mit einer Sonderstellung sprachlicher Funktionen zu tun. Bei ungenauer Beobachtung (also alltäglichem Verhalten) kommen auch in anderen Gebieten fortwährend Verwechslungen vor, z. B. zwischen optischen und kinästhetischen Sachverhalten (so, wenn wir einem Drehknopf, einer Glühlampe, einem Schalthebel „ansehen", wie er zu bewegen ist). Auch hier wird nicht gesehen, sondern vorhandenes Wissen, gespeicherte Erfahrung mit den Gegenständen in den umgebenden visuellen Raum projiziert.

der mangelnden Laut-treue der deutschen Schreibung zum Scheitern verurteilt. Die Folge ist eine persönliche Verunsicherung. Die Schüler konstatieren bei sich einen Defekt. Der Weg von dieser Feststellung zum Aufbau einer mehr oder weniger generalisierten Lern- und Leistungsstörung liegt auf der Hand und ist in Kap. 2 und 3 dargestellt.

Die Schüler sind so verunsichert, daß sie ihrem Gehör von Grund auf mißtrauen, sobald es um Sprache, Buchstaben, Schrift geht. Aus diesem Grunde versagen sie auch in Tests, in denen die Feinheit des Gehörs über sprachliches Material geprüft wird (z. B. dem Psycholinguistischen Entwicklungstest, PET, Angermaier 1974), obwohl sie sonst sehr gut hören. De facto mißt der PET hier nicht den psycholinguistischen Entwicklungsstand oder die akustische Funktion, sondern die Verunsicherung der Schüler.

6.5 Pädagogische Fehlleistungen als Quelle der Verunsicherung

Die Festigkeit, mit der die Schüler an ihrer (falschen) Überzeugung hängen, hat ihren Grund: sie wird ihnen traditionell weitergegeben von Erwachsenen, die ihrerseits fest überzeugt sind. Der Zusammenhang zwischen der gesprochenen und der geschriebenen Sprache ist für unser Erleben so aufdringlich, daß er gar nicht ernsthaft in Frage gestellt wird.

Die Tatsache, daß in unserer Schrift die Möglichkeit gegeben ist, die Lautgestalt eines Wortes (und damit der ganzen Sprache) durch Buchstaben *annähernd* (d. h. in Auswahl) festzuhalten, verleitet zu dem Mißverständnis, die Abbildung sei eindeutig. Daß die Annahme falsch ist, ist klar. Sie hat aber zu pädagogischen Anweisungen geführt, die von Eltern und Lehrern fortwährend gegeben werden und von denen diese im Einzelfall guten Glaubens annehmen, sie seien richtig.

Beispiel: Ein Schüler weiß offensichtlich nicht, ob er „dünn" mit einem oder mit zwei „n" schreiben soll. Die Lehrerin weist ihn an: „Verlängere das Wort – was hörst Du da? . . . Dün-ner". Der Schüler hört zu, hört die beiden „n", schreibt zwei „n" und alle sind zufrieden. Die „Regel" ist bestätigt worden – ein Hinweis darauf, daß sie gilt.

Was hier in Wirklichkeit geschehen ist: Der Schüler glaubt, *man* könne die beiden „n" durch das Verlängern hören. Das ist eine gefährliche Fiktion. Kein Mensch kann die beiden „n" hören, wenn sie nicht – wie hier von der Lehrerin – gesondert *gesprochen* werden. Gesondert gesprochen werden sie aber nur zum Zwecke der Artikulationskontrolle, sonst nie. (Eine Aufzeichnung der Schallwellen zeigt klipp und klar, daß zwischen „dünn" und „dünner" im Bereich des „n" überhaupt kein lautlicher Unterschied besteht). Die Lehrerin *spricht* zwei „n", weil sie *weiß*, daß zwei „n" vorhanden sind. Der Schüler *hört* zwei „n", weil die Lehrerin zwei „n" *spricht*.

Wenn dem Schüler aber wirklich unklar ist, ob zwei „n" oder nur eines, und wenn die Lehrerin nicht hilft, dann nützt die Verlängerungsregel ebensowenig wie die allgemeinere Anweisung, die hinter der ganzen Prozedur steht: „Hör genau hin und schreib, was du hörst!".

Die Anweisung hat aber eine fatale Folge: Der Schüler versucht bei anderer Gelegenheit, die Regel anzuwenden und hört nichts. Die logische Erklärung für den Schüler ist: „*Ich* kann nicht hören, was *alle anderen* hören." Er gibt dies zu Protokoll – und gilt künftig als ein Schüler mit „akustischer Differenzierungsschwäche."

Jeder von uns weiß, wie derartige „Erklärungen" seines Versagens auf den Schüler zurückwirken. Wenn ein Schüler das genaue Hinhören als Universalmittel zum richtigen Schreiben präsentiert bekommt und gleichzeitig feststellt, daß er nicht in der Lage ist, es zu nutzen, dann muß er „ins Schwimmen kommen". Hier haben wir die Ursache für die Not der Schüler, die im Abschnitt 6.1 angesprochen wurde: Die Schüler meinen, man müsse die Schreibung jedes einzelnen Wortes in jedem einzelnen Moment neu aus dem Lautbild konstruieren. Dies auch, wenn sie das gleiche Wort gerade eben eine Zeile höher geschrieben haben. Es fehlt ihnen also die Erkenntnis (und die Möglichkeit zu dieser Erkenntnis), daß ein Wort eine einmal festgelegte Schreibung hat, daß es ein für immer vereinbartes Zeichen ist und sich nie ändert. Diese Einsicht wird durch die Anweisung „Hör genau hin" blockiert. In verschärftem Ausmaß wirkt sich dies bei den Fremdsprachen aus (siehe 6.7).

Bei vielen schwer lese-rechtschreibschwachen Schülern entsteht dadurch der Eindruck, daß sie außerstande seien, Invarianten und Begriffe zu bilden, was völlig im Widerspruch zu ihren sonstigen Leistungen und ihrem Gebrauch der gesprochenen Sprache steht.

6.6 Eine Hypothese zur Herkunft der „akustischen Verunsicherung"

Es ist nun zu fragen, warum die übrigen Schüler, die doch mit den gleichen „pädagogischen" Anweisungen konfrontiert werden, nicht zu ähnlichen Reaktionen kommen.

Die entscheidende Abbildung, die die Artikulationskontrolle ermöglicht, ist die von der gewohnten und gehörten Lautgestalt des Wortes auf die „Pilotsprache" (siehe Kap. 5). Wie kommt es, daß viele Schüler diese Abbildung, die ja nirgends explizit benannt oder gar gelehrt wird, von selbst entdecken und zu benutzen lernen, so daß auch sie schließlich zu der Überzeugung kommen, die beiden „n" zu „hören"?

Die Pilotsprache geht auf die gültige *Schreibung* zurück. Diese ist ein visueller Tatbestand und wird dadurch gelernt, daß die Schüler die richtig geschriebenen Wörter *sehen*. Die optische Herkunft geht im sensorium commune unter. Übrig bleibt die „richtig veränderte" Artikulation der Pilotsprache.

Die Schüler, die diesen „normalen" Prozeß durchlaufen, befinden sich in Übereinstimmung mit den Erwartungen des Lehrers und der Eltern. Sie werden nicht auffällig. Es liegt nahe, daß bei den Schülern, die hier ins „Schleudern" kommen, eine Verunsicherung an *der* Stelle vorliegt, wo der „Rechtschreibspeicher" gefüllt wird: Bei der Wahrnehmung der *Schreibung*. Wo sich die Wortbilder visuell nicht trennen lassen (siehe Kap. 2), können sie auch nicht gemerkt werden; es entsteht das äußere Bild der „Speicherschwäche". Die wahre „Ursache" liegt damit im visuellen System. Dies scheint plausibel, wenn man das Zustandekommen und die Wirkung visueller Differenzierungsschwächen bedenkt. Der Vorgang, aus dem die scheinbare akustische Differenzierungsschwäche entsteht, ist folgender: Die Schüler erleben ihre Unfähigkeit, bestimmte Zeichen zu unterscheiden (z. B. b–d, p–q, u–n usw.) und stehen gleichzeitig unter der allgemeinen (oder explizit gegebenen) Aufforderung „*hör* genau hin". Sie orten deshalb ihre Fehlleistung an der (falschen) Stelle, die als Ursache der Fehler immer wieder ausgewiesen wird: dem Gehör. Die pädagogisch falsche Anweisung „hör genau hin" kann bei den betroffenen Kindern ihre Wirksamkeit deshalb entfalten, weil diese durch eine visuelle Differenzierungsschwäche vorweg verunsichert sind.

Hier finden auch Aussagen ihre Erklärung, die wir bei vielen Lehrern hören, daß nämlich Legastheniker, bei denen eine akustische Differenzierungsschwäche („Lautnuancentaubheit") diagnostiziert wird, viel schwieriger zu behandeln seien, bzw. „mit einer ausgeprägten Resistenz der Störungen zu rechnen" sei (Tamm, 1974, S. 71). Dies kann nicht überraschen, denn die Therapie wird im Zusammenhang mit der Diagnose vollzogen: Folglich wird versucht, den „akustisch gestörten" Schülern mit „akustischen Übungen" zu helfen. Die Hilfsmaßnahmen müssen darum am Problem vorbeigehen. Der Erfolg, der sich bei solchen Schülern einstellen kann, geht auf unspezifische Einflüsse (z. B. Gruppenklima, Beziehung zum Betreuer, Beachtung . . .) zurück, die sich positiv auf das Selbstwertgefühl auswirken.

Zur Abrundung noch eine Stelle aus der neueren Literatur: Nach Zimmermann zeigte sich in Versuchen von Jung (1977 b) ein „erstaunliches" Ergebnis: Legastheniker erwiesen sich in der akustischen Diskriminierung vorgesprochener Wörter (in manipulierten Sätzen) ihren nicht-legasthenischen Klassenkameraden *überlegen* (Zimmermann, 1980, S. 112). Das Erstaunen hierüber ist unnötig: Niemand ist so auf das genaue Hinhören eingestellt, wie ein Schüler, der visuelle Schwächen mit verstärkter Hörleistung zu kompensieren versucht.

6.7 LRS-Schüler und Fremdsprachenunterricht

Welche Hypothesen über das Lesen und Schreiben ein LRS-Schüler hat, zeigt sich daran, wie er mit Fremdsprachen umgeht. Schreibt er englische Vokabeln lautgetreu, ist er noch das Opfer der „Hör-ge-nau-hin"-Anweisung. Oft hört man den Rat, solche Schüler wegen der höheren Lauttreue mit Latein beginnen zu lassen. Wir halten den Rat für zweischneidig: Wenn der Schüler in der Lage ist, den Erfolg mit einer Sprache für sein Selbstwertgefühl zu nutzen und seine falschen Hypothesen abzulegen, so ist der Effekt positiv. Die Gefahr ist, daß der Schüler durch seinen Erfolg im Latein die Hypothesen *bestätigt* sieht, die für lebende Sprachen falsch sind. Langfristig wäre ein gezieltes Grundwortschatztraining deshalb vielleicht erfolgreicher.

Manche LRS-Schüler schreiben die englischen Diktate besser als die deutschen. Ihnen ist es nach dem Wegfall der visuellen Differenzierungsschwäche gelungen, die Wortbilder visuell zu speichern, sie haben die englischen Vokabeln auswendig gelernt. Sie haben im Englischen – im Gegensatz zur deutschen Sprache – auch noch keine Lücken angehäuft, die sich nachteilig auf die Gesamtleistung auswirken. Diesen Schülern kann man jetzt helfen, die Verunsicherung auch in der Muttersprache zu überwinden, wenn man ihnen klar macht, daß sie nun den Beweis für ihre Leistungs*fähigkeit* haben und eben auch deutsche Wörter wie die englischen Vokabeln auswendiglernen müssen.

6.8 Zusammenfassung und Folgerungen

Die Erklärung der Lese-Rechtschreibschwäche durch akustische Differenzierungs- und Gliederungsmängel ist zwar verführerisch plausibel, aber falsch.

Das Gehör bietet weder beim Lesen noch beim Schreiben – und schon gar nicht beim Rechtschreiben – die entscheidende Hilfe, die sich die Schüler erhoffen.

Die Schüler sind vielmehr durch falsche pädagogische Anweisungen irregeführt worden und lokalisieren bei sich einen Defekt, der in Wirklichkeit nicht vorhanden ist. Es folgen falsche Hypothesen über den Schreibvorgang und entsprechend falsches Schreibverhalten.

Für den Lese- und Schreibkurs ist deshalb zu fordern:

1. Der Lese-Schreib-Lehrgang sollte mit einem vorlaufenden visuellen Differenzierungstraining beginnen. Dies ist die Grundlage für eine angemessene Unterscheidung von Wortbildern und damit für die notwendige Speicherung.

2. Da die visuelle Differenzierung nicht selbstverständlich vorausgesetzt werden kann, darf der Lese-Schreib-Lehrgang keine Aussagen, Materialien und Übungen enthalten, aus denen Schüler den Schluß ableiten könnten, es sei möglich, von der gehörten Lautgestalt auf die Rechtschreibung zu schließen. Insbesondere ist die Anweisung „hör genau hin und schreib wie du hörst" (und alle Abwandlungen) unbedingt auszumerzen. Sie ist die Quelle vieler Rechtschreibschwierigkeiten.

3. Stattdessen sind die Schüler strikt darauf zu lenken, daß sie schreiben, was sie *wissen*. → L 5.8

4. Der Sprachunterricht muß sich daher auf die Festigung eines Grundwortschatzes nach lernpsychologischen Gesichtspunkten konzentrieren → L 3.8 → L 5.2 → L 5.3 → L 5.6. Die Diktatpraxis soll ein Entscheidungstraining einbeziehen, bei dem der Schüler lernt, nur die gewußten Wörter und ggf. mit Artikulationskontrolle zu schreiben → L 3.3 → L 4.4 → L 5.8.

Kapitel 7

Test-Diagnose der LRS – oder nicht?

In diesem Buch wird sonst nicht über Tests gesprochen. Dies hat seine Gründe, die wir hier darlegen wollen. Man kann die Frage der Diagnose von der pragmatischen Seite sehen: *Wer* gewinnt *was*, wenn die LRS diagnostiziert wird? Die Diagnose spielt eine Rolle für

1. Therapie
2. Schule
3. Forschung
4. Ämter zum Zwecke der Kostenübernahme.

7.1 Diagnose und Therapie

Wenn die Diagnose für die Therapie oder innerhalb der Therapie eingesetzt wird, so hat dies seine Berechtigung. Es gibt in der Tat Komplikationen der Behandlung, die man ausschließen kann, wenn man das Kind vorher gründlich untersucht, z. B. alle medizinischen Fragen, Seh- oder Hörfehler... Ein lese-rechtschreibschwaches Kind sollte in jedem Fall gründlich von einem Arzt untersucht werden.

Die Hoffnung, psychologische und pädagogische Maßnahmen auf Grund der Diagnose besser einzusetzen oder einzusparen, erscheint uns dagegen trügerisch. Der Wert der Diagnoseverfahren für die Therapie ist zweifelhaft und eine direkte Handlungsanweisung für die Therapie geben sie nicht. Schließlich können wir Fälle aufzeigen (siehe Kap. 6), in denen die Ausrichtung der Therapie an der Diagnose zu verfehlten Therapieversuchen führt. Die Ausrichtung der Therapie nach einer Diagnose folgt einem medizinischen Krankheitsbild, das nicht auf die Therapie im psychischen und sozialen Bereich übertragen werden kann. In Medizin und Technik sind – wenigstens teilweise – einfache Zusammenhänge mit Ursache und Wirkung vorhanden. Hier können „Diagnose" und „Therapie" direkt aufeinander bezogen werden. Bei der LRS sind die Zusammenhänge komplex. Zwischen dem, was als „Ursache" erscheinen könnte, und dem, was diagnostisch erfaßt wird, können Prozesse liegen, durch die die Diagnose auf eine völlig verkehrte Bahn gelenkt wird (siehe Kap. 6, wo gezeigt wird, daß eine Symptomatik, die sich als „akustisch" präsentiert und in der Literatur auch so abgehandelt wird, in Wirklichkeit auf visuellem Gebiet entstanden ist und auch dort am besten behandelt werden kann).

7.2 Diagnose und Schule

Hier sind wieder verschiedene Bereiche zu unterscheiden: Diagnose als
– Grundlage für Förderunterricht
– Grundlage für die Erteilung eines Sonderstatus
– Grundlage für die Aufnahme in eine weiterführende Schulform, also für die Schulkarriere.
Wenn in der Schule eine Diagnose der LRS zur Bedingung gemacht wird, um das Kind zu fördern, so ist der Wert der diagnostischen Aussage für die Förderung zweifelhaft, in vielen Fällen wurde nach gründlicher Diagnose falsch gefördert.
Schlimmer ist, daß durch das Warten auf die Diagnose gerade die Zeit vertan wird, in der es noch leicht wäre, die Störung aufzufangen, bevor sie sich ausbreitet. Es gilt als „Regel", daß die LRS nicht vor dem Ende des 2. Schuljahres festgestellt werden könne.*
Natürlich ist das Unsinn: Der Lehrer kann die LRS – wie jede andere Störung – sofort im Klassenzimmer und zu jedem beliebigen Zeitpunkt erkennen; er braucht nur die Lese- und Rechtschreibleistung zu betrachten. Was nicht möglich ist, ist lediglich die Anwendung des standardisierten Tests außerhalb der gültigen Zeit.

---

* Für die Testuntersuchung wird in den Schulen meist der Diagnostische Rechtschreibtest (DRT 2) von Rudolf Müller eingesetzt, der inzwischen von verschiedenen Autoren kritisiert wird. Die in den Schulen gebräuchlichen Intelligenztests, z. B. der BT (Bildertest), sind nicht sprachfrei und gleichen eher einem Konzentrations- als einem Intelligenztest. Lese-rechtschreib-schwache Schüler sind in hohem Maße ablenkbar und unkonzentriert, so daß sie bei solchen Tests schlechter abschneiden, als es ihren Fähigkeiten entspricht.

Provozierend formuliert heißt das, daß Schüler derzeit erst einmal zwei Jahre in der Grundschule versagen müssen, bis sie im Netz eines fragwürdigen Selektionsverfahrens (Schlee 1976) hängenbleiben und den „Anspruch" auf ein intensiveres Lernangebot erhalten*.
Durch Diagnose erreicht die Schule *als Institution* zweierlei: Einmal wird die Förderung als eine Maßnahme ausgewiesen, die wie ein besonderes Entgegenkommen der Schule aussieht, und nicht, wie es den Tatsachen besser entspräche, als eine „Nachbesserung auf Garantie".

Zum anderen wird das Defizit am Kind festgemacht („Lese-Rechtschreib*schwäche*") und die Schule von der Verantwortung freigestellt. Das Kind hat von der Diagnose unmittelbar nichts. Auf dem Hintergrund, daß durch die Institution der Schulpflicht aber für das Kind Nachteile entstehen, denen es auf andere Weise nicht ausweichen kann (schwere psychische Belastungen, auf die es mit Verhaltensstörungen reagiert), kann es durch die Linderung dieser Nachteile indirekt etwas gewinnen: Es erhält im besten Fall einen Sonderstatus zugesprochen, der ihm einen Teil der institutionsbedingten weiteren Belastungen (Benotung!) erspart.
Schließlich kann das Kind auch in dem Falle durch eine Diagnose etwas gewinnen, in dem unter anderen Umständen seine Aufnahme in eine gewünschte Schulform in Frage stünde.

7.3 Diagnose und Forschung

Wo für Zwecke der wissenschaftlichen Forschung die LRS mit Hilfe von Tests erfaßt wird, befinden wir uns im Bereich einer Forschungsstrategie, die an der Komplexität des Phänomens meist vorbei geht. Solange aber die Ergebnisse der wissenschaftlichen Forschung nicht unbedacht in politische Entscheidungen umgesetzt werden, wird nie-

---

* Mit dem Anspruch auf einen LRS-Förderunterricht ist die praktische Einlösung noch lange nicht gewährleistet, wie unsere eigenen Umfragen zeigen, die sicher keine Ausnahmen darstellen. Es gibt wohl keine Stadt, deren Grundschulen mit ausgebildeten LRS-Förderlehrern voll versorgt sind, geschweige, daß die Förderstunden vollzählig und zu vernünftigen Zeiten, in denen Schüler noch lern- und aufnahmebereit sind, angeboten würden.

mand etwas gegen die Diagnose zu diesem Zweck einwenden, da wissenschaftliche Forschung immerhin auch im Interesse der Betroffenen geschieht.

7.4 Diagnose und Ämter

Hier sind die Sozialämter, Gesundheitsämter und die Krankenkassen gemeint, von denen eine Übernahme der Kosten für Beratung und Behandlung erwartet werden kann.
Während bei rechtzeitiger Behandlung die Therapiedauer kurz und die Prognose gut ist, muß wegen der vorherrschenden Definition von Krankheit und Rehabilitation gewartet werden, bis die psychischen Belastungen zu somatischen Beschwerden geführt haben. Die Kosten hierfür werden dann übernommen. Würde man noch die volkswirtschaftlichen Kosten hinzurechnen, die über entstehende Deliquenz fällig werden (Polizei, Versicherungen, Gerichtsbarkeit, Strafanstalten, Ausfall an Produktionskraft), so wird das Mißverhältnis geradezu grotesk.
Das Kind hat von der Diagnose in diesem Fall den größten Vorteil: Es erhält Hilfe.

Zusammenfassend:
Stellt man die pragmatische Frage, an welcher Stelle und für wen die Diagnose der LRS mit den üblichen Testverfahren nützlich ist, so stellt sich heraus:
Einzelpersonen nützt die Diagnose kaum. Vorteile können für das betroffene Kind dann gesehen werden, wenn die Diagnose für die Kostenübernahme bei fachmännischer Betreuung dienlich ist und wenn die Benotung in der Schule fortfällt. Therapeutisch und wissenschaftlich ist die Testdiagnose praktisch bedeutungslos. Der einzelne betroffene Lehrer hat nichts von der Diagnose, es besteht eher die Gefahr, daß er irregeführt wird und darüber hinaus beim Warten auf die Diagnose die wertvollste Zeit verstreicht, in der mit einfachen pädagogischen Mitteln dem Kind hätte geholfen werden können.

Kapitel 8

Schulische Förderung lese-rechtschreibschwacher Schüler in der Primarstufe

8.1 Überblick

In Kap. 2 und 3 wurde gezeigt, daß gestörte Lernprozesse Kettenreaktionen auslösen. Zu welchem Zeitpunkt Fördermaßnahmen angeboten werden, ist also keineswegs egal, da über soziale Rückkoppelung eine Neurotisierung der LRS-Schüler erfolgen kann, die insbesondere zu einer ausgeprägten Mißerfolgserwartung führt. Auf die Probleme, die durch die übliche Diagnosepraxis am Ende der 2. Klasse entstehen, wurde in Kap. 7 eingegangen. Im folgenden werden schulische Fördermaßnahmen beschrieben, die von jedem Grundschullehrer auch ohne zusätzliche Ausbildung zum LRS-Förderlehrer im Normal- und Förderunterricht angeboten werden können. Dabei handelt es sich um *Vorschläge für einen Sprachunterricht*, der auch schwachen Schülern gerecht wird, *Maßnahmen zur Verhinderung der sozialen Teufelskreise, gezielte Frühförderung* (= Übungen, die die Voraussetzungen für Lesen und Schreiben sichern helfen) und *Anregungen für den LRS-Förderunterricht*. Grundlagen sind das Wirkungsgefüge von Lernstörungen (siehe Kap. 2,3 und 4) und die Erkenntnisse über die Vorgänge beim Lesen und Schreiben (siehe Kap. 5 und 6).

8.2 Sprachunterricht, der auch schwachen Schülern gerecht wird

a) Erstlese- und Schreibunterricht

Eucker u. a. (1975) gehen davon aus, daß einige Schüler besser mit der synthetischen und andere mit der ganzheitlichen Methode lesen lernen. Sie bieten daher den Schülern Texte an, die eine Wahlmöglichkeit lassen. Wir möchten auch auf die didaktischen Anregungen von Sirch (1976) verweisen.

b) Arbeit mit einem Grundwortschatz

Ein Grundwortschatztraining wurde besonders für schwächere Schüler als notwendige Hilfe ausgewiesen (siehe Kap. 5 und 6) und → L 3.8. Die Auswahl der in Frage kommenden Wörter geschieht durch den Lehrer.

c) Verzicht auf verwirrende Rechtschreibregeln

Welche Regeln auch schwachen Schülern helfen, ohne zusätzliche Verwirrung anzurichten (siehe Kap. 6), haben wir in → L 3.6 zusammengetragen.

d) Hinführung zum Aufsatz

Die Anregungen von Zander (1974) für den Aufsatzunterricht in der Grundschule finden wir für lese-rechtschreibschwache Schüler besonders geeignet. Das Verhältnis von Bild und Text motiviert auch schwache Schüler → L 3.10.

f) Innere Differenzierung

Innere Differenzierung ist „selbstverständlich". Die Umsetzung in die Schulpraxis ist weniger selbstverständlich. Aus diesem Grund geben wir in → L 3.5 konkrete Hilfen.

g) Hausaufgaben

Ein richtiges „Hausaufgabenarrangement" kann Schülern, Eltern und Lehrern viel Ärger ersparen und einen entscheidenden Beitrag zur Verhinderung von Teufelskreisen leisten → L 3.4. Besonders mit Eltern von LRS-Schülern lohnt es sich, dieses Thema ausführlich zu besprechen → E 3.2 und → E 4.2

h) Mündliche Leistungen

Viele schreibschwache Schüler sind brillante Erzähler. Diese Stärke sollte im Unterricht gefördert werden, um dem Schüler die Möglichkeit zu geben, Mißerfolge im schriftlichen Bereich zu kompensieren → L 3.7.

8.3 Pädagogische Maßnahmen zur Verhinderung des Teufelskreises Repression-Kompensation

Zur Vermeidung ungünstiger Reaktionen der Umwelt muß der Lehrer seine eigenen Reaktionen immer wieder prüfen und sich darauf verlassen, daß Eltern pädagogisches Geschick, Verständnis und Geduld gegenüber ihrem Kind aufbringen. Weiter muß sichergestellt werden, daß der Schüler vom Konkurrenzdruck in der Klasse befreit ist und keinen Hänseleien von Mitschülern ausgesetzt ist.

Dies sind hohe Ziele, die für viele Lehrer trotz bester Absichten, erzieherischer Qualitäten und ihrer Autorität als Lehrer nicht zu erreichen sind: Haben sie doch längst nicht auf alle Eltern und Schüler einen so großen Einfluß, wie das hierzu notwendig wäre.

Es wäre eine unrealistische Erwartung, bei jedem lese-rechtschreibschwachen Schüler die Umwelt so zu beeinflussen, daß Repressionen und Kompensationen ausbleiben. Man wird sich hier mit einer Annäherung an das Ziel begnügen müssen.

In den Ratschlägen → E/L, → L 1, → L 6 sind für den Lehrer die Hilfen zusammengestellt, die nach unserer Erfahrung im Alltag durchführbar und effektiv sind.

Kap. 9 und die Elternratgeber → E 1 und → E 3 umfassen Anleitungen für die Eltern, die der Lehrer unmittelbar übernehmen kann.

Repressionen gegenüber einem schwachen Schüler ergeben sich meist dadurch, daß Eltern und Lehrer dem im Vergleich zur übrigen Klassengemeinschaft viel langsameren Schüler nicht mehr *Zeit* zum Lernen einräumen, sondern vermehrt Druck ausüben. Eine Klassenwiederholung ist in vielen Fällen die einzige Möglichkeit, Repressionen auszuschalten. Hat ein Schüler von Anfang an Schwierigkeiten beim Lesen und Schreiben, so ist eine Wiederholung der ersten Klasse zu befürworten. Rathenow und Vöge (o. J., S. 29) geben folgendes Minimalziel für die erste Klasse an:

- Kenntnis der wichtigen Buchstaben mit Ausnahme von j, c, qu, x und y.
- Fähigkeit, die Verschmelzung von zwei oder drei Buchstaben zu erfassen.

Schüler, die diese Minimalleistung erbringen, sollten nur dann in die 2. Klasse versetzt werden, wenn eine zusätzliche Förderung in Kleingruppen sichergestellt ist.

Rathenow und Vöge weisen die Folgen einer pädagogischen Fehlentscheidung auf: Ein Kind wird mit unzureichenden Lese- und Schreibleistungen in die 2. Klasse versetzt. Dort ist eine gewisse Lese- und Schreibfertigkeit die Voraussetzung für weiteren Schulerfolg. Das Versagen dieses Schülers ist vorprogrammiert, die Lücken und Defizite summieren sich rasend. Der Schüler wird das Klassenziel nicht erreichen und die zweite Klasse wiederholen müssen. Es wird ihm aber weder ein neuer Leselehrgang angeboten, noch bestehen bei seiner Motivationslage Chancen auf Erfolg. Die Störungen werden zum generellen Schulversagen, das eine Sonderschuleinweisung nahelegt. Wird ein Schüler mit fehlenden Lese- und Schreibfertigkeiten mit dem Stoff der 2. Klassenstufe konfrontiert, kann es bereits auf dieser Stufe zur Ausbildung einer Lese-Rechtschreibschwäche bis zum 4. Stadium (siehe Kap. 3) kommen. Die Außenseiterposition solcher Schüler erfordert professionelle Hilfe und Elternberatung (Betz/Breuninger 1982).

In der Vorstellung vieler Lehrer und Eltern hängt der Klassenwiederholung etwas Blamables und Bestrafendes an. In der gutgemeinten Absicht, dem schwachen Schüler die Frustration einer Klassenwiederholung zu ersparen und ihn damit zu motivieren, wird er versetzt.

Im Gespräch mit Eltern und Schülern kann der Lehrer, der selbst von seinem Vorschlag überzeugt ist, erreichen, daß die Klassenwiederholung nicht mehr als Bestrafung, sondern als adäquate Fördermaßnahme erlebt wird. Die positiven Effekte werden dann mit Sicherheit spätestens ab dem zweiten Halbjahr deutlich.

8.4 Pädagogische Maßnahmen zur Verhinderung des Teufelskreises Leistungsmängel-Selbstwertgefühl

Gelingt es dem Grundschullehrer, bei den Schülern die notwendigen Voraussetzungen für Lesen und Schreiben zu schaffen, verhindert er damit auf direktem Weg den Teufelskreis Leistungsmängel–Selbstwertgefühl. Hierzu gehören neben der nötigen Geduld alle Übungen und Lernangebote, die

a) die visuelle Detailunterscheidung (Differenzierungsfähigkeit) trainieren,

b) feinmotorische Geschicklichkeiten vermitteln,

c) allgemeine Lern- und Behaltensfähigkeiten schulen und insbesondere gegen Ablenkungen, Störungen und Frustrationen stabilisieren.

zu a)
Die Detailunterscheidung ist von Reifungsprozessen abhängig. Normalerweise gelingt sie Kindern frühestens ab dem 4. Lebensjahr und

spätestens ab dem 9. Lebensjahr (siehe Kap. 2 und Betz/Breuninger 1982, Kap. 2). Visuelle Differenzierungsschwächen sind auslösende Bedingungen der meisten Lese-Rechtschreibprobleme: Buchstaben werden verwechselt, Wortbilder nicht oder falsch gespeichert, Lesen gelingt nur mühsam und stockend, der Sinn wird nicht erfaßt. Das Schreiben kann nicht gelingen, weil im Gedächtnis keine „Vorlagen" gespeichert sind. Kontrollmöglichkeiten für das Geschriebene existieren aus demselben Grund nicht.

zu b)

Schreibbewegungen erfordern feinmotorische Fertigkeiten, die erst ab einem bestimmten Reifegrad eingeübt *werden können*. Beidseitigkeit, Linkshändigkeit, Seitenunsicherheit und psychomotorische Störungen erschweren das Schreibenlernen.

zu c)

Das Kind muß altersgemäßen intellektuellen Anforderungen gewachsen sein, um Lesen und Schreiben zu lernen. Dazuhin sind Konzentrationsfähigkeit und psychische Ausdauer notwendig. Zur normalen Intelligenz gehört eine ausreichende Frustrationstoleranz, die verhindert, daß die mit jedem Lernen verbundenen Fehlschläge und Irrtümer zu einer Abwertung der eigenen Leistungs*fähigkeit* führen oder gar die ganze Person infrage stellen. Psychisch labile Schüler mit auffälliger Frustrations*in*toleranz haben deshalb trotz normaler bis überdurchschnittlicher Intelligenz keine normale Lern- und Behaltensfähigkeit. Können organische Ursachen (z. B. exogenes Psychosyndrom, vgl. Lempp, 1971, S. 133 ff.) durch ärztliche Diagnose ausgeschlossen werden, so sind diese Auffälligkeiten psychisch bedingt. Konflikthafte elterliche Erwartungen und Milieuschäden z. B. können die Lern- und Behaltensfähigkeiten eines intellektuell begabten Kindes so stark beeinträchtigen, daß schulisches Lernen verhindert wird (McLeod, 1976; Heckhausen, 1972; Sarason, 1971; Niemeyer, 1974).

In den Ratschlägen → L 4 sind konkrete Übungen beschrieben, die die Voraussetzungen für Lesen und Schreiben sichern können. Um zum richtigen Zeitpunkt die passenden Übungen anzubieten, müssen klare Indikationskriterien vorhanden sein. In 8.5 findet der Primarstufenlehrer eine Zusammenstellung von Maßnahmen, die bei bestimmten Beobachtungen angezeigt sind.

8.5 Übersicht Indikationskriterien

Defizitbereich	Test/Verhaltensbeobachtung	Ratschlag
1. Visuelle Detailun-terscheidung	Als Test können Sie mit dem Over-headverschluß → L 4.1 ähnliche Figuren oder Buchstaben kurzzeitig darbieten und unterscheiden lassen. Schüler mit schwacher Detailunterscheidung fallen *beim Lesen* auf: Sie lesen langsam, zögernd, stockend und ungern. Sie raten oder ersetzen einzelne Wörter durch andere, die in der Bedeutung oder im Wortbild ähnlich sind. Sinnentnehmendes Lesen bei fremden Texten fällt schwer. *Beim Schreiben:* Sie verwechseln optisch ähnliche Buchstaben, schreiben Silben in verkehrter Reihenfolge (z. B. Reise – Riese) und schreiben Häufigkeitswörter immer wieder falsch (siehe Kap. 5 und 6).	Bieten Sie detailschwachen Schülern ein visuelles Differenzierungstraining an → L 4.1. Auch die visuellen und schreibmotorischen Hilfen → L 4.2, → L 4.3 sind dafür hervorragend geeignet.
2. Zuordnung von Laut und Buch-staben	Diktieren Sie Einzellaute unter Tempodruck und kontrollieren Sie, welche Schüler bei diesem Diktat Schwierigkeiten haben.	Zusatzübungen im Förderunterricht: Visuelle, schreibmotorische, sprech-motorische Hilfen → L 4.2, → L 4.3, → L 4.4.
3. Seitensicherheit	Schüler halten die Leserichtung nicht ein, lesen ,,re'' statt ,,er''. Sie haben Schwierigkeiten, im Raum oder an ihrem Körper die Seiten zu unterscheiden. Orientierungsübungen mit dem Overheadverschluß (Material z. B. aus Schmiedeberg) kann man als Test verwenden. Körperseitenunsicherheit kann man am besten dadurch feststellen, daß man die Schüler ,,mit der rechten Hand zum linken Ohr – mit der linken Hand zum linken Auge'' etc. zeigen läßt. Betroffene Schüler fallen durch Zögern und Entscheidungsunsicherheit auf.	Führen Sie mit seitenunsicheren Schülern regelmäßig (mindestens 3 Mal in der Woche) Übungen durch → L 4.7; Orientierungsübungen → L 4.1.
4. Lautieren von Buchstaben	Buchstaben werden nicht lautiert, sondern buchstabiert. Anstatt ,,Land'' lesen sie ,,Elaende''.	Übungen zur Zuordnung zwischen Laut und Buchstaben mit Schwerpunkt auf dem Lautieren → L 4.2 → L 4.3 → L 4.4. Sinnlose ,,Silben'' im Schreibschirm → L 5.4
5. Synthetisieren von Buchstaben – Zu-sammenschleifen	Die Schüler fallen durch Schwierigkeiten beim Verschmelzen der Buchstaben zu Silben auf.	Übungen zur Zuordnung zwischen Laut und Buchstaben, visuell, schreibmotorisch → L 4.2, → L 4.3. Sinnlose Silben im Leseschirm → L 5.4.
6. Lesen	Schüler deuten aufgrund einzelner Buchstaben vorzeitig das ganze Wort – meist falsch.	Trainieren Sie langsames Lesen. Gehen Sie in ähnlicher Weise vor, wie beim Ratschlag ,,Erlesen'' → L 5.9 beschrieben. Trainieren Sie Wörter auf- und abbauen im Schreib- und Leseschirm → L 5.4 Geeignet ist ebenfalls das Training sinnloser Silben im Leseschirm → L 5.4.

Defizitbereich	Test/Verhaltensbeobachtung	Ratschlag
7. Schreiben	Abschreiben von der Tafel: Einzelne Wörter werden buchstabenweise abgeschrieben. Bei ungeübten Diktaten entstehen Wortruinen oder lautgetreue „Spontanerfindungen", die anzeigen, daß die Assoziation zwischen Laut und Lautzeichen zwar gefestigt ist, der Schüler aber die Schreibweise der einzelnen Wörter noch nicht automatisiert hat. Unsichere Schüler schreiben mehrdeutige Buchstaben.	Schwungübungen aus → L 4.5. Übungsprogramm aus dem Eltern-Ratgeber Primarstufe → E 3.5. Trainieren Sie Häufigkeitswörter nach der Regel: „Schreib was Du weißt, nicht was Du hörst!" (Wer ein Wort nicht weiß, läßt es weg, siehe Diktattraining → L 5.8, → E 3.5) Zuordnung Laut-Buchstabe schreibmotorisch → L 4.3, Artikulationskontrolle mit Pilotsprache als „Transportmittel" einführen (Kap. 5) → L 4.4.
8. Psychomotorik (Körperhaltung, Bewegungsabläufe)	Ängstliche und verkrampfte Schüler fallen durch Schulterverhärtungen, ungünstige Sitzpositionen, einen verkniffenen Mund und angespannte Stirnmimik auf. Als Test können Sie versuchen, einem solchen Schüler während des Schreibens den Stift aus der Hand zu ziehen. Führen Sie den ganzen Arm solch eines Schülers in die Höhe und lassen Sie ihn plötzlich fallen. Er muß locker herunterfallen, wenn der Schüler entspannt ist. Bei verkrampften Schülern bleibt der Arm in der Luft. Psychomotorisch gestörte Schüler fallen hauptsächlich durch überlangsames, unregelmäßiges Schreibtempo auf, durch auffällige Schwierigkeiten beim Schreiben einzelner Buchstaben.	Für verkrampfte Schüler gibt es eine ganze Palette von Entspannungs-, Lockerungs- und Schwungübungen. Auch bei weniger auffällig verkrampften Schülern sollten Lehrer regelmäßig solche Übungen anbieten → L 4.5. Die Entspannungs- und speziellen Schreibbewegungsübungen können am besten im Förderunterricht durchgeführt werden.
9. Konzentration, Aufmerksamkeit, Problemlösen, selbständiges Arbeiten	Instruieren Sie eine Aufgabe, die ein gewisses Ausmaß an Überlegung, Planung und Durchhaltevermögen erfordert. Auffällig sind diejenigen Schüler, die bei der Instruktion kaum zuhören, keine Lösungsstrategien verfügbar haben, mit Ablenkungen nicht fertig werden und nach kurzer Zeit um Hilfe des Lehrers bitten oder stören.	Trainingsvorschläge → L 4.8 (In der Literatur ist dieses Training als Selbstinstruktions- oder Aufmerksamkeitstraining bekannt).
10. Häusliche Bedingungen, Elternverhalten (Erziehungsstil)	Soweit dem Lehrer Informationen über das Elternhaus vorliegen oder zugetragen werden, sollten diese zunächst überprüft werden. Dies geschieht am besten im Einzelgespräch → L 6.4. Wenn Sie bei einem Kind auffälligen Ehrgeiz (z. B. Weinen bei Durchschnittsnoten) oder Verweigerung feststellen (sichtbar nur, wenn das Kind bei interessanten Aufgaben vergißt, was es „nicht kann"), so könnten überhöhte Erwartungen der Eltern vorliegen. Konflikte im Elternhaus äußern sich oft in Konfliktunfähigkeit der Kinder (petzen, verpfeifen, Überreaktion auf harmlose Angriffe, „Harmonie um jeden Preis", Konzentrationsschwierigkeiten und stark schwankende Leistungsfähigkeit). In jedem Fall kann die Klärung nur über direkten Kontakt mit den Eltern erlangt werden.	Der Lehrer kann versuchen, mit gezielter Elternarbeit die häuslichen Bedingungen der Schüler zu verbessern. → L 6; → E 1; → E 3

Defizitbereich	Test/Verhaltensbeobachtung	Ratschlag
11. Einfügen in die Klassengemeinschaft	Die Schüler haben Schwierigkeiten, mit dem Konkurrenzdruck und der Klassengröße zurechtzukommen (besonders auffallend, wenn Leistungen und Mitarbeit in Kleingruppen besser sind). Oft handelt es sich um sehr sensible, überdurchschnittlich begabte Schüler, die auf die Dauer in den Leistungen abfallen, wenn sie ihre mittelmäßigen Leistungen als Mißerfolg verbuchen.	Diesen Schülern sollten Lehrer auf jeden Fall häufig Gelegenheit geben, in einer kleinen Fördergruppe mitzuarbeiten. In der Kleingruppe kann man ihren Ehrgeiz und ihre Schwierigkeiten besser thematisieren. Elternarbeit ist bei diesen Schülern besonders wichtig. → L 6

8.6 Förderschwerpunkte in den einzelnen Schuljahren

Klasse 1

- Visuelle Differenzierung → L 4.1
- Festigung der Zuordnung zwischen Laut und Buchstaben → L 4.2, → L 4.3 → L 4.4
- Schwung- und Lockerungsübungen, Geschicklichkeitsübungen → L 4.5, → L 4.6
- Seitensicherheit → L 4.7
- Hinführung zu konzentriertem und reflektiertem Arbeitsverhalten → L 4.8
- Erlesen von Buchstabenkombinationen → L 5.9, → L 5.4
- Zerlegen von Wörtern in einzelne Buchstaben → L 4.1, → L 5.4
- Intensivierung des normalen Leselehrgangs mit innerer Differenzierung → L 3.5
- Automatisierung von Häufigkeitswörtern → E 3.5

Klasse 2

- Inhalte der ersten Klasse soweit noch nötig
- Sinnentnehmendes Lesen trainieren
- Erlesen trainieren
- Problemlösestrategien für die Aufgabenbewältigung weiterentwickeln → L 4.8
- Grundwortschatztraining → L 3.8, → L 5.2, → L 5.3
- Lernkartei → L 3.9

Klassen 3 und 4

- Inhalte der zweiten Klasse soweit noch nötig
- Lesefertigkeit steigern (vom Bilderbuch zum Kinderbuch)
  → E 3.4
- Schnellschreibübungen → E 3.5, → L 5.8
- Grundwortschatztraining → L 5.2, → L 5.3
- Lernkartei → L 3.9
- Sprechende Lernkartei → L 3.9
Vorschläge für höhere Klassen siehe Kapitel 12.

8.7 Organisation von gezielter Frühförderung und LRS-Fördergruppen

Unsere Ratschläge für die gezielte Förderung lese-rechtschreibschwacher Schüler können sowohl im Rahmen des Normalunterrichts als auch im Förderunterricht realisiert werden. Die meisten Übungen und Spiele machen allen Schülern Spaß und schaden keinem Schüler.

a) Mitarbeit von Eltern

Für die Organisation des Förderunterrichts empfehlen wir, interessierte Eltern als Helfer mit einzubeziehen. So kann auch im Förderunterricht binnendifferenziert gearbeitet werden – das ist bei großen Leistungsunterschieden eine unschätzbare Hilfe. Der Einsatz von Eltern *in der Schule* (!) birgt auch nicht die Gefahr von sozialen Teufelskreisen, die sonst beim „Üben mit den eigenen Eltern" auftreten: Die hilfsbereiten Eltern übernehmen als Tutor eine Gruppe von fremden Kindern, orientieren sich am Modell des Lehrers und können in diesem Rahmen die Übungen verständnisvoll anleiten. Durch diese Organisationsform wird zweierlei erreicht:
1. Der Lehrer ist entlastet und kann die innere Differenzierung des Förderunterrichts optimieren, was unmittelbar den schwächeren Schülern zugute kommt.
2. Eltern haben die Möglichkeit, einen konkreten Beitrag zu leisten und müssen nicht hilflos zusehen, wie ihre lese-rechtschreibschwachen Kinder leiden. Eltern erhalten durch die Erfolge eine Bestätigung ihrer Erziehungsfähigkeit, die durch die Lese-Rechtschreibschwäche manches Mal in Zweifel gerät.

*b) Einrichtung und Organisation von speziellen LRS-Fördergruppen
ab dem 3. Schuljahr*

Für viele Schüler reicht ein zusätzliches Förderangebot in den ersten
beiden Klassen nicht aus. Sie brauchen während der gesamten
Grundschulzeit längere Übung, bis sie die Grundwortschatzwörter
automatisiert haben und flüssig lesen können. Für sie kann die Einrichtung des traditionellen LRS-Förderunterrichts etwa zweimal in
der Woche hilfreich sein. Besser ist es, täglich 20 Minuten Rechtschreibtraining für die schwächeren Schüler anzubieten. An vielen
Schulen läßt sich für eine Fördergruppe nur eine 90minütige Sitzung
pro Woche realisieren, die oft zu ungünstigen Zeiten liegt (in der
5./6. Stunde oder am Nachmittag). Dies ist keine sehr befriedigende
Lösung, sollte aber trotzdem auf jeden Fall genutzt werden → L 5.10.
Die Auswahl der Schüler, die eine solche zusätzliche Förderung
erhalten, kann sich daran orientieren, wieviele Grundwortschatzwörter der betreffenden Klassenstufe beherrscht werden. Verteilt auf
etwa 10 Tage kann der Lehrer die Rechtschreibleistungen seiner
Klasse am Ende eines Schuljahres per Wortdiktat überprüfen und die
auffällig schlecht abschneidenden Schüler zusätzlich fördern.
Hier bewährt sich ein Normalunterricht, der auf einem Grundwortschatztraining aufbaut, da er geeignete Kriterien bereitstellt. Die von
uns vorgeschlagene Leistungsüberprüfung ist eine *echte* Prüfung, da
nur die Wörter abgefragt werden, die auch zuvor eingeübt wurden.
Ein LRS-Förderunterricht, der das Grundwortschatztraining aus
dem Normalunterricht intensiviert → L 5.2, → L 5.3 und frühzeitig
einsetzt, trägt wirksam zu einer Stabilisierung der Lese-Recht-
schreibleistungen der Schüler bis zum Ende des 4. Grundschuljahres
bei.

8.8 Aufbau und Gestaltung von Förderstunden

Hier sind zwei Bereiche zu beachten: Die inhaltliche Vorbereitung
auf die Förderstunde (Planung) und das Lernklima.

Planungskriterien:

Folgende Gesichtspunkte sind wichtig:
– Zeitpunkt und vorausgegangene Belastung

- Individuelle Situation in der Gruppe (welche Probleme sind gerade akut?)
- Dauer der Förderung (wieviele Sitzungen gingen schon voraus, auf welchem „Stand" sind die Schüler?)
- Homogenität der Gruppe

a) Haben die Schüler in den Stunden vor dem Förderunterricht schon anstrengend gearbeitet, so sollten zu Beginn Entspannungs- und Lockerungsübungen oder Spiele angeboten werden.

b) Bestehen massive Störungen innerhalb der Gruppe, so ist es gut, sich ein Spiel zu überlegen, das die Atmosphäre lockert oder den Schülern einen Gesprächskreis zur Klärung der Spannungen anzubieten.

c) Generell gilt, daß zu Beginn der Förderung Spiele und Gespräche einen hohen Stellenwert haben. Lockerungsübungen und Vorlesen, Arbeit mit Druckkästen oder Geschicklichkeitsspiele → L 4.6, sind zu Beginn angebracht und motivieren. Wichtigstes Ziel ist es, Förderung als eine *erfreuliche* Angelegenheit aufzubauen. Wird sie von den Schülern als zusätzliche Schikane, als Nachsitzen und Verlängerung der Schule erlebt, werden die inhaltlichen Angebote kaum wahrgenommen.

d) Bei Gruppen, die nach Leistungsstand und Auffälligkeit homogen sind, ergeben sich weniger Schwierigkeiten. Man kann die Förderstunden als Gruppenarbeit durchführen. Bei inhomogenen Gruppen sollte man Schüler mit gleichen Auffälligkeiten zusammenfassen und in kleinen Gruppen verschiedene Aufgaben geben (innere Differenzierung).

In → L 5.10 geben wir Anhaltspunkte für den Aufbau von Förderstunden und Praxishilfen, wie man Schüler motiviert und an der Verantwortung für die Stunde mitbeteiligt.

Lernklima:

> Schüler lernen am besten bei einem verständnisvollen, geduldigen und anerkennenden Lehrer. Das beste Übungsangebot nützt wenig, wenn die Stimmung schlecht ist, die Schüler keine Lust haben und den Lehrer ablehnen.

Jeder Förderlehrer sollte sich darüber im klaren sein, daß die positive Beziehung zu den Schülern *Arbeitsmittel Nr. 1*, die inhaltlich-didaktischen Angebote *Arbeitsmittel Nr. 2* sind. Kommt die Arbeit zugunsten der Beziehung zu kurz, so wird der Erfolg insgesamt größer sein, als im umgekehrten Fall. Die in der Literatur wiederkehrenden durchschnittlichen Verbesserungen der Rechtschreibleistungen um 30% beruhen u. E. auf den unspezifischen Wirkungen positiver Beziehungen. Allein durch die Tatsache, daß die Schüler angenommen und mit ihrer Schwäche akzeptiert werden, verbessern sich die Leistungen um die genannten 30% (Breuninger, Diss. 1980). Das erklärt unter anderem die Verbesserungen, die mit jeder beliebigen (!) Methode erzielt werden.

In → L 5.1 geben wir Einstellungshilfen für den Förderlehrer, die ein positives Lernklima fördern.

8.9 Intensiviertes Grundwortschatztraining mit lese-rechtschreibschwachen Schülern im LRS-Förderunterricht

Im Förderunterricht werden die falsch geschriebenen, nicht gefestigten Wörter *neu* erarbeitet. Dabei kommt es darauf an, das Wort mit positiven Erlebnissen und konkreten Kompetenzen des Schülers zu verbinden. In → L 5.2 wird beschrieben, wie man in die Erarbeitungsphase kreative, spielerische und darstellerische Kompetenzen der Kinder einbezieht und die einzuübenden Wörter positiv besetzt.

Die Wiederholungsphasen müssen im Unterschied zum Normalunterricht intensiver sein und höhere Darbietungszahlen der Wortbilder erreichen. Dazu eignet sich der Overheadverschluß, wie er auch für das Differenzierungstraining verwendet wird → L 4.1, → L 5.3. Ein Schema für die Wiederholungsphasen findet sich in → L 5.5. Der dort angegebene Phasenplan für Fehlerschwerpunkte ist auf die Festigung von Grundwortschatzwörtern übertragbar.

Wünschenswert wäre es, daß LRS-Schüler die Wörter häufig schreiben, um auch die Schreibweise zu automatisieren. Man kann dies mit motivierenden Diktaten *versuchen* → L 5.8. Allerdings darf dadurch keine neue Aversion gegen das Schreiben ausgelöst werden. Das würde zu Ablehnung des gesamten Förderunterrichts und des Förderlehrers führen.

Über die Autoren sind nach Fehlerschwerpunkten geordnete Grundwortschatzlisten zu beziehen, die mit dem Schreibschirm → L 5.4 erarbeitet werden können.

8.10 Typische Probleme bei der Förderung von LRS-Schülern ab Klasse 3

Wenn Sie als Lehrer Schülergruppen übernehmen, die in den beiden ersten Klassen nicht oder unzureichend mit entsprechenden Übungen gefördert wurden, sollten Sie sich auf die Folgen fehlgelaufener Lernprozesse von vornherein einstellen und damit rechnen, daß diese Folgen den Förderunterricht z. T. erheblich belasten.

a) Schüler haben Falsches gelernt

Sie schreiben falsch. Nicht nur Wörter, sondern auch einzelne Buchstaben werden in abenteuerlicher Weise geschrieben. Sie arbeiten falsch, gehen beim Lesen und Schreiben falsch vor. Neuanfang wird aber als Rückschritt und Demütigung erlebt. Man kann sich das etwa an folgendem Beispiel klarmachen: 2 Jahre lang durften die Schüler ungehindert Auto fahren und jetzt müssen sie wieder Fahrstunden für Anfänger nehmen. Ihr Anspruchsniveau an die Aufgabenschwierigkeit ist im Verhältnis zu ihrer realen Leistungsfähigkeit überhöht. Diese Diskrepanz erschwert es den Schülern, aus einfachen Aufgaben Befriedigung und Bestätigung für ihr Selbstvertrauen zu ziehen.

b) LRS-Schüler wollen nicht lernen, sie wollen Erfolg

Lernen war bis jetzt nicht erfolgreich. Das Zutrauen in die eigene Lernfähigkeit ist bei vielen Schülern erschüttert. Der Förderunterricht muß zunächst die entgangene Anerkennung nachliefern (kompensieren). Das zeigt sich daran, daß die meisten Schüler zu Beginn des Förderunterrichts begeistert mitmachen, sich permanent melden und drankommen wollen. Für LRS-Schüler bringen Aktivitäten wie Toben, Spielen, „Drangenommen-werden", Malen, Träumen, Rätsel-lösen usw. den ersehnten Erfolg. Erwartet der Lehrer gleich zu Anfang konzentriertes, effektives Arbeiten, so führt das zu Enttäuschung und Resignation auf beiden Seiten: Die meisten LRS-Schüler haben eine geringe Aufmerksamkeitsspanne und Frustrationstoleranz. Dadurch werden sie nicht in dem Maße Erfolge erreichen, wie es für den Lehrer befriedigend wäre. Die Schüler spüren seine Enttäuschung und merken, daß der Lehrer spielerische Aktivitäten als „Zeitverschwendung" ansieht. Seine Enttäuschung wirkt bestrafend. Der Förderunterricht bringt erneuten Mißerfolg und Ablehnung.

Deshalb ist es wichtig, die Schüler beim Spielen zu bestätigen und bei den Übungen Erfolge zu erzwingen und rückzumelden.

c) Der drohende Schulwechsel im Hintergrund

Für manche Familien wirft bereits in der dritten Grundschulklasse der Übergang in die weiterführende Schule drohende, angstauslösende Schatten voraus. Sie denken an spätere Schwierigkeiten, phantasieren eine gescheiterte Existenz und setzen den Schüler unter Druck. Ohne entsprechende Beeinflussung der Eltern wird der Teufelskreis Kompensation–Repression angeregt dadurch aufgeschaukelt.

Die Erwartungen an den Förderunterricht sind von Seiten solcher Eltern auf schnelle, sichtbare Erfolge im Lesen und Schreiben gerichtet. Erzählen die Schüler zuhause mit leuchtenden Augen, wie schön sie im Förderunterricht gespielt haben, sind die Eltern enttäuscht und mißtrauen den Qualitäten des Förderlehrers. Aus Angst, etwas zu versäumen, fangen sie zuhause an, vermehrt mit dem Kind zu üben oder stecken mit ihrem Mißtrauen gegen den Förderlehrer den Schüler an und gefährden damit die notwendige positive Beziehung.

d) Gefahrenstellen in den Übungssituationen

Auch die Übungssituationen im Förderkurs selbst sind „Gefahrenstellen". Die Schüler drucksen herum, werden rot, fangen an zu stottern oder lesen sehr stockend, ihre Stimme wird leiser, sie verkrampfen sich und atmen unregelmäßig, sie fühlen sich bloßgestellt und gedemütigt; im schlimmsten Fall werden sie auch ausgelacht. Der Teufelskreis schaukelt sich auf. Es ist schwer, eine vertrauensvolle, beschützende Lernatmosphäre in einer zusammengewürfelten Gruppe von 6–8 oder mehr Schülern herzustellen!

8.11. Praxishilfen für relativ spät einsetzenden LRS-Förderunterricht

Wir möchten Lehrer ausdrücklich davor warnen, zu früh mit der inhaltlichen Förderung (Lesen und Schreiben) anzufangen. Etwa 2–3 Monate sollte man für eine Anlauf-, Spiel- und Stabilisierungsphase rechnen. Die altersentsprechende Anspruchshaltung und die verfestigten Gewohnheiten erfordern eine eher therapeutische Haltung. Erfolge treten nur ein, wenn die Schüler den Förderlehrer mögen und gerne in den Unterricht kommen.

Schwungübungen, Malen, Geschicklichkeitsspiele und von den Kindern gewünschte didaktische Spiele (LRS-Spielmaterial) sollten einen Großteil der Förderstunden in der Anfangsphase ausmachen. Das Rollenspiel in → L 5.2 ermöglicht auch dem psychologisch ungeschulten Förderlehrer ansatzweise die psychischen Probleme therapeutisch anzugehen. Elternarbeit, wie wir sie in diesem Buch verstehen, ist für die Förderarbeit sehr hilfreich und sollte in jedem Falle angestrebt werden → L 6, → E 1, → E 3; Mithilfe der *eigenen* Eltern im Förderunterricht ist bei schwierigen Schülern eher zu vermeiden.

Fazit:

LRS-Förderlehrer, die mit demotivierten Schülern der 3. und 4. Klasse zu tun haben, sollten sich weniger um die spätere Schullaufbahn sorgen als um die Stabilisierung des Selbstwertgefühls der Schüler. Der Förderunterricht ist auch schon erfolgreich, wenn er das Verhältnis der Schüler zum Lernen, zur Schule und zum Lehrer verbessern hilft. Erfolg kann nicht nur an rückläufigen Fehlerzahlen oder besseren Schulnoten festgemacht werden.

Wer mit der Förderung lese-rechtschreibschwacher Schüler betraut ist, profitiert von der kooperativen Zusammenarbeit mit Schulpsychologen und Beratungsstellen. Dies nicht zuletzt deshalb, weil ein Förderlehrer auch selbst ab und zu Beratung braucht.

Kapitel 9

Förderung lese-rechtschreibschwacher Schüler im Elternhaus

Die Schule hat den Auftrag, Kindern das Lesen und Schreiben beizubringen. Wird sie diesem Auftrag nicht gerecht, dann kommen in der Regel auf die Eltern Schwierigkeiten zu, auf die wir vorbereiten wollen.

6 Leitsätze für die Elternmitarbeit:
- Eltern sind keine Lehrer, keine Therapeuten und keine Nachhilfelehrer
- Eltern können das Selbstwertgefühl ihres Kindes am besten stärken
- Eltern können durch richtige Hilfe ihr Kind stabilisieren
- Eltern können auf den Lehrer Einfluß nehmen
- Eltern können im Förderunterricht mithelfen
- Eltern können die Persönlichkeit ihrer Kinder vor der Lese-Rechtschreibschwäche schützen.

9.1 Eltern sind keine Lehrer, keine Therapeuten und keine Nachhilfelehrer

Eltern sind nicht dafür ausgebildet, lese-rechtschreibschwache Schüler zu fördern. Aufgrund ihrer Ängste, daß die Kinder in der Schule scheitern, übernehmen Eltern unglückseligerweise Aufgaben, denen sie nicht gewachsen sind, die die Beziehung zwischen Eltern und Kindern belasten und auf Kosten der Persönlichkeitsentwicklung des Kindes gehen.

Störungen des Lesen- und Schreibenlernens können nicht auf eigene Faust behandelt werden. Leider erkennen Eltern hier ihre Grenzen nicht so klar, wie ihnen das bei körperlichen Krankheiten gelingt. Für Erwachsene ist Lesen und Schreiben etwas Selbstverständliches und es fällt ihnen schwer, sich in ein Kind hineinzuversetzen, das damit

Schwierigkeiten hat. Unterschätzen Sie als Eltern Störungen beim Erlernen des Lesens und Schreibens nicht. Bleiben Sie wachsam und nehmen Sie Schwierigkeiten ernst, ohne sie zu dramatisieren. Wenn Sie unsicher sind, holen Sie sich Hilfe in Form einer Beratung. Gehen Sie zum Lehrer und sprechen Sie mit ihm über Ihre Befürchtungen. Hüten Sie sich davor, zu Hause das nachholen zu wollen, was in der Schule versäumt wurde oder schiefgelaufen ist. Dies gilt auch für Mütter, die selbst Lehrerinnen sind. Als Mutter reagieren sie persönlich betroffen mit Angst und Verunsicherung und sind daher nicht in der Lage, sachlich mit den Schwierigkeiten umzugehen.

9.2 Eltern können das Selbstwertgefühl ihres Kindes am besten stärken

Mehr als jeder andere Erwachsene können Eltern ihr Kind psychisch unterstützen und sein Selbstwertgefühl stärken. Lese-rechtschreibschwache Schüler brauchen dringend die Unterstützung ihrer Eltern, um mit den Schwierigkeiten fertig zu werden. Solche Unterstützung gibt man dadurch, daß man dem Kind
– seine Schwierigkeiten nicht vorwirft
– seine Ängste und Unsicherheiten ernst nimmt
– seine Fähigkeiten bewundert und stärkt
– Überforderungen erspart
– ihm in schwierigen Lagen beisteht und zu ihm hält.
Psychische Unterstützung können Eltern nur geben, wenn sie ein umfassendes Verständnis für die Probleme haben (siehe Kap. 2, 3, 4). Wer davon ausgeht, daß das Kind faul und dumm ist, kann die Ängste und Unsicherheiten des Kindes gar nicht wahrnehmen. Unterstützung geben Eltern ihrem Kind durch richtige Erwartungen. Wer mit falschen Erwartungen an sein Kind herangeht, wird enttäuscht und wird seine Enttäuschung auf das Kind übertragen (Kap. 10). Unterstützung können Eltern nur dann geben, wenn sie neben den Schwierigkeiten ihres Kindes klar sehen, welche positiven Eigenschaften und Fähigkeiten dieses Kind hat. Dabei helfen die Übungen: „Der Punkt" → E/L 2, „Auswiegen" → E/L 1 und „Dreimal täglich" → E 1.4.
Fähigkeiten der Kinder stärkt man, indem man Erfolge hervorhebt und dafür sorgt, daß das Kind Erfolge erlebt → E 1.3.

9.3 Eltern können durch richtiges Helfen das Kind stabilisieren

Wenn sie sich ihrer Möglichkeiten bewußt sind und ihre Grenzen klar sehen, können Eltern entscheidend dazu beitragen, daß ihr Kind frühzeitig richtige Hilfen erhält und die Lese-Rechtschreibschwierigkeiten nicht in soziale Teufelskreise führen (siehe Kap. 2 und 3).

Fachmännische Hilfe ist *immer dann* nötig, wenn die Beziehung zwischen Schüler, Eltern und Lehrer getrübt ist, der Lehrer für die Schwierigkeiten des LRS-Schülers wenig Verständnis aufbringt und das Kind auf die Enttäuschungen in der Schule auffällig reagiert, z. B. sehr zurückgezogen oder sehr wütend.

Bei guter Zusammenarbeit von Eltern und Lehrern, genügender persönlicher Stabilität des Schülers und der Bereitschaft aller Beteiligten, dem Schüler zu helfen, wird außerschulische Förderung unnötig sein.

In unserem „Eltern-Ratgeber" für die Primarstufe → E 3 haben wir folgende Gesichtspunkte berücksichtigt:
- Freude an Schreibgerät und Papier erhalten
- Freude am Lesen wecken
- Tempo beim Schreiben erhöhen, Schreibhand lockern
- Häufigkeitswörter automatisieren
- Erfolge sichtbar machen
- Erziehung zum selbständigen Lernen.

Schreiben Schüler Buchstaben für Buchstaben von der Tafel ab, so können sie nicht mithalten und werden verunsichert. Die Arbeit mit dem Füller auf dem Papier, meist eine früher heißbegehrte Sache, bekommt einen negativen Stellenwert und löst Angst aus. Hier können Eltern helfen, indem sie mit ihrem Kind zu Hause Schwungübungen durchführen, die dem Kind Spaß machen und die alte Freude an Schreibzeug und Papier wieder herstellen. Dabei erreicht man gleichzeitig eine Entkrampfung der Schreibhand und eine Erhöhung des Schreibtempos.

Eine weitere Hilfe besteht darin, daß Eltern mit den Kindern die häufigsten Wörter der deutschen Sprache üben, bis diese automatisch geschrieben werden. Im Eltern-Ratgeber befindet sich dafür ein „Häufigkeitsgipfel" der Wörter aus der deutschen Sprache → E 3.5.

Das wichtigste Gebot für Eltern, die mit ihren Kindern Übungen durchführen, ist *Freiwilligkeit.* Empfindet der Schüler die Übung als Schikane, so müssen sie damit rechnen, daß die Übungen erfolglos bleiben.

Vergewissern Sie sich also, daß Ihr Kind „Fördern" als Fördern erlebt und Lust hat, mit Ihnen zusammen etwas zu tun. Bieten Sie Ihrem Kind die Hilfe an, drängen Sie sie ihm aber nicht auf.

Beenden Sie die gemeinsamen Übungen unbedingt in guter Stimmung

Wir möchten nicht verschweigen, daß wir im Prinzip *gegen* eine inhaltliche Förderung der Schüler durch die Eltern sind. Wir sehen jedoch die desolate Lage an den Schulen, die unbefriedigende Situation in der Lehrerausbildung und Ihre Not mit dem Kind. Deshalb sind wir bemüht, Ihnen Hilfen zu zeigen, mit denen Sie viel gut, aber nur wenig falsch machen können.

Erfolge sichtbar machen:
Wie Sie im einzelnen Ihr Kind davon überzeugen können, daß es Lesen und Schreiben lernen *kann* und wie Sie gemeinsam die Fortschritte bewundern und genießen können, erfahren Sie im Ratschlag → E 3.5. Literatur, die geeignet ist, Ihr Kind ans Lesen heranzuführen und wie Sie das tun können, ist im Ratschlag → E 3.4 aufgeführt.

Erziehung zum Lernen:
Eltern sollten Ihrem Kind das Lernen nicht abnehmen, sondern ihm helfen, selbständig zu arbeiten. Da die Hausaufgaben lästig sind und dem Kind Mühe machen, liegt es nahe, daß die Eltern helfen. Dadurch aber bleibt das Kind unselbständig. In → E 3.2 finden Sie Ratschläge für Ihr Verhalten bei den Hausaufgaben Ihres Kindes. Wie der Arbeitsplatz Ihres Kindes aussehen sollte, erfahren Sie in → E 3.3.

9.4 Eltern nehmen auf den Lehrer Einfluß

Eltern müssen sich klar darüber sein, daß bei der derzeitigen Lehrerausbildung *kein* Lehrer über Lernstörungen und insbesondere über Lese-Rechtschreibschwäche etwas gelernt haben *muß*! Veranstaltungen zur Förderung lese-rechtschreibschwacher Schüler sind freiwillig und werden an vielen Universitäten überhaupt nicht angeboten. Welche Erwartungen Sie an einen normal ausgebildeten Lehrer stellen können, haben wir im Ratschlag → E 1.1 zusammengestellt. Eltern haben natürlich den Wunsch, daß ihr Kind an einen „*Ideallehrer*" gerät, der Verständnis und Geduld, sowie Sachkompetenz bezüglich der Lese-Rechtschreibschwäche besitzt. Wenn dieser Wunsch zum Anspruch wird, reagieren die meisten Eltern verbittert auf jeden Lehrer, der entweder noch jung und unerfahren ist („*Junglehrer*") oder einen anderen pädagogischen Ansatz vertritt („*LRS-Gegner*"). Finden Sie zunächst heraus, ob Ihr Kind den Lehrer mag. Bei einer guten Beziehung zwischen Schüler und Lehrer müssen Eltern kaum Einfluß auf den Lehrer nehmen. Ist die Beziehung eines lese-rechtschreibschwachen Schülers zum Lehrer getrübt oder fühlt sich das Kind wenig beachtet, ist die Zusammenarbeit von Eltern und Lehrer wichtig. In diesem Buch finden Sie alle nötigen Informationen für eine angemessene Förderung lese-rechtschreibschwacher Schüler. Vergleichen Sie, was der Lehrer Ihres Kindes tut und was er Ihnen rät. Verhält er sich völlig anders und berät Sie abweichend von dem, was Sie hier finden, dann sollten Sie einen außerschulischen Berater einschalten. Überschätzen Sie Ihren Einfluß auf den Lehrer nicht. Der Lehrer wird sich Ihnen gegenüber als Fachmann fühlen, auch wenn Sie von Problemen der Lese-Rechtschreibschwäche mehr wissen als er. Nur sehr souveräne Lehrer ertragen Kritik und nehmen Verbesserungsvorschläge dankbar an. Für die Gespräche und die Zusammenarbeit mit Lehrern finden Sie konkrete Ratschläge in → E 2.

Wenn Sie außerschulische Beratung brauchen, dann wenden Sie sich an:

- Schulberatungsstellen (Regionale Schulberatung/Schulpsychologischer Dienst)
- Erziehungsberatungsstellen (städtische und konfessionelle Einrichtungen)
- Bundesverband Legasthenie (Geschäftsstelle: 3000 Hannover, Gneisenaustraße 2; hier erfahren Sie den für Sie zuständigen Ortsverband).

9.5 Eltern können im Förderunterricht mithelfen

Unsere Ratschläge für Lehrer in Grundschulen beinhalten eine Reihe von Übungen, die der Lehrer mit den lese-rechtschreibschwachen Schülern durchführen sollte. Es wäre aber eine unrealistische Erwartung, zu glauben, daß die Schule dafür extra Lehrer einstellt. Der Klassenlehrer hat in den regulären Förderstunden meistens unterschiedliche Schüler zu fördern, die lese-rechtschreibschwachen Schüler machen nur einen Teil der Förderschüler aus. Wenn Eltern ihre Mithilfe im Förderunterricht anbieten, ist das organisatorische Problem gelöst. Wir kennen Schulen, die mit den Eltern zusammen den Förderunterricht so differenzieren, daß allen Schülern optimal geholfen werden kann. Viele Übungen für die lese-rechtschreibschwachen Schüler können von Müttern unter Anleitung des Lehrers angeboten werden. Bieten Sie dem Lehrer Ihres Kindes die Mitarbeit an, erarbeiten Sie gemeinsam mit ihm die inhaltliche Förderung anhand der hier in diesem Buch gegebenen Übungen und Ratschläge → L 4, → L 5 und überlassen Sie die Koordination dem Lehrer.

9.6 Eltern können die Persönlichkeit ihrer Kinder schützen

Fachleute wissen, daß es schlimmer ist, wenn ein Kind nicht mehr spielen kann, als wenn es Schwierigkeiten hat, für die Schule zu lernen. Im Spiel entfaltet das Kind seine Phantasie, es erwirbt grundlegende Fähigkeiten für das Zusammensein mit anderen (soziales Lernen) und entdeckt dabei immer wieder neue Teile des eigenen Selbst, aus denen es Vertrauen und Zuversicht gewinnt. Im Spiel reagieren sich Kinder ab. Wenn Kinder mittags „Schule" spielen, teilen sie dort aktiv aus, was sie zuvor passiv eingesteckt haben. Spielen ist für Kinder ein wichtiger Ausgleich für ihre Schwierigkeiten beim Heranwachsen. Geben Sie dem lese-rechtschreibschwachen Kind die Möglichkeiten, im Spiel die Kränkungen der Schule zu überwinden. Es kann über die Beschäftigung mit Hobbies Selbstvertrauen gewinnen und im Spiel erfahren, daß sich das Leben lohnt – trotz der Schwierigkeiten in der Schule. Ohne diesen Ausgleich wird die Entwicklung des Kindes empfindlich gestört, die Persönlichkeitsentfaltung eingeschränkt und Verhaltensstörungen sind die Folge.

Deshalb sollten Eltern die ungestörte Persönlichkeitsentwicklung ihrer Kinder schützen, indem sie die Spielzeiten verteidigen und Hobbies fördern, die dem Kind ein stabiles Selbstwertgefühl vermitteln. Im Elternratgeber → E 3.2 finden Sie Vorschläge, wie Sie die Arbeitszeit des Kindes begrenzen können und welche Gesichtspunkte Sie berücksichtigen sollten.

Kapitel 10

Erwartungen und Enttäuschungen

In Kap. 2 haben wir gezeigt, wie soziale Teufelskreise entstehen. Dabei haben besonders die Reaktionen der Umwelt, also Eltern und Lehrer, eine wichtige Rolle gespielt. Diese Reaktionen hängen mit Erwartungen an das lese-rechtschreibschwache Kind zusammen, die enttäuscht werden.
- Für den Lehrer wird z. B. die Erwartung enttäuscht, einen möglichst unbehinderten und reibungslosen Unterricht durchzuführen.
- Die Eltern wünschen sich ein erfolgreiches Kind; sie sind enttäuscht über die Schwierigkeiten, schämen sich, haben Angst um die Zukunft ihres Kindes etc.

10.1 Reaktion auf Enttäuschungen

Wenn unsere Erwartungen enttäuscht werden, versuchen wir in der Regel, durch die verschiedensten Aktivitäten die Erfüllung doch noch zu erreichen. Hat ein Kind Schwierigkeiten im Lesen und Schreiben, so werden Eltern und Lehrer aktiv:
- Die Eltern, die sich Sorgen um die Zukunft ihres Kindes machen und sich schämen, daß ausgerechnet ihr Kind in der Schule nicht mitkommt, investieren viel Energie und Zeit. Sie üben mit dem Kind, überwachen und korrigieren seine Aufgaben, halten es immer wieder zu zusätzlichen Arbeiten an. Sie erwarten von ihrem Kind, daß es besonders viel Kraft in die Bewältigung der Schwierigkeiten steckt.
- Der Lehrer, der z. B. erwartet hat, daß mit seiner Methode alle Schüler Lesen und Schreiben lernen, versucht, die Schüler, die es noch nicht richtig können, verstärkt zu fördern. Er erklärt es ihnen noch einmal, er achtet besonders auf diese Schüler, er nimmt sie häufiger im Unterricht dran.
Beide, Eltern und Lehrer, sehen nur die Schwierigkeiten des Kindes

und wollen etwas dagegen tun. Sie versuchen, das Kind so zu beeinflussen, daß ihre unausgesprochenen Erwartungen doch noch erfüllt werden. Aber: Zusätzliches Üben und Pauken nützt nichts. Die starke Aufmerksamkeit und Kontrolle, die dem Kind zu Hause und in der Schule entgegengebracht wird, erzeugen einen erhöhten Druck auf das Kind, der seine Angst vergrößert und Teufelskreise aufschaukelt.

Bevor Eltern und Lehrer auf die Schwierigkeiten des Kindes reagieren, wäre es wichtig, daß sie ihre Erwartungen an das Kind überprüfen:

Ist es gerechtfertigt, von *diesem* Kind in *diesem* Moment zu erwarten, daß es besser lesen und schreiben kann? Oder braucht das Kind Zeit und Verständnis, damit es die Lücken, die es in der Rechtschreibung hat, auffüllen kann? Welchen Anteil haben die Erwartungen, die ich an mich selbst stelle („das Kind einer guten Mutter schreibt gute Noten" oder „bei einem guten Lehrer lernen alle Kinder Lesen und Schreiben") an den Erwartungen, die das Kind erfüllen soll?

In vielen Fällen wird sich herausstellen, daß die Erwartungen, die an das Kind gestellt werden, unpassend sind.

10.2 Vergleiche hinken

Wir leben in einer Welt, in der Vergleiche selbstverständlich sind. Menschen werden dabei nach Normen und Maßstäben bewertet, die je nach Zeitgeschmack und Lage verschieden sind. Heute findet man in unserer Leistungsgesellschaft die Kinder erfolgreich, die schon wie kleine Erwachsene leben: pflichtbewußt, fleißig, angepaßt, ehrgeizig, leistungsstark. Früher wurden solche Kinder als altkluge Streber angesehen.

Viele LRS-Kinder sind in diesem Sinne *altmodische Kinder*. Sie lernen langsamer, sind phantasievoller und wollen viel lieber spielen als lernen. Sie sind den vielfältigen Anforderungen kaum gewachsen. Eltern aber beugen sich dem gnadenlosen Vergleich mit den anderen Kindern und bewerten ihre Kinder nach der geltenden Norm. Und die richtet sich nach den Schulnoten.

Versuchen Sie, die verspielte, verträumte Seite Ihres Kindes als etwas Schönes und Wertvolles zu erleben!

Die Leistungen eines LRS-Kindes zu vergleichen mit den Leistungen eines „normalen" Kindes ist genauso unsportlich, wie wenn Sie die Geschwindigkeit eines Formel-I-Wagens auf dem Nürburgring vergleichen mit der eines Fiat-500 auf der Landstraße. *Deshalb finden wir es angemessen, LRS-Kinder von der Benotung im Schreiben auszunehmen!*

Wenn Sie Ihr Kind mit anderen Kindern vergleichen und an den Schulleistungen messen, haben Sie falsche Erwartungen; die Enttäuschung ist Ihnen so gut wie sicher (Betz/Brenninger 1982, S. 104).

Für den Lehrer in einer Schulklasse gilt:
Wenn er erwartet, daß alle Kinder gleich gut mit seiner Methode klarkommen, so muß er damit rechnen, daß diese Erwartung sich zwangsläufig nicht erfüllt. Er wird enttäuscht.

Wir wollen hier nicht erreichen, daß Sie an Ihr Kind oder Ihre Schüler keine Erwartungen mehr haben. Machen Sie jedoch einen Unterschied zwischen *Erwartungen* und *Zutrauen*. Wenn Sie gute Leistungen des Kindes für sich als Bestätigung (als „gute Mutter" oder als „guter Lehrer") brauchen, erwarten Sie, daß das Kind Sie schützt. Das Kind braucht aber *Ihre* Unterstützung:
Ich traue meinem Kind/meinen Schülern zu, daß sie die geforderten Leistungen erbringen. Wenn das Kind/die Schüler es nicht schaffen, helfe ich, damit umzugehen.

Es wäre unrealistisch, wenn Sie nun von sich erwarten, daß Sie ab heute alles richtig machen. Das „Entrümpeln" unserer Erwartungen braucht Zeit. Bedenken Sie die einzelnen Erwartungen jeweils ausführlich und prüfen Sie, ob sie passend oder unpassend sind. Die Ratschläge → L 1.1, → L 1.2, → L 6.1, → E 1.1 können dabei helfen.

Kapitel 11

Eltern-Lehrer-Kontakt

11.1 Verständigung

Zusammenleben ist nur dadurch möglich, daß wir Botschaften austauschen. Die Signale, die wir im direkten persönlichen Verkehr benutzen, stammen im wesentlichen aus zwei Quellen: Es sind sprachliche Botschaften und Ausdrucksmerkmale. Beginnen wir mit dem „Ausdruck": Wenn wir vorhaben, gleich aus dem Sessel aufzustehen, dann sitzen wir *anders*, als wenn wir noch länger sitzen bleiben wollen. In beiden Fällen sitzen wir, aber das Sitzen ist „gefärbt" von dem, was in der nahen Zukunft passieren wird. Wir lernen schon als Kinder, sehr genau auf diese Botschaften zu achten, die im Verhalten des anderen enthalten sind. Wir lernen auch bald, daß zwischen dem, was uns jemand mit Worten sagt („Ich gehe gleich mit Dir spazieren" – „Du kannst jederzeit zu mir kommen . . .") und der Realität ein Unterschied bestehen kann. Manche Menschen lassen sich durch diese alltäglichen Widersprüche sehr verunsichern, die meisten aber gehen anders damit um: sie lernen, die Botschaften der anderen zu „interpretieren".

11.2 Was kommt von einer Nachricht an?

Was andere sagen oder wie sie sich verhalten, messen wir an unseren früheren Erfahrungen und an dem, was wir „nebenbei", z. B. als Ausdruck, mit erfassen. Mit anderen Worten: Es gibt zwischen Menschen kaum eindeutige Zeichen, die für alle Zeiten und für alle Gelegenheiten festgelegt und für den Empfänger immer gleich verläßlich sind. Immer ist die Bedeutung einer Botschaft für den Empfänger zu einem Teil abhängig von der Deutung, die er selbst der Botschaft gibt. Diese persönliche Interpretation erhält umso weniger

Gewicht, je deutlicher das Zeichen ist. Je undeutlicher das Zeichen, desto größeren Spielraum hat die Interpretation des Empfängers.

11.3 Warum wir meist undeutlich kommunizieren

Deutliche Kommunikation ist nicht unsere Stärke. Dies hängt ein bißchen damit zusammen, daß man uns „christliche Tugenden" übertrieben beigebracht hat, z. B. „Bescheidenheit", die so mißverstanden wird, daß Kinder bei Tisch „unsichtbar" zu sein haben – sie dürfen *keine* deutlichen Zeichen geben.

Wenn Sie Werkstattverträge und Versicherungspolicen lesen oder unsere Politiker beobachten, wissen Sie, was mit undeutlicher Kommunikation *juristisch* zu erreichen ist. Wer an den Ränken und Schlichen des Geschäftslebens teilhaben will, muß sich wohl auch der dort üblichen Kommunikationsformen bedienen.

11.4 Kommunikation ist unausweichlich

Wir haben davon gesprochen, daß die Bedeutung einer Nachricht für den Empfänger sich nicht nur aus der Nachricht selbst ergibt, sondern auch dadurch, wie er sie interpretiert, und daß der Anteil der Interpretation dabei umso größer ist, je undeutlicher die Nachricht ist. Dies bedeutet:

a) Wir können Mißverständnisse verhindern, wenn wir uns deutlich ausdrücken.

b) Wer glaubt, durch Zurückhaltung „gut dazustehen", kann sich täuschen.

Punkt b) ist eine wichtige Grundregel geworden: „Es ist unmöglich, nicht zu kommunizieren". Wenn jemand versucht, seine Meinung zurückzuhalten, indem er nichts sagt, dann kann der andere gerade das Schweigen als Botschaft interpretieren.

Je weniger deutlich wir uns verhalten, umso größer wird der Einfluß der Interpretation.

11.5 Verhalten im Sinne deutlicher Kommunikation

Am Familientisch gilt die Kommunikation im Stil des „Kleinge-druckten" nicht. Im persönlichen Umgang ist es sinnlos, zu verschlei-ern und andererseits den Partner festlegen zu wollen. Dies gilt auch für den Kontakt zwischen Eltern und Lehrern. Wenn Sie als Eltern etwas Bestimmtes vom Lehrer wollen, müssen Sie sich deutlich aus-drücken und damit den Spielraum für falsche Interpretationen be-grenzen.

Umgekehrt gilt für den Lehrer ebenso, daß er den Eltern *deutlich* machen soll, was er von ihnen möchte. Andeutungen genügen nicht.

11.6 „Kommunikationsregeln"

Wenn Sie Gelegenheit haben, einen Kommunikationskurs mitma-chen zu können, nehmen Sie teil! Nur: Bleiben Sie nicht bei dem stehen, was Ihnen im Kurs gezeigt wird. Die Kommunikationsregeln, die Sie in den Kursen lernen, sind überdeutliche Anfangsschritte, die Ihnen das Prinzip der deutlichen Kommunikation zu eigen machen sollen. Nach dem Kurs sollte eine Zeit des „fruchtbaren Vergessens" (Metzger 1962) kommen, nach der nichts übrig bleibt, als das Be-dürfnis, sich *deutlich* mitzuteilen – aber ohne aufgepfropfte „Re-geln" und ohne besonderen Jargon.

11.7 Die Kommunikation zwischen Lehrern und Eltern im Wirkungsgefüge

Der Block Umwelt (U) im Wirkungsgefüge (Kap. 2 und 3) enthält auch die Wechselwirkungen zwischen Lehrer und Eltern. Sie ist weitgehend von der Kommunikation zwischen ihnen abhängig, die immer stattfindet. Es wäre eine Illusion, zu glauben, man könne aus diesem Austausch von Botschaften „aussteigen". So gibt es z. B. Eltern, die sich in die Zeitprobleme des Lehrers vorausdenkend einfühlen und meinen, es sei richtig, ihn mit Besuchen zu verschonen. Sie denken falsch: Es ist nicht sicher, daß der Lehrer diese Zurück-haltung richtig deutet, sie kann für ihn auch Mißtrauen, Angst, Geringschätzung seiner Person oder seiner Arbeit bedeuten. Richtig wäre es, dem Lehrer kurz mitzuteilen, daß man ihn mit Besuchen verschonen will.

Sowohl der bewußte als auch der ungewollte Austausch von Botschaften zwischen Lehrern und Eltern führt in vielen Fällen zu Kreisprozessen, die sich für das Kind positiv oder negativ auswirken können. Zunächst gilt hier die Regel, daß es aus dem Wald so heraushallt, wie es hineinschallt. Wenn Eltern dem Lehrer mißtrauen, ist es sehr wahrscheinlich, daß sie sich ihm gegenüber so verhalten, daß er seinerseits mißtrauisch oder ablehnend wird. Umgekehrt löst ablehnende Haltung des Lehrers in den Eltern ebenfalls Ablehnung aus. Drückt dagegen der Lehrer den Eltern gegenüber Achtung und Wertschätzung aus, so wird dies bei den Eltern ähnliche Gefühle auslösen, unabhängig davon, was der Lehrer über die Leistungen des Kindes mitzuteilen hat. Wenn Eltern den Lehrer verstehen und auch seine Schwierigkeiten mit ihrem Kind als unangenehme (wenn auch berufstypische) Zusatzbelastung sehen, steigen die Chancen, daß das Verhältnis zwischen Lehrer und Eltern gut bleibt und damit dem Kind zur Hilfe kommen kann.

Das Verhältnis zwischen Lehrer und Eltern ist aber nicht nur durch Mißverständnisse und Kommunikationsprobleme gefährdet, sondern auch durch die gegenseitigen Erwartungen. Sind diese unrealistisch, führen sie auf direktem Wege zu Enttäuschungen und belasten damit die Beziehung. In der Nähe der Erwartungen steht eine Gefahrenquelle für die Beziehung zwischen Lehrer und Eltern: Fehlende Trennung zwischen dem direkten Ansprechpartner und seinem Umfeld.

Wenn der Lehrer bewußt oder unbewußt die Eltern für das Versagen des Kindes verantwortlich macht, trennt er nicht zwischen dem Kind und den Eltern. Die Eltern werden auf diesen persönlichen Angriff mit Ablehnung reagieren. Bemerkt der Lehrer die Reaktion der Eltern, wird er in seiner Ablehnung bestätigt (sozialer Teufelskreis). Genauso ist es, wenn die Eltern nicht zwischen dem Lehrer, mit dem sie es zu tun haben, und der Schule trennen: Wenn sie ihn z. B. für Vorschriften verantwortlich machen oder wenn sie ihm als einen Angehörigen des Lehrer*standes* schlechte Erfahrungen verübeln, die sie mit *anderen* Lehrern gemacht haben. Der Lehrer interpretiert dies als Ablehnung – das Spiel beginnt.

11.8 Ängste und Vorurteile

Meistens wirken zwischen Eltern und Lehrern Ängste und Vorurteile, die weder den Eltern noch den Lehrern bewußt und einer Veränderung zugänglich sind. Eltern fühlen sich Lehrern gegenüber manchmal ähnlich hilflos und ohnmächtig, wie sie sich früher als Schüler den Lehrern gegenüber gefühlt haben. Sie haben Angst davor, daß sich ihr Verhalten negativ für ihr Kind auswirkt. Besonders wenn ihr Kind in der Schule Probleme hat, reagieren Eltern oft so, wie sie früher als Kinder gegenüber Autoritäten reagiert haben. Sie vertuschen die Schwierigkeiten und sagen nicht ehrlich ihre Meinung. Nun haben nicht nur die Eltern Angst vor dem Lehrer, auch Lehrer haben Angst vor den Eltern und wollen dies aufgrund ihrer Position nicht zugeben.

Beim jungen Lehrer kommen die Ängste aus mangelnder Lebenserfahrung. Da sitzen Eltern vor ihm, die herangewachsene Kinder und eine größere Lebenserfahrung haben. Bei unterschiedlicher Schichtzugehörigkeit hat der Lehrer Angst, den richtigen Ton zu finden. Unklar ist dem Lehrer meist auch, was die Eltern von ihm erwarten. Sein amtlicher Status als Lehrer und der Rollenkonflikt zwischen dem pädagogischen Auftrag und seiner Funktion als Zensor machen die Sache zusätzlich kompliziert. Hinzu kommt, daß insbesondere von gebildeten Eltern seine pädagogischen Qualifikationen nicht akzeptiert werden, sie fühlen sich dem Lehrer gleichgestellt oder sogar überlegen.

11.9 Übertragungsprozesse

In persönlichen Beziehungen sind auch „Übertragungsprozesse" wirksam. Das bedeutet, daß wir Vorerfahrungen auf neue Situationen übertragen.

Positive Vorerfahrungen, die unbewußt übertragen werden, erleichtern den Anfangskontakt. Wenn sie nicht enttäuscht werden, entwickelt sich eine gute Beziehung. Von Übel sind die negativen Vorerfahrungen, die Vorurteile, die sich unbewußt auf neue Eltern und neue Lehrer übertragen. Der neue Partner wird dann ohne eigenes Verschulden mit enttäuschenden Erfahrungen aus früheren Beziehungen belastet und hat von vornherein Skepsis und Ablehnung gegen sich.

Nun wirken nicht nur einzelne Erfahrungen in den Übertragungsprozessen, sondern Erfahrungen mit bestimmten Menschen werden zu Vorurteilen gegen ganze Gruppen solcher Menschen, z. B.:

„Lehrer" sind unmöglich.

„Eltern" haben keine Ahnung von der Schule.

„Die Deutschen" sind pedantisch.

„Beamte" schlafen den ganzen Tag in ihren Büros.

Leider entwickeln Eltern mit schlechten Vorerfahrungen im Umgang mit Lehrern eine abwehrhaltung und treten mit schlecht verborgenem Mißtrauen in das Elternsprechzimmer. War der Lehrer vorher noch neutral gestimmt, so fällt es ihm jetzt schwer, freundlich auf die Eltern zuzugehen, da er das Mißtrauen spürt. Der Lehrer geht in Abwehr- oder Angriffstellung, je nach seinen früheren Erfahrungen.

Umgekehrt wird auch nicht viel Besseres zu erwarten sein, wenn Eltern aufgeschlossen ins Elternsprechzimmer kommen und der Lehrer dort abweisend und zugeknöpft sitzt, nach schlechten Erfahrungen mit Eltern abgeneigt, sich im Elternkontakt zu öffnen.

Fragen Sie sich deshalb nach einem Erstgespräch mit einem „unsympathischen Lehrer" oder einer „unsympathischen Mutter", an wen Sie erinnert wurden. Rechnen Sie damit, Ihre Vorurteile zu übertragen. Versuchen Sie, sich über die Herkunft Ihrer Vorurteile klar zu werden.

Wenn bei einem LRS-Schüler der Eltern-Lehrer-Kontakt nicht gelingt und der Lehrer zu dem Schüler nicht wenigstens ein neutrales Verhältnis aufbauen kann, sollten Eltern und Lehrer das nicht leugnen, sondern im Interesse des Schülers nach einer Lösung suchen. Denkbar wären folgende Lösungen:

1. Der LRS-Schüler wird in die Parallelklasse versetzt. 2. Die Schulberatungsstelle, der Beratungslehrer oder eine außerschulische Beratungsstelle wird eingeschaltet.

Wir erwarten nicht, daß der Eltern-Lehrer-Kontakt immer gut läuft. Wir wünschen uns aber, daß Lehrer genau prüfen, wie sich ihr Verhältnis zu einem Schüler entwickelt, dessen Eltern sie ablehnen. Überträgt sich die Ablehnung auf den Schüler, dann sollten Sie von einer der oben genannten Lösungen Gebrauch machen.

Kapitel 12

Besonderheiten der Sekundarstufe

12.1 Krisensituation Schulwechsel

Der Übergang von der Grundschule in eine weiterführende Schule ist für alle Schüler belastend. Die Leistungsanforderungen sind insgesamt höher, fremdsprachlicher Unterricht kommt hinzu. Von Stunde zu Stunde erlebt der Schüler neue Lehrer, die durch ihre unterschiedlichen pädagogischen Stile den Schüler verwirren können. Was bei dem einen erlaubt ist, ist bei dem anderen verboten. Diese Orientierungsunsicherheit kann Angst auslösen und die Gefahr des Versagens mit sich bringen. Schüler mit beeinträchtigtem Selbstwertgefühl und sozialen Anpassungsschwierigkeiten werden beim Schulwechsel meist auffällig reagieren (Lempp 1971, S. 137). Einige Schüler reagieren mit extremer Anhänglichkeit an die Eltern, andere ziehen sich in sich selbst zurück, werden still und unansprechbar. Wieder andere Schüler reagieren hektisch, impulsiv, launisch, aggressiv und unberechenbar.

Aus Angst, nicht die richtige Schulform gewählt zu haben, reagieren die Eltern überempfindlich auf die Umstellungsschwierigkeiten und interpretieren sie als Zeichen für ihre Fehlentscheidung. Dadurch entsteht ein Teufelskreis: Die Umstellungsschwierigkeiten des Schülers führen zu Angst und Enttäuschung der Eltern, dies führt zu weiterer Verunsicherung des Schülers und zur Verschlimmerung seiner Auffälligkeiten. Besonders bei LRS-Schülern ist die Gefahr der Umstellungsschwierigkeiten gegeben. Deshalb sollten sich alle Betroffenen überlegen, ob im Einzelfall eine Wiederholung der vierten Grundschulklasse angezeigt ist. Der Schulwechsel stellt nämlich auch eine Chance dar, neu anzufangen. Diese Chance können allerdings nur solche Schüler ergreifen, die mit Selbstvertrauen in die neue Schule gehen und die Möglichkeit nutzen, endlich ihre alte „Rolle" zu überwinden.

12.2 Typische Schwierigkeiten des mißerfolgsorientierten LRS-Schülers

Ein mißerfolgsorientierter, selbstunsicherer LRS-Schüler wird in der Sekundarstufe hauptsächlich durch eine „Angst-Streß-Blockierung" und falsche Erklärungen über seine Lernstörungen daran gehindert, sich in der Rechtschreibung zu verbessern und Fremdsprachen zu erlernen. Die Furcht vor dem Mißerfolg und die Angst vor den eigenen unzureichenden Leistungen bewirken, daß die tatsächlich erbrachten Leistungen des Schülers schlechter sind, als es seinen Fähigkeiten und Möglichkeiten entsprechen würde. Angst führt zur Blockierung. Die Blockierung führt zu Versagen, d. h. zu Mißerfolg. Der Mißerfolg wirkt kränkend, löst neue Angst aus und führt zur Vermeidung des Lernstoffes. Aus der Vermeidung entstehen neue Wissenslücken, die neues Versagen bedeuten. Wir können unschwer sehen, daß sich diese Verkettung ungünstiger Wirkungen ständig aufschaukelt und der Mißerfolg vorprogrammiert ist. Die adäquate Behandlung solcher Schüler und ihrer Eltern haben wir in „Teufelskreis Lernstörungen" (Betz/Breuninger 1982) beschrieben. Diese Behandlung muß dafür ausgebildeten Fachleuten vorbehalten bleiben.

12.3 Chancen für den „stabileren" LRS-Schüler

Für LRS-Schüler, deren Eltern und Lehrer bereits in der Grundschule Hilfen gegeben haben, wie wir sie in diesem Buch für die Primarstufe beschreiben, stellt der Schulwechsel eher eine Chance dar, neu anzufangen und selbständig zu werden. Der Stellenwert der Rechtschreibung ist in der Sekundarstufe weitaus geringer als in der Primarstufe. Bei den schriftlichen Arbeiten des Schülers wird der inhaltliche Aspekt stärker berücksichtigt als der formale. Die Lerninhalte beziehen sich auf Sachgebiete, in denen LRS-Schüler oft hohe Kompetenz aufweisen.

Elternarbeit durch den Sekundarstufenlehrer hat große Bedeutung (Breuninger/Betz 1982). Selbst wenn Eltern während der Grundschulzeit relativ gelassen den Fehlern ihres Kindes gegenüberstehen und pädagogisch hilfreich reagierten, ist eine Bestätigung ihrer Verhaltens- und Einstellungsweisen durch den Lehrer unbedingt erforderlich (Adrion 1978, Speichert 1978).

Wir empfehlen weiterführenden Schulen, bei Schulwechsel Eltern lese-rechtschreibschwacher Schüler die Eltern-Ratgeber „Leben mit der LRS" → E 1 und „Eltern-Ratgeber Sekundarstufe" → E 4 auszuhändigen und an einem Nachmittag gemeinsam mit Schülern und Eltern über die Inhalte des Eltern-Ratgebers Sekundarstufe zu sprechen (siehe Durchführung von Elternarbeit und Eltern-Schüler-Nachmittag; → L 6.2, → L 6.7).

12.4 Sinnvolle Absprachen zwischen Eltern und Lehrern

Um für LRS-Schüler günstige Lernbedingungen an weiterführenden Schulen zu schaffen, sollten im Einvernehmen mit allen Beteiligten folgende Absprachen getroffen werden:

a) Die Benotung der Rechtschreibleistung sollte bei Schülern mit schlechter Rechtschreibung vorläufig ausgesetzt werden. Auch ohne Erlaß können Lehrer eine vorübergehende Befreiung von Noten aus pädagogischen Gründen immer verantworten. Nach der Orientierungsstufe sollte nach eingehender Erörterung der Sachlage eine neue Absprache getroffen werden.

b) Um dem langsameren Lerntempo der LRS-Schüler gerecht zu werden und sie von Überforderung zu befreien, wird von vornherein mit einer Klassenwiederholung gerechnet, die im günstigen Moment als *Fördermaßnahme* eingesetzt wird (siehe auch 8.3).

c) Dauer und Umfang der vom LRS-Schüler zu leistenden Hausaufgaben werden festgelegt. Als Orientierungshilfe gilt, daß die täglichen Hausaufgabenzeiten für Schüler der Klassen
5– 6 höchstens 60 – 90 Minuten, der Klassen
7–10 höchstens 90–120 Minuten
betragen dürfen. Nähere Angaben hierzu finden sich im Eltern-Ratgeber Sekundarstufe.
Nach Ablauf der vereinbarten Höchstzeit machen die Eltern einen Vermerk in das Heft, wenn der Schüler mit den Aufgaben noch nicht fertig geworden ist. Diese Regelung muß auch mit den einzelnen Fachlehrern abgesprochen werden.

d) Diktatpraxis
Je nach Leistungsstand, Tempo und psychischer Konstitution wird abgesprochen, daß der Schüler
– Lückendiktate schreibt

- jeweils nur einzelne Absätze mitschreibt
- alles mitschreibt.

Die Korrektur kann so erfolgen, wie unter → L 3.3 aufgeführt.

Wichtig ist auf jeden Fall, daß das Falsche *nicht unterstrichen* wird, wegen der Gefahr, daß sich hervorgehobene Wörter besonders einprägen.

e) Günstige Lernbedingungen
   z. B. Sitzplatz im Klassenzimmer
f) Unterstützung in der Fremdsprache, um neue Mißerfolge zu verhindern.

12.5 Möglichkeiten und Grenzen der Förderung lese-rechtschreibschwacher Schüler an weiterführenden Schulen

Förderung an weiterführenden Schulen ist eher die Ausnahme als die Regel. Sekundarstufenlehrer sind noch weniger für den Umgang mit Lese-Rechtschreibschwierigkeiten ausgebildet als Primarstufenlehrer. Es wäre demnach eine unrealistische Annahme, daß die LRS-Förderung an weiterführenden Schulen institutionalisiert wird. Zum Glück gibt es aber genug engagierte Lehrer, die ihren Schülern helfen wollen. Die inhaltliche Förderung kann aber erst dann wirksam werden, wenn die Motivation des Schülers gesichert ist. Auf die Motivation des Schülers kann der Sekundarstufenlehrer Einfluß nehmen, indem er

- die Rechtschreibung entdramatisiert, ohne sie abzuwerten;
- dem Schüler Hoffnung macht, daß er mit zunehmendem Alter immer leichter das Rechtschreiben erlernt;
- die Eltern dahingehend beeinflußt, Druck und Kontrolle in bezug auf die Schularbeiten des Schülers wegzulassen;
- die Eltern überzeugt, daß sie an die Leistungs*fähigkeit* ihres Kindes glauben;
- dem Schüler im Unterricht durch besondere Berücksichtigung seiner mündlichen Mitarbeit Erfolg verschafft;
- dem Schüler die Demütigung durch mangelhafte und ungenügende Noten wegen der Rechtschreibung erspart;
- dem Schüler im richtigen Moment Vorschläge für gezielte Rechtschreibübungen macht.

Wenn Lehrer Elternarbeit anbieten → L 6, → E 4 u. Breuninger/ Betz (1982), die genannten Absprachen mit den Eltern und Schülern treffen, mit „pädagogischer Geduld" die Umstellungsschwierigkeiten während der Orientierungsstufe ertragen und dem Schüler Mut machen und die Rechtschreibhilfen (12.6) anzuwenden, können sie vielen LRS-Schülern eine baldige Überwindung der Lese-Rechtschreibschwäche ermöglichen (siehe auch Naegele u. a., 1982). Dies gelingt am besten dann, wenn der Schüler mit Hilfe von Lerntechniken wie Lernkartei → L 3.9 Erfolge in der Fremdsprache erreicht hat. Ein Rechtschreibtraining sollte deshalb nicht vor Klasse 6 durchgeführt werden, da es den Schüler während der Umstellungsphase überfordern würde.

12.6 Vorschläge für die LRS-Förderung in der Sekundarstufe*

Schulischer LRS-Unterricht in der Sekundarstufe muß sich auf inhaltliche Förderung beschränken. LRS-Schüler der Sekundarstufe haben meist eine belastende Biografie, die nachhaltige Probleme hinterläßt. Andererseits kann die beginnende Reifezeit neue Orientierungen und Motivationen setzen und Schwierigkeiten relativieren. Die Situation ist deshalb in der Sekundarstufe mehr offen als bei Neunjährigen und gibt außerhalb des Leistungsbereichs für pädagogische Interventionen wenig allgemeingültige Leitlinien. Wir raten, zur Behandlung von Problemen außerhalb des Leistungsfeldes hier noch schneller und entschiedener die Beratung bei Fachleuten zu suchen.

Der Förderunterricht bedeutet eine zusätzliche zeitliche Belastung, die nicht gesondert honoriert wird. Unsere Vorschläge zielen darauf ab, diese Belastung so gering wie möglich zu halten und zu verteilen (Tutoren). Es sind dabei verschiedene Phasen zu unterscheiden:

1. Eine einmalige anstrengende Zeit, in der das Förderprogramm vorbereitet und zum ersten Mal umgesetzt wird. Der Lehrer hat hier vor allem die Tutoren einzuweisen und die Arbeit zu leiten und zu überwachen.

---

* Eine detaillierte Anweisung wollen wir hier noch nicht veröffentlichen. Sie liegt mit fertigen Wortlisten, geordnet nach Fehlerschwerpunkten, vor, ist aber noch nicht hinreichend erprobt. Sie kann von Lehrern, die nach diesem Modell arbeiten und Erfahrungen sammeln wollen, angefordert werden.

2. Die jährlich wiederkehrende Anfangsperiode, in der die betroffenen Schüler und evtl. neue Tutoren einzuweisen sind. Hier sind mehrere Sitzungen erforderlich.
3. Die restliche Zeit des Schuljahres, in der der Förderlehrer lediglich Gesprächskreise in ca. 1-monatigem Abstand einplanen und die wöchentliche Arbeit der Schüler überwachen muß. Vorbereitung und Durchführung der Förderung sind weitgehendst an die Tutoren delegierbar.

Grundregeln der Förderung sind in Betz/Breuninger (1982, S. 167–169) beschrieben.

Ebene		Arbeit
5	Lehrer	mindestens 1 Sitzung im Monat
4	Tutoren	wöchentlich 60–90 Minuten
3	Schülergruppe	wöchentlich 60–90 Minuten
2	Schülerpaar	
1	Einzelschüler	täglich 15–20 Minuten

Die Arbeit findet in verschiedenen Ebenen (siehe Schema) und Gruppierungen statt: Dabei geschieht auf den beiden unteren Ebenen (1 und 2) die inhaltliche Arbeit, während die Ebenen darüber nur Kontroll- und Steuerungsfunktionen haben.

Nach Form und Inhalt schlagen wir ein auf Fehlerschwerpunkte ausgerichtetes Lernprogramm mit Lernkartei und Grundwortschatztraining → L 3.8, → L 3.9, → L 5.2, → L 5.5, Wortlisten → L 5.4 vor.

Tutoren: Vor der Durchführung werden Tutoren (hilfsbereite Eltern oder rechtschreibsichere Schüler der höheren Klassen) engagiert. Ihre Daueraufgabe ist die Erfolgskontrolle für die Schüler in der wöchentlichen Förderstunde in der Schule. Daneben haben sie einmal im Schuljahr (zu Beginn) die Aufgabe zusammen mit dem Lehrer die individuelle Reihenfolge festzulegen, in der jeder Schüler die Fehlerschwerpunkte bearbeitet.

1. und 2. Ebene: Die Schüler arbeiten zuhause die einzelnen Fehlerschwerpunkte in einer vom Lehrer vorgeschlagenen Reihenfolge auf. Grundeinheit ist ein Schülerpaar mit ähnlicher Fehlerverteilung. Bei den Treffen des Paares in der LRS-Fördergruppe erarbeiten die Schüler anhand der „Fehlerkiller"-Heftchen (Behle 1979) pro Woche *eine* Rechtschreibhilfe und legen sie inhaltlich in einem „Wochenposter" nieder. Es arbeitet jeder Schüler täglich 15 Minuten

(„Drillphase") an der Lernkartei → L 3.9 bzw. an den Wortlisten → L 5.4, die in der Schule bereitgestellt und vervielfältigt werden.

3. Ebene: Einmal pro Woche trifft sich die Rechtschreibgruppe mit dem Tutor. Es wird eines der Menze-Diktate (Menze. o. J.) benutzt, um eine fortlaufende Erfolgskontrolle zu erhalten. Inhaltliche Fragen werden besprochen und möglichst geklärt.

4. Ebene: Die Tutoren und der Förderlehrer treffen eine Regelung ihrer Zusammenarbeit. Insbesondere sollten Probleme und Fehlerkurven der Schüler besprochen werden. Wenn die Fehlerkurve des Schülers nicht stetig fällt, ist es angezeigt, ein Gespräch, je nach Sachlage mit dem Schüler, seinen Eltern oder evtl. mit einem professionellen Berater zu führen.

5. Ebene: Etwa einmal im Monat (anfangs häufiger, dann in längeren Abständen) trifft sich der Förderlehrer mit der Gesamtgruppe der Förderschüler. Hier stehen Erfahrungsaustausch und Motivationsprobleme im Vordergrund.

Teil II:
Ratschläge

In diesem Teil haben wir konkrete Ratschläge zur LRS-Problematik zusammengestellt.

L1–L6 sind unsere Lehrerratschläge. Für die Eltern gibt es die Elternratgeber E1–E4.

E/L ist ein Kapitel, in dem wir zwei Übungen vorstellen, die Ihnen (*Eltern wie Lehrern*) bei vielen Ratschlägen wiederbegegnen.

Probieren Sie nicht alle Ratschläge gleichzeitig aus; probieren Sie an *einem* konkreten Problem *einen* Ratschlag aus. Führen Sie ihn zu Ende und überprüfen Sie kritisch das Ergebnis.

E/L Anders wahrnehmen – anders fühlen und bewerten

E/L1 Die Übung „Auswiegen"

In verschiedenen Abschnitten dieses Buches werden Sie auf eine Übung stoßen, die wir „Auswiegen" genannt haben. Sie erscheint uns gerade im Umgang mit lern- und leistungsgestörten Schülern und den Erfahrungen, die wir mit ihnen machen, wichtig. Für die Eltern gilt es, die Kränkungen, die das Versagen des eigenen Kindes mit sich bringt, zu verarbeiten. Für den Lehrer kann es manchmal schwierig werden, die Auffälligkeiten, die ein solches Kind meist zeigt, zu ertragen, ohne daß er dem Kind unrecht tut.

Unsere Urteile über Gegenstände und Personen sind dreifach fraglich: sie sind relativ, färben ab und beruhen meist nur auf einseitigen Beobachtungen.

Im Alltag ersparen wir uns viel Arbeit, indem wir jeden nur an einer Eigenschaft einschätzen, ihn dazuhin lediglich mit dem Durchschnitt vergleichen und von dieser Eigenschaft auf alles mögliche schließen. Das Verfahren ist biologisch sinnvoll. Daß wir damit durchkommen, liegt aber vor allem daran, daß die so Beurteilten sich nicht zur Wehr setzen, weil sie von unseren Einschätzungen meist nichts erfahren. Immer dann, wenn Personen über andere Personen wichtige Beurteilungen abzugeben haben, sollten diese aber anders gewonnen werden. Das gilt für Lehrer, Vorgesetzte, Arbeitgeber, Richter, alle helfenden Berufe, weil von den Urteilen dieser Personen große Wirkungen ausgehen.

Wenn Lehrer das, was ihnen am meisten auffällt oder was sie am meisten stört, herausgreifen und ihr Urteil darauf bauen, führt das z. B. dazu, daß der Klassenprimus auch dann die beste Note bekommt, wenn er im Einzelfall weniger leistet als andere Schüler. Umgekehrt ist der schwierige Schüler in der Gefahr, daß Leistungen, die er vereinzelt erbringt, nicht zu Buche schlagen. Ganz ähnlich geht es den Kindern zu Hause: Das Rechtschreibversagen zieht die Aufmerksamkeit so auf sich, daß die – doch auch vorhandenen – guten Seiten des Kindes leicht untergehen.

Die Übung „Auswiegen" soll nun helfen, uns aus dieser einseitigen Betrachtung zu befreien. Jeder Schüler hat ja *viele* Eigenschaften in verschiedenen Dimensionen. Es kommt darauf an, diese verschiedenen Dimensionen zugleich zu sehen und zuzulassen. Es geht also nicht darum, das Rechtschreibversagen zu verniedlichen, sondern darum, zu sehen, daß Franz z. B. schlecht schreibt (Dimension 1) *und* sympathisch ist (Dimension 2) *und* den Unterricht stört (Dimension 3).

2. Das konkrete Vorgehen bei der Übung „Auswiegen"

Nach den Hinweisen auf die Schwierigkeit, die wir mit unseren Urteilen haben, wird es nicht überraschen, daß das „Auswiegen" zunächst etwas „Aufwand" erfordert und zu einer regelrechten Übung mit Regeln ausgestaltet worden ist.

Um die Übung kennenzulernen, soll sie hier einmal durchgeführt werden. Wenn Sie Lehrer sind, konzentrieren Sie sich bitte auf *einen* Schüler, mit dem Sie Schwierigkeiten haben, als Elternteil brauchen Sie sich wahrscheinlich kein Kind auszuwählen. Nehmen Sie ein Blatt Papier und schreiben Sie viermal untereinander den Satzanfang: „Ich nehme ... (Name) ... übel, oder: mich stört, daß „ ... und vervollständigen Sie die vier Sätze.

Sind Sie zufrieden? Drücken die Sätze das aus, was Sie übelnehmen oder was Sie stört? Wenn nicht, korrigieren Sie jetzt ...

Schreiben Sie dann die vier Sätze mit einem neuen Anfang nochmals untereinander, ohne sonst etwas zu verändern. Der neue Anfang lautet: „Ich schätze an ... (gleicher Name) daß ...".

Wenn Ihnen diese Sätze nicht sofort einleuchten, lassen Sie sie trotzdem auf sich wirken. Sie werden etwas finden, wegen dessen Sie die Großsprecherei von Franz schätzen können – versucht er damit nicht, sein Selbstwertgefühl zu retten? Und hat Fritz, der immer aus dem Fenster schaut, statt zu arbeiten, nicht einen Weg gefunden, sich in unserer hektischen Zeit ein Stück Kindheit zu erhalten?

Sie brauchen die Begründung gar nicht aufzuschreiben. Aber prüfen Sie jetzt Ihr Gefühl, wenn Sie die ersten vier Sätze nochmals lesen. Ist es das Gleiche wie zuerst?

Die Übung „Auswiegen" besteht also nicht darin, daß wir nach anderen Eigenschaften Ausschau halten, die unser Urteil beeinflussen könnten. Der Trick besteht vielmehr darin, daß wir das Urteil so lassen, aber den Gefühlswert umkehren, der mit dem Urteil verbunden ist. Die Eigenschaften, die zu dem neuen Gefühlswert passen, fallen uns dann von selbst ein.

E/L 2 Der Punkt

Machen Sie noch ein kleines Experiment!

Malen Sie auf ein Blatt mit Rechenkästchen einen dicken dunklen Punkt und fragen Sie einen Anderen, was er sieht. Die meisten werden nur den Punkt nennen. Das Papier und die Rechenkästchen gehen unter, obwohl sie viel größer sind und im Gesichtsfeld viel mehr Raum einnehmen.

Wie kommt das?

Die menschliche Wahrnehmung konzentriert sich auf hervorstechende Merkmale. Die Umgebung dringt nicht in unser Bewußtsein vor, weil sie gar nicht wahrgenommen wird. In unserem Beispiel werden Papier und Rechenkästchen durch den Punkt verdrängt. Hinzu kommt noch, daß wir Auffälliges auch für häufig halten. Dinge, die uns einmal stark aufgefallen sind, brauchen sich gar nicht so häufig zu wiederholen, wir haben trotzdem das Gefühl, daß sie sehr häufig auftreten. Die Folge ist, daß die Bedeutung auffälliger Ereignisse überschätzt wird.

Gehen Sie einmal davon aus, daß der markante und dunkle Punkt die Legasthenie eines Kindes ist. Sie überschattet Ihre Wahrnehmung von diesem Kind; Sie übersehen viele andere Eigenschaften und

Fähigkeiten des Kindes, weil Sie sich auf die Lese-Rechtschreibschwäche konzentrieren.
Was das für Sie in Ihrer Beziehung zum Kind bedeutet, und wie Sie Ihre Wahrnehmung bewußt beeinflussen können, damit die Macht der Lese-Rechtschreibschwäche nicht zu groß wird, finden Sie in den Ratschlägen → L 1.4 und → E 1.3.

L Ratschläge für Lehrer

L1 Hilfen zur Verbesserung des Selbstwertgefühls schwacher Schüler

L 1.1 Passende und unpassende Erwartungen an Schüler und Unterricht

In Kap. 10 haben wir betont, daß passende Erwartungen das Selbstwertgefühl der Schüler erhöhen: Bitte prüfen Sie unsere Liste, erweitern und ergänzen Sie aufgrund Ihrer persönlichen Erfahrung mit Ihrer Klasse und Ihren Schülern.
Die folgenden Erwartungen halten wir für realistisch:
– Leistung und Aufmerksamkeit der Schüler schwanken und sind bei den einzelnen Schülern unterschiedlich.
– Einigen Schülern fällt es schwer, ruhig auf ihrem Platz sitzen zu bleiben. Sie laufen in der Klasse herum.
– Die Leistung der Schüler hängt auch von ihrer Beziehung zu mir als Lehrer ab. Ich habe nicht immer Einfluß auf die Qualität der Beziehung und muß damit rechnen, von einigen Schülern abgelehnt zu werden.
– Nicht alle Schüler begreifen die Dinge, die ich vermitteln will, gleich schnell.

– Nicht alle Schüler kommen mit der gleichen didaktischen Methode klar.
– Nicht alle Schüler interessieren sich für das Thema, das ich gerade anbiete.
– Zwischen den Schülern herrscht Rivalität, die ihre Opfer fordert. Diese sind meistens die schwachen Schüler. Ich als Lehrer habe auf die Beziehung der Schüler untereinander nur bedingt Einfluß.
– Der Unterricht kann nicht immer so verlaufen, wie ich ihn geplant habe.
– Auch Kinder, die kein Interesse am Unterrichtsinhalt haben oder diesen nicht verstehen, wollen etwas sagen.
– Das, was die Schüler am Nachmittag und am Abend erlebt haben, hat Einfluß auf den Unterricht. Nach einem spannenden Fernsehfilm im Abendprogramm werden einige Schüler müde im Unterricht sitzen.
– Von einem Schüler, der nicht schreiben kann, kann ich nicht erwarten, daß er im Unterricht begeistert bei der Sache ist.
– Wenn etwas nicht klappt, muß ich damit rechnen, daß die Schüler aggressiv werden.

L 1.2 Passende und unpassende Erwartungen von Lehrern an sich selbst

Wenn wir an uns selbst zu hohe Erwartungen stellen, die wir in der Regel nicht erfüllen können, erzeugen wir uns Schuldgefühle, die uns belasten, mutlos machen und auf Dauer unsere Aktivität lähmen. Akzeptieren Sie, daß es für Ihre Kräfte und Ihre Einflußmöglichkeiten Grenzen gibt, vor allem, daß man nicht alle wichtigen Angelegenheiten und Aufgaben auf einmal bewältigen kann. Wenn Ihnen das gelingt, können Sie auch die Grenzen anderer Menschen besser verstehen und tolerieren (Horney, 1975). Vielleicht kann Ihnen dabei unsere Erwartungsliste helfen:
– Ich kann als Lehrer nicht verhindern, daß es einige Schüler gibt, die versagen.
– Ich kann nicht allen meinen Schülern helfen. Ich sehe in der Schule sehr viel und ich muß sehr viel ertragen. Ich kann z. B. keinem Schüler andere Bedingungen im Elternhaus verschaffen. Ich muß mich damit abfinden, daß ich auf die Freizeitbeschäftigungen mei-

ner Schüler kaum Einfluß habe. Ich kann nicht verhindern, daß meine Schüler z. B. Alkohol trinken.

– Immer ein gerechter Lehrer zu sein muß ein Ziel bleiben, das ich nicht erreichen werde.
– Ich habe am Vormittag in der Schule nicht immer die Zeit, um alles zu schaffen, was ich mir vorgenommen habe. Ich muß immer damit rechnen, daß etwas Unvorhergesehenes eintritt.
– Ich kann nicht für jede Unterrichtsstunde gleich gut vorbereitet sein.
– Ich kann nicht jeden Tag gutgelaunt in die Schule gehen.
– Ich muß mich damit abfinden, daß ich an einige Eltern meiner Schüler nicht herankomme, weil sie Angst haben, in die Schule zu kommen.
– Ich muß nicht immer Ruhe bewahren und darf auch mal aus der Haut fahren.

Weiterführende Literatur:
Horney (1975) Kap. 2

L 1.3 Wie man verhindert, daß LRS-Schüler stigmatisiert werden

1. Aufklärung der Klasse

Voraussetzung ist, daß der Lehrer selbst bereit ist, auf Repressionen gegenüber dem LRS-Kind zu verzichten. Die Aufklärung der Klasse geschieht *nicht* im Deutsch-Unterricht, sondern in der Sachkunde, und zwar als Teil der Besprechung allgemeiner Unterschiede zwischen den Menschen.
Vorgehen:
Der Lehrer fragt eine Reihe von Schülern nacheinander. Der LRS-Schüler soll der zweit- oder drittletzte von ca. 8 Kindern sein.
1. Frage: Was kann Dein Vater besonders gut . . ∴ ?
und Deiner . . . ?
Die Antworten werden gesammelt.
Auswertung: Die Erwachsenen haben unterschiedliche Gebiete, auf denen sie besonders viel leisten. Kinder im Schulalter sind noch in der Entwicklung: während die eine *dies* schon gut kann, ist es beim anderen etwas *Anderes*. Ab etwa 10 Jahren werden die Schüler

einander ähnlicher, die Unterschiede verringern sich. Dazu Beispiele sammeln.
Dann an die gleichen Schüler in der gleichen Reihenfolge die nächste Frage stellen:

2. Frage: Was kannst Du besonders gut ... und was besonders schlecht ...? und was kannst Du besonders gut ...?

Sammeln der Antworten: Du kannst also besonders gut laufen und dafür besonders schlecht stillsitzen ... usw.
Unterschiede und Streuung herausarbeiten. Anschließend wird die Bedeutung der verschiedenen Leistungen für verschiedene Lebenssituationen herausgearbeitet: Wer besonders gut laufen kann, ist besser dran, wenn er in Gefahr gerät, Schreiben nützt ihm dagegen nichts ... usw.
Auswertung der Ergebnisse: So wie wir jetzt zusammen sind, ist *jeder* Spezialist für eine oder ein paar Situationen, aber *keiner* kann alles.
Es gibt aber Situationen, die besonders wichtig sind: Für die Erwachsenen ist das der Beruf. Deshalb muß der eine Vater besonders gut hobeln können, der andere Klavier spielen ... usw.
Für die Kinder ist die Schule besonders wichtig. Herausarbeiten, daß für die Schule Lesen und Schreiben besonders wichtig sind.

3. Frage: Wer kann nicht besonders gut schwimmen?
    Bitte aufzeigen!!!
Ihr könnt euch beruhigen, schwimmen ist zwar schön, aber in der Schule nicht so wichtig, ihr lernt es noch, wartet ab.

4. Frage: Wer hat noch Schwierigkeiten mit dem Lesen und Schreiben? – Bitte aufzeigen!!!
Bei euch ist das anders: weil Lesen und Schreiben in der Schule so wichtige Werkzeuge für alles andere sind, müssen wir für euch etwas tun. Zuerst einmal: Ihr braucht euch nichts dabei zu denken, es ist genau wie mit dem Schwimmen: Ihr lernt es, wenn nicht in diesem Jahr, dann im nächsten oder übernächsten.
Damit euch das nicht behindert, tun wir zweierlei für euch:
a) Wir nehmen Rücksicht auf euch: weil ihr etwas langsamer seid, könnt ihr immer aufzeigen, wenn es euch zu schnell geht. Dann machen wir langsamer oder ein Kamerad hilft euch. Und bei Diktaten schreibt ihr einfach nicht alles.
b) Und das zweite: ihr bekommt mehr Unterricht, wir richten für euch Förderstunden ein.
Wer macht mit? Aufzeigen ... wer hilft dem Franz, wenn es zu schnell geht? ... usw.

2. Diktatsituation: Lückentexte für LRS-Schüler

Der Lehrer hält ein Lückentextblatt hoch:
Seht mal her! Wir haben kürzlich über Unterschiede zwischen den Menschen gesprochen und sind dabei auf Franz (und . . .) gekommen, die *noch* nicht so schnell schreiben wie die anderen. Hier habe ich jetzt ein Blatt, in dem das Diktat zum Teil schon geschrieben ist. Was da steht, sind *die* Wörter, die ganz einfach sind, wie „und", „ist". . . und noch ein paar. Die Wörter kann der Franz sowieso. Aber sie würden ihm viel Zeit wegnehmen, und das wäre sinnlos. Warum soll er die Zeit verwenden, um das alles nochmal zu üben, was er sowieso schon kann? Er soll sich lieber auf die neuen Wörter konzentrieren. Seht ihr, für die habe ich Platz gelassen. Die anderen Schüler schreiben also alles, der Franz nur einige Wörter. Alle sind dann zusammen fertig.
Natürlich ist das für den Franz auf die Dauer nicht gut, wenn er immer weniger schreibt als die anderen, denn dann übt er ja auch weniger. Deshalb hören wir mit diesen Blättern auf, sobald der Franz mit allen mitkommt – und das feiern wir dann alle miteinander.

L 1.4 Erfolg für Schüler

Haben Sie manchmal das Gefühl, daß in Ihrem Unterricht einige Schüler zu kurz kommen, wenn es darum geht, sie zu loben?
Vielleicht helfen Ihnen die nachfolgenden Überlegungen, neue Möglichkeiten für das Loben Ihrer Schüler zu finden. In → E/L 2 steht, warum bestimmte Schüler besonders auffallen. Der Lehrer macht sich im Laufe der Zeit das Bild, daß einige Schüler keine positiven Beiträge zum Unterricht liefern. Gerade diese Schüler brauchen jedoch das Lob des Lehrers, damit sie nicht den Mut verlieren, und gerade bei diesen Schülern fallen dem Lehrer in der Regel keine Möglichkeiten für ein Lob ein, selbst wenn er das noch so gerne möchte. Dies ist ein Teufelskreis.
Wie können Sie als Lehrer dazu beitragen, daß sich kein solcher „Teufelskreis" ergibt?
Die folgenden fünf Praxishilfen sind Vorschläge und Anregungen, wie Sie Schülern Erfolge verschaffen und helfen können (Wie Sie auf Störverhalten reagieren können, ohne den Schüler unnötig zu kränken, beschreiben wir in → L 1.5).

1. Suchen Sie nach den positiven Seiten der Schüler. Sie können sie eher außerhalb des Leistungsbereichs finden.
2. Erinnern Sie sich an Ihre eigene Schulzeit zurück: Welches Lehrerverhalten war damals für Sie selbst besonders hilfreich, wenn Sie sich alleingelassen fühlten oder mutlos waren?

   Hätte es Ihnen vielleicht geholfen, wenn ein Lehrer Sie bei einer Arbeit aufgemuntert („Du schaffst das schon") oder ein Lächeln gegeben hätte, oder wenn er freundlich in Ihrer Nähe verweilt wäre?
3. Geben Sie „schlechten Schülern" kleine Klassenämter, eine verantwortungsvolle Aufgabe beim Schul- oder Klassenfest. Geben Sie die Möglichkeit, eine gelungene Arbeit (Werkunterricht) den Mitschülern zu zeigen und zu erklären. All dies sind Möglichkeiten, das Selbstbewußtsein der Schüler zu unterstützen, damit sie ihren Mut nicht völlig verlieren.
4. Benutzen Sie die Übung „Auswiegen" → E/L 1.

   Sie werden feststellen, daß Ihre Auffassung ausgewogener sein wird. Selbst wenn die negative Seite des Verhaltens weiter überwiegt und so stehenbleiben muß, werden Sie auf das Verhalten Ihrer Schüler in Zukunft so reagieren können, daß Sie mit sich zufrieden sind. Es wird Ihnen auch leichter fallen, anerkennende Worte zu finden, die das Selbstwertgefühl schwieriger Schüler verbessern helfen.
5. „Erzwingen" Sie Erfolg: Sie können als Lehrer in der Situation absehen, ob ein Schüler bei der Sache ist und eine „richtige" Antwort geben wird. Rufen Sie ihn genau dann auf, wenn Sie Erfolg absehen können.

   Es spricht auch nichts dagegen, wenn Sie mit einem Schüler am Tag zuvor absprechen, wo Sie ihn am folgenden Tag „drannehmen", damit er sich vorbereitet und seinen Kameraden etwas erklären kann.

L 1.5 Störenfriede

Innerhalb des Spielraums, den Ihnen der Lehrplan läßt, sind Sie als Lehrer Teil einer komplizierten sozialen Struktur. Sie sind konfrontiert mit:

– einem „schwierigen" Schüler, welcher es trotz seiner schlechten Leistungen und seiner Unbeliebtheit wagt, zu stören,

- den anderen Schülern in der Klasse, die dieses Störverhalten unterstützen, die aber auch durch den Störenfried vom Lernen abgehalten werden,
- den Kollegen, die von Ihnen erwarten, daß Sie den Störenfried in
den Griff bekommen,
- den Eltern des Störers und der anderen Schüler.

Es gibt nicht *die* pädagogische Maßnahme, die gleich gut allen Beteiligten gerecht wird. So wird der Lehrer auf dem Hintergrund seines
Verständnisses und seines Wissens um die spezielle Situation immer
zwischen verschiedenen Alternativen abwägen müssen.

Störenfriede stören immer wieder. Sie als Lehrer haben es also nicht
nötig, spontan auf ein plötzlich auftretendes Störverhalten zu reagieren. Betrachten Sie in aller Ruhe die gesamte Situation und stellen
Sie dann einen Plan auf, nach dem Sie reagieren werden. Das versetzt
Sie in die Lage, emotional distanzierter zu reagieren.

1. Situationsanalyse

Bereiten Sie sich für die Situationsanalyse ein Blatt vor, auf dem die
Auswirkungen des Störverhaltens für verschiedene Adressaten er-
scheinen. Fügen Sie die für Sie wichtigen Bereiche dazu und teilen
Sie gegebenenfalls die von uns vorgeschlagenen Bereiche auf.

Auswirkungen der Störung	Minus / (−)	Plus (+)
a) für den Störer selbst		
b) für mich (Laune, Lehrertätigkeit, Auflockerung des Unterrichts . . .)		
c) für die Klasse		
d) für meinen Stand vor den Kollegen		
e) für meinen Stand vor den Eltern		

Gehen Sie folgendermaßen vor:
a) Schätzen Sie zuerst die Situation Ihres Störenfriedes (bitte immer
nur einen auf einmal) ein.
Berücksichtigen Sie dabei im Positiven wie im Negativen
- Leistungsniveau   - soziales Geschick

- Äußeres   – Soziale Stellung in der Klasse
- Manieren   – Elternhaus
- Störverhalten (Art, Reaktion der Klasse, Wirkungen auf den Unterricht)

Für jeden Bereich geben Sie nach Ihrer Einschätzung einen Strich auf der Plus- oder Minusseite Ihres Bogens.

b) Klären Sie mit Hilfe der Auswiegeübung → E/L 1 Ihren eigenen Standpunkt und tragen Sie das persönliche Ergebnis („Mittelwert Ihrer Gefühle") in den Bogen ein.

c) Gehen Sie in gleicher Weise bei allen Bereichen vor, die Ihnen wichtig sind.

Das fertig ausgefüllte Blatt soll Ihnen bei Ihren nachfolgenden Entscheidungen helfen, möglichst viele Gesichtspunkte im Auge zu behalten.

Beispiel:

Den Lehrer stört, daß Hans ab und zu im Unterricht aufsteht und in der Klasse herumrennt.

Seine Situationsanalyse ergibt:

a) bei Hans überwiegen die Minuspunkte, er ist unbeliebt und ein Außenseiter;

b) mich stört an seinem Herumrennen, daß er die anderen Schüler von meinem Unterricht ablenkt, und daß er mich irritiert;
ich schätze an seinem Herumrennen, daß er sich „rührt", noch spontan ist und eigentlich damit zeigt, daß er nicht mehr stillsitzen und lernen kann;

c) er stört diejenigen Schüler in der Klasse, die sich konzentrieren wollen;
er hilft denjenigen Schülern in der Klasse, die auch nicht mehr zuhören können.

Der Lehrer denkt sich folgende Lösung aus:
Ich spreche beim nächsten Herumrennen meinen Eindruck an, etwa so: „Der Hans rennt wieder herum. Heißt das vielleicht, daß ich jetzt eine Pause machen müßte?"
Damit habe ich Hans nicht gerügt und bestraft, sondern ich bin auf sein Verhalten zunächst eingegangen. Ich wende mich dann der Klasse zu, um nicht nur Hans in den Mittelpunkt zu stellen: „Wer kann denn noch aufmerksam mitmachen?"
Für die, die noch mitmachen können, biete ich Gruppenarbeit an. Diejenigen, die nicht mehr aufmerksam mitmachen können, lasse ich eine weniger anstrengende Sache durchführen (innere Differenzierung). Abschließend mache ich etwa folgende Bemerkung: „Ja, so blöd war das Herumrennen von Hans gar nicht. Es hat gezeigt, daß es für einige von Euch zu anstrengend geworden ist. Weißt Du, Hans, ich würde mich freuen, wenn Du in Zukunft aufzeigst und mir das direkt sagst."
Wenn Hans später wieder herumrennt, kann ich daran anknüpfen: „Kannst Du mir das nicht anders sagen, Hans?"

Ratschläge

Weil es nicht für jedes Störverhalten eine richtige Lösung gibt, und jeder Lehrer sich aufgrund der gesamten Situation immer wieder neu entscheiden muß, gehen wir im folgenden auf Entscheidungsmöglichkeiten und Entscheidungshilfen ein.

2. Entscheidungsmöglichkeiten

Entscheidungsdiagramm

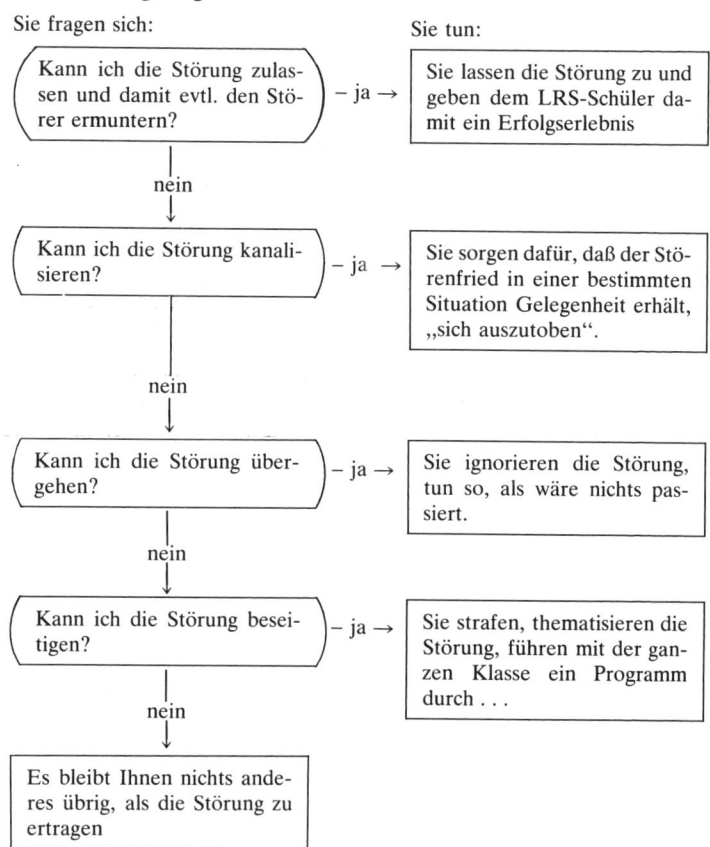

Sie fragen sich:

Sie tun:

Kann ich die Störung zulassen und damit evtl. den Störer ermuntern? – ja → Sie lassen die Störung zu und geben dem LRS-Schüler damit ein Erfolgserlebnis

nein

Kann ich die Störung kanalisieren? – ja → Sie sorgen dafür, daß der Störenfried in einer bestimmten Situation Gelegenheit erhält, „sich auszutoben".

nein

Kann ich die Störung übergehen? – ja → Sie ignorieren die Störung, tun so, als wäre nichts passiert.

nein

Kann ich die Störung beseitigen? – ja → Sie strafen, thematisieren die Störung, führen mit der ganzen Klasse ein Programm durch . . .

nein

Es bleibt Ihnen nichts anderes übrig, als die Störung zu ertragen

Jede der im Entscheidungsdiagramm beschriebenen Lösungen kann richtig oder falsch sein.

Betrachten Sie Ihre Entscheidung als Versuch, der sich in der Praxis erst bewähren muß. Erwarten Sie nicht unmittelbaren Erfolg im Sinne einer Ausmerzung des Störverhaltens oder psychischer Entlastung für Sie selbst.

Mit Ihrer Entscheidung für eine Lösung initiieren Sie einen Lernprozeß, in dem alle Beteiligten auf ihre Weise reagieren werden. Deshalb bleiben Sie für eine bestimmte Zeit konsequent bei Ihrer betroffenen Entscheidung, damit dieser Lernprozeß nicht gestört wird.

Beharren Sie aber nicht unnötig starr auf Ihrer einmal getroffenen Entscheidung, wenn sie aufgrund *neuer Informationen* bessere Lösungswege sehen.

3. Entscheidungshilfen

a) Die Entscheidung, das Störverhalten zuzulassen

Damit vermitteln Sie dem Kind unmittelbar und kurzfristig ein Erfolgserlebnis. Sie haben vielleicht mit der Übung „Auswiegen" herausgefunden, daß die anderen Ansprüche hinter dem Bedürfnis des Störenfrieds nach Bestätigung und Erfolg zurückstehen können.

Aber die Disziplinprobleme in der Klasse, der Lehrplan und Reaktionen von Kollegen sowie Eltern bleiben dennoch bestehen. Weisen Sie deshalb klar Freiräume aus, in denen es auch einmal locker zugehen kann und machen Sie die Grenzen durchsichtig. Ihre Kollegen kennen alle diese Probleme auch. Versuchen Sie, den Kollegen Ihre Entscheidung für bestimmte Freiräume durchsichtig zu machen. Zeigen Sie ihnen, warum und in welchem Rahmen Sie so und nicht anders reagieren. Geben Sie zu verstehen, daß Sie geplant handeln und einen längerfristigen Erfolg erwarten.

Der vorangegangene Ratschlag „Erfolg für Schüler" → L 1.4 überschneidet sich thematisch mit dem vorliegenden Problem. Wenn Sie einen Störenfried nicht bestrafen, sondern ihm den „Erfolg durch die Störung" lassen, gehen Sie sicher davon aus, daß sein Problem in einem Mangel an Erfolg und Bestätigung zu sehen ist. Wenn es Ihnen gelingt, andere Verhaltensweisen zu loben, die dem Schüler langfristig Anerkennung bringen, ist das lerntheoretisch gesehen natürlich besser. (Sehen Sie sich unser Beispiel unter dem Gesichtspunkt nochmals an. Der Lehrer lobt nicht das Herumlaufen von Hans, sondern arbeitet darauf hin, eine sachliche Rückmeldung von Hans zu bekommen, er ist verständen kann.)

Eines müssen Sie sich bei dieser Lösung klar machen: Sie tragen kurzfristig dazu bei, Störverhalten attraktiv zu machen. Experimentelle Untersuchungen haben gezeigt, daß solches Verhalten am schnellsten dann abgebaut wurde, wenn es eine Zeitlang ständig erlaubt wurde. Machen Sie nicht den Fehler, das Störverhalten einmal zu erlauben und das andere Mal zu verbieten, Sie können sonst die Störung kaum mehr abbauen (Löschungsresistenz bei intermittierender Verstärkung).

b) Die Entscheidung, das Störverhalten zu verändern bzw. zu kanalisieren

Sie geben dem Störverhalten eine andere Richtung und eine andere Bedeutung.

Beispiel:
Sie erlauben allen Schülern zu Beginn jeder Stunde das zu tun, was Hans so gerne tut: *Alle* Kinder dürfen herumrennen und sich austoben. Der Störenfried erreicht dadurch, was er mit seinem Störverhalten wollte: die ganze Klasse macht, was *er* will. Er bekommt Anerkennung, denn die Mitschüler finden Herumrennen zumindest die ersten Male lustig. Der Lehrer hat auch etwas davon. *Er bestimmt* Zeitpunkt und Zeitraum, das Störverhalten ist dadurch in seiner Bedeutung verändert. Herumrennen bedeutet jetzt nicht mehr, daß man dem Lehrer auf dem Kopf herumtanzt. Lehrer und Schüler können mit dieser Lösung zusammen Spaß haben, die Störung geht nicht mehr auf Kosten anderer. Bei dieser Lösung müssen Sie aber damit rechnen, daß in vielen Fällen nur eine kurzzeitige Besserung erreicht wird. Der Störenfried wird nach aller Voraussicht bald eine neue Störung erfinden, mit der er alleine glänzen kann.

c) Die Entscheidung, das Störverhalten zu übergehen

Sie weisen den Schüler nicht direkt zurück, Sie schimpfen nicht, Sie strafen nicht. Sie ignorieren das Störverhalten. Die Lerntheorie sagt voraus, daß ein Verhalten, das lange genug nicht beachtet wird, verschwindet. Es wird „gelöscht". Diese Maßnahme wird oft empfohlen.
Das Gelingen dieser Strategie setzt aber voraus, daß das Verhalten tatsächlich von *keiner* Seite verstärkt wird. Es ist in aller Regel nicht gewährleistet, daß die anderen Schüler den Störenfried nicht beachten. Oft wird er von dieser Seite sogar ermuntert. Wird er auch nur dann und wann von irgendjemandem verstärkt, so führt das ganze Vorhaben zum Gegenteil dessen, was Sie beabsichtigt haben. Das Störverhalten wird gefestigt (intermittierende Verstärkung, Löschungsresistenz).
Das konsequente Übergehen des Störverhaltens kann nur zum Erfolg führen, wenn Sie alle diese Überlegungen einbeziehen, und wenn Sie sicher sein können, daß Sie alle diese Einflußgrößen kontrollieren können.

d) Die Entscheidung, das Störverhalten zu unterdrücken (Sanktionsmaßnahmen)

Manchmal geht es nicht anders. Sie haben entschieden, daß die Anforderungen des Lehrplans, die Disziplin in der Klasse und auch Ihre eigene Belastbarkeit keinen Raum für Störungen lassen.
Aber Schimpfen und Strafen ist keine Garantie dafür, daß das Stören aufhört. Für einen Augenblick werden Sie Ruhe haben. Auf längere Sicht ist diesem Vorgehen jedoch kaum Erfolg vorherzusagen.
Bestrafung ist äußerst wirksam, *wenn* Sie konsequent *jedes* Stören mit Strafen belegen können. Gleichzeitig muß dafür gesorgt sein, daß der Störenfried von *keinem* Mitschüler verstärkt wird. *Jedesmal,* wenn Sie eine Störung überse-

hen, eine Strafe auslassen, wird der Schüler verstärkt (negative Verstärkung, intermittierende Verstärkung).
Die Auswirkung ist bereits beschrieben: Sie erreichen, daß das Störverhalten *gefestigt* wird und in Zukunft schwerer zu beseitigen sein wird (Löschungsresistenz).

Konsequenz ist nur erreichbar, wenn die Strafe nicht ad hoc in der Situation erfunden werden muß. Es ist deshalb geraten, Bestrafungen im Sinne von *„logischen Folgen"* auf Störverhalten einzuführen.
Die „Logik", die dahintersteckt, ist folgende:
„Wer stört, tut etwas für sich auf Kosten der anderen, deshalb hat die Gemeinschaft Anspruch auf eine Dienstleistung: Der Störer ist verpflichtet, etwas für die Klasse zu tun (z. B. in der Pause für alle Milch holen)."
Die Dienstleistung im Einzelfall wird von der Klasse vorgeschlagen oder vom Lehrer festgelegt. Sie stellt sozusagen eine Wiedergutmachung dar und ist eine Verfügung des Lehrers mit folgenden Vorteilen:

– Durch die allgemeine Ankündigung wird der Einzelfall entlastet (der Schüler kann es nicht als persönlich gegen ihn gerichtete Bestrafung des Lehrers auffassen).
– Der Lehrer hat die Möglichkeit, die Dienstleistung so zu wählen, daß für den Schüler ein Erfolgserlebnis entstehen kann.
– Es besteht dann die Möglichkeit, die erfolgreich durchgeführte Dienstleistung zu *loben*. Damit wird dem Schüler die Richtung gewiesen, wie er zu Anerkennung kommt, ohne zu stören.

e) Die Entscheidung, das Störverhalten zu thematisieren

Voraussetzung für diesen Schritt ist, daß Sie mit Ihrer Klasse positive Erfahrungen, z. B. mit „Gesprächskreisen" haben, oder die Störung so thematisieren können, wie in unserem Beispiel der Lehrer die Störung von Hans.
Im besten Fall wird für alle Beteiligten die Ursache der Störung nachvollziehbar, der Störer wird integriert und kann auf sein Störverhalten verzichten.
Das Thematisieren darf auf keinen Fall zum Tribunal für den Störer werden, weil dies sich unweigerlich so auswirkt, daß der Störer noch weiter in sein Störverhalten hineingetrieben wird.
Die Form der Gesprächsführung muß vorher durch Eigenerfahrung erlernt werden.

f) Die Entscheidung zu einem Änderungsprogramm mit der Klasse

In diesem Fall empfehlen wir Ihnen ein Vorgehen nach dem Konzept der kooperativen Verhaltensmodifikation (Redlich/Schley 1978), das auch im Rahmen der Lehrerfortbildung angeboten wird.

4. Zusätzliche Hilfen für Störenfriede, die über eine Veränderung der äußeren Situation möglich werden

a) Äußeres Erscheinungsbild

Wenn Sie glauben, daß ein Grund für die Außenseiterposition des Störenfriedes in seiner ungepflegten Erscheinung liegen könnte, sprechen Sie die Eltern direkt darauf an.

b) Sitzplatz in der Klasse

Sie können versuchen, die soziale Position des Störenfriedes über seinen Sitzplatz in der Klasse zu verbessern. Setzen Sie ihn z.B. neben einen beliebten und *toleranten* Schüler.

5. Fazit

Gehen Sie davon aus, daß es für den LRS-Schüler wichtiger ist, mit Ihnen eine gute Beziehung zu haben, als auf die kurzfristigen Anerkennungen für das Störverhalten angewiesen zu bleiben. Gehen Sie weiter davon aus, daß ein LRS-Schüler sich kaum mehr vorstellen kann, für Sie ein wertvoller Schüler zu sein und daß er deshalb stört. Die gute Beziehung zu dem Störenfried erfordert anfangs von Ihnen einen übermäßig langen Atem und viel Verständnis, weil Ihr Angebot zunächst geprüft und dann ausgenutzt wird. Die oben vorgeschlagene Situationsanalyse kann Ihnen dabei helfen, ein derart schwieriges Beziehungsangebot durchzuhalten, das ständig der Gefahr negativer Übertragungs- und Gegenübertragungsprozesse ausgesetzt ist (siehe hierzu Kap. 11.9).

Weiterführende Literatur:

Lefrancois (1976)
Redlich/Schley (1978)
Schwäbisch/Siems (1974)

L 1.6 Gehemmte Schüler

a) Problem

Gehemmte Schüler haben die gleichen Probleme und Schwierigkeiten wie die Störer → L 1.5. Sie machen aber nicht die gleichen Probleme und Schwierigkeiten. Deshalb ist es so leicht und verführerisch, sich nicht mehr um sie zu kümmern. Betrachtet man all die Aufgaben, die Sie als Lehrer in der Klasse erfüllen müssen, so ist ein gehemmter Schüler tatsächlich angenehmer als ein aggressiver Störer. Der gehemmte Schüler hat resigniert. Während andere schwache Schüler Verhaltensweisen entwickelt haben, sich die entgangene Anerkennung zu besorgen, tut er gar nichts mehr.

Wie können Sie nun als Lehrer dem gehemmten Schüler seine Angst nehmen, ihn am Unterricht beteiligen, ihn in die Klasse integrieren und ihm die Anerkennung vermitteln, die er so dringend braucht, um aus seiner Resignation herauszukommen?

b) Praxishilfen

– An erster Stelle muß als Hilfe für den gehemmten Schüler alles das angeführt werden, was unter → L 1.4 „Erfolg für Schüler" beschrieben ist. Die Übung „Der Punkt" → E/L 2 wird Ihnen helfen, Dinge zu finden, für die Sie ihn loben können. Loben Sie häufig, aber bleiben Sie echt. Loben Sie nur für real erbrachte Leistungen oder positive Verhaltensweisen, dies aber konsequent, damit sich der Schüler richtig einschätzen lernt. So verliert er die Scheu, sich am Unterricht zu beteiligen.

– Übertragen Sie dem Schüler bestimmte Aufgaben, von denen Sie wissen, daß er sie bewältigen kann. Dadurch, daß Sie ihm etwas zutrauen, wird er lernen, sich selbst etwas zuzutrauen.

– Kleingruppenarbeit und Partneraktivität im Unterricht helfen dem Schüler, „aus sich herauszugehen". Sie wissen aus eigener Erfahrung, daß Hemmungen mit der Größe der Gruppe zusammenhängen.

– Wenn die Kleingruppen Aufgaben erhalten, zu deren Bewältigung der LRS-Schüler mit seinen Fähigkeiten beitragen kann, helfen Sie ihm doppelt. Er hat Erfolg, gewinnt Zutrauen in seine Fähigkeiten und wird von seinen Mitschülern anerkannt. Im Gruppenunterricht ergeben sich für schüchterne Schüler Gelegenheiten, Kontakte zu knüpfen und Anschluß zu finden.

– Um den Schüler aus seiner Außenseiterposition zu befreien, kann die Erstellung eines Soziogramms oft hilfreich sein (Elbing 1975). Die soziometrische Analyse der Klasse kann zeigen, daß Sympathien zwischen dem Außenseiter und einzelnen Schülern vorhanden sind, die Sie bis dahin nicht erkennen konnten. Unterstützen Sie diese „zarten Bande", indem Sie diese Schüler zusammensetzen. Das Soziogramm zeigt auch, wo sich in der Klasse Gruppen und einzelne Schüler befinden, die „aufnahmebereit" für isolierte Schüler sind.

– Es kann auch hilfreich sein, wenn Sie den Eltern Anregungen geben. Empfehlen Sie z. B. Kinderfeste, zu denen Klassenkameraden eingeladen werden → E 3.9.
– Initiieren Sie Hausaufgabengruppen oder Partnerschaften für die Schüler.

Zusammenfassend:
– Unterstützen Sie Aktivitäten durch Lob, Zuwendung, Bestätigung.
– Finden Sie die Fähigkeiten des gehemmten Schülers heraus, fordern und fördern Sie ihn darin.
– Wenn Sie seine Schwächen kennen, schützen Sie ihn vor Blamagen.
– Unterstützen Sie seine Anknüpfungspunkte zu anderen Schülern.

Gehemmte Schüler sind wie hochempfindliche „Pflanzen", die sorgfältig „gedüngt" werden müssen. Dabei kann es allerdings passieren, daß sie gelegentlich „ins Kraut schießen" und sich regelrecht danebenbenehmen. Dieses Verhalten legt sich wieder, es ist eine zu erwartende Übergangserscheinung. Reagieren Sie mit Verständnis darauf und geben Sie dem Schüler Zeit, sein eigenes Maß zu finden.

Weiterführende Literatur:

Elbing (1975)

L 1.7 „Persilscheinproblematik" der Erlaßregelung

Bei einigen Schülern haben Lehrer den Eindruck, sie ruhen sich auf ihrer LRS aus und benützen die Entlastung, um sich legitim vor der Arbeit zu drücken. Die Kinder erscheinen eher faul, frech, selbstbewußt, desinteressiert an der Schule. Die Eltern dieser Schüler sind meist fordernd, informiert über ihre Elternrechte und Erlasse und kämpfen manchmal sehr aufdringlich für ihr Kind.
Wir sehen solche LRS-Schüler und ihre Eltern in einen Kampf gegen

die Schule (und die Gesellschaft etc.) verwickelt, der sich am Lehrer aktualisiert. Es gibt *zwei Möglichkeiten, darauf zu reagieren.*

a) In den Kampf einsteigen, die Herausforderung annehmen, das bedeutet, den Eltern und dem Schüler den Sonderstatus LRS streitig zu machen, ihnen nicht das zu geben, um was sie kämpfen.

b) Den Kampf nicht mitmachen, sondern den Schüler gewähren lassen, das bedeutet, dieser Schüler und seine Eltern werden behandelt wie andere LRS-Schüler auch. Der Lehrer hält sich an die Erlasse.

Zu a):

Wenn Sie als Lehrer mitkämpfen, kostet Sie das viel Zeit. Die nötigen Maßnahmen, wie Elterngespräche, Kollegengespräche etc. strengen an und erfordern emotionalen Einsatz. Egal, wie erfolgreich (was wir bezweifeln) Sie sich in Ihrem Kampf gegen ausnützende Eltern und Schüler behaupten, Sie tun zweierlei:

– Sie wenden sich diesen Schülern und Eltern mehr zu als anderen LRS-Schülern (Diese Familien sind also mit ihrer Strategie erfolgreich).

– Sie drücken Mißtrauen gegenüber der LRS aus, was auch auf andere LRS-Schüler wirkt, denn diesen bleibt Ihr Verhalten ja nicht verborgen. Die Problematik der sozialen Kreisläufe wird verstärkt (Repression-Kompensation).

Zu b):

Wenn Sie auf den Kampf verzichten und den Schüler genauso wie die anderen behandeln, sind Sie andererseits:

– ein gutes Modell dafür, daß Sie Schwierigkeiten ertragen können, ohne gleich gegensteuern zu müssen,

– in der Lage, den Schüler mit seinem Problemverhalten zu akzeptieren. Sie nehmen die Aggressionen (solche Schüler greifen Sie ja moralisch an) ohne Gegenaggressionen an (d. h. ohne Ihre Macht auszuspielen). Sie berücksichtigen die Erlasse und akzeptieren aufgrund Ihres Sachverstandes die Äußerungsformen als Teil der Problematik dieser Lern- und Leistungsstörung.

Fazit und Tips:

Wie finden Sie heraus, welche LRS-Schüler solche „Ausnützer" der LRS-Erlasse sind?

Wenn Sie über längere Zeit ein ungutes Gefühl bei einem LRS-Schüler haben, ihn anders und widerwillig behandeln und die Eltern mit übermäßigen Forderungen Schwierigkeiten machen, kann es sich um solch einen Schüler handeln.

Helfen Sie sich mit folgenden Erklärungsmöglichkeiten: Dieses Verhalten des Schülers ist als Kompensation auf die Kränkung durch die schlechten Leistungen zu verstehen. Dahinter stehen zwar verständliche, aber meist unrealistische Erwartungen an die eigene Person, die Schule, den Lehrer. Bei solchen Kompensationsformen handelt es sich in der Regel um Familienprobleme, d. h. neurotische Haltungen gegenüber der Realität. Sie als Lehrer können diese Probleme nicht therapeutisch aufarbeiten. Dies ist nicht Ihre Aufgabe und dafür sind Sie nicht ausgebildet.

Sie können sich aber aus den sich ergebenden neurotischen Interaktionsabläufen weitgehend heraushalten, indem Sie nicht emotional „mitspielen", sondern sich möglichst neutral verhalten. Dies gelingt Ihnen, wenn Sie sich nach Kenntnis der Problematik emotional distanzieren und Ihre eigenen Grenzen akzeptieren.

Unser Rat deshalb:
Behandeln Sie solche Schüler wie andere LRS-Schüler. Sie werden dem Problem damit insgesamt am besten gerecht.

L 2   Hilfen für die Gruppenarbeit

L 2.1   „Verkehrsampel"

Für die klare Trennung von Arbeits- und Spielphasen ist ein sichtbares Zeichen hilfreich. Wir benutzen dafür die Farben der Verkehrsampeln, die den Kindern bekannt sind.

Rot   = Arbeit
Gelb = Gespräch
Grün = Spiel

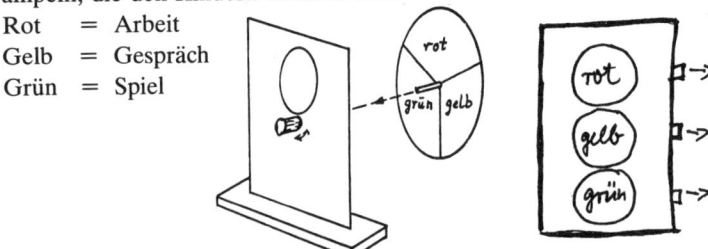

Dazu wird eine entsprechend geeignete „Ampel" gebastelt, die entsprechend eingestellt wird.

Die folgenden Spielregeln werden mit der Gruppe vereinbart:

Arbeitsphase: ruhig sein, mitmachen, sich melden . . .

Gesprächsphase: zuhören, andere ausreden lassen, Beiträge bringen . . .

Spielphase alles ist erlaubt, außer Menschen zu verletzen und Gegenstände zu beschädigen.

Wir führen die Ampel etwa nach Beginn der Fördergruppe ein, wenn die Gruppe leicht ablenkbar und unruhig ist.

Zusatztips:

Zunächst höchstens 2 Spielregeln pro Ampelphase ausmachen und diese in der Farbe der entsprechenden Phase auf einen Karton schreiben und neben die Ampel stellen. In jeder Sitzung erhält ein anderes Kind die Aufgabe, die „Ampel" einzustellen. Es wird dabei aufgefordert, die Spielregeln für die Gruppe zu benennen.

Bei einigen Schülern ist es möglich, dem „Ampeldiensthabenden" das Recht einzuräumen, andere Schüler auf Verstöße gegen die Spielregeln aufmerksam zu machen, u. U. in Verbindung mit Tokens → L 2.2. Dies sollte jedoch nur dann erlaubt werden, wenn daraus kein „Polizeispiel" wird. Sinn dieses Vorschlages ist es, die Kontrolle vom Lehrer auf die Schüler zu übertragen.

L 2.2 Einsatz von Tokens (Belohnern)

Tokens sind Wertpunkte, die entweder real verteilt (Plastikgeld) oder in einer Liste gezählt werden. Der Erzieher setzt für das Verhalten, das er sich von den Kindern wünscht, eine Belohnung aus, die die Kinder bekommen, wenn sie eine bestimmte Anzahl von Punkten gesammelt haben. Dadurch erhält jeder Punkt einen Wert.

Belohnungen sind um so wirksamer, je prompter sie auf das erwünschte Verhalten folgen. Tokens machen eine sofortige Belohnung möglich, ohne daß der Arbeitsprozeß nennenswert gestört oder gar unterbrochen wird. Durch genaue Absprachen führen Sie die Belohnung auch aus dem „Geruch" der persönlichen Willkür (des Lehrers) heraus.

Ratschläge

1. Durchführung eines Tokenprogramms

Das Programm beginnt mit genauen Absprachen:
- Was müssen die Schüler tun (unterlassen), wenn sie ihre Tokens erhalten wollen?
- Wer verteilt die Punkte?
- Wieviele Punkte sind pro Arbeitseinheit (Zeiteinheit) zu bekommen?
- Wie hoch ist der Wert eines Punktes?
- Wie lange läuft das Programm (z. B. bis niemand mehr dazwischenredet – oder: für drei Wochen)?

Token-Programme verlaufen besonders erfolgreich, wenn die Regeln gemeinsam mit den Schülern aufgestellt werden. Token-Programme können mit einzelnen Schülern oder mit der ganzen Fördergruppe vereinbart werden. Die Schüler können ihre Tokens entweder jeder für sich eintauschen oder die Gruppe legt zusammen und kann so eine gemeinsame Belohnung erhalten.

2. Praxisbeispiel

In der Fördergruppe bestand das Problem, daß die Schüler in der „Arbeitsphase" nicht aufmerksam mitarbeiteten.

Ein Token-Programm wurde eingeführt: „Mich stört Euer Verhalten und ich glaube auch, daß Ihr Euch dabei unwohl fühlt. Wir alle verbringen zusätzliche Zeit in der Schule, lernen dabei nichts und können auch nicht richtig spielen. Ich sehe, daß es Euch große Überwindung und Mühe kostet, ruhig mitzuarbeiten. Deswegen will ich Euch belohnen, wenn Ihr ruhig mitarbeitet. Jeder kriegt einen Pluspunkt, wenn er für 5 Minuten ruhig mitgearbeitet hat. Die Pluspunkte könnt Ihr sammeln und hinterher in Süßigkeiten eintauschen. Meine ‚Bude' hat folgende Preise:

3 Pluspunkte   = 1 Kaugummi oder 1 Bonbon
6 Pluspunkte   = 1 Lutscher oder 1 Schokoladenstück
9 Pluspunkte   = 1 Duplo oder 1 Hanuta

So, jetzt schreibe ich die Regeln an die Tafel."

Zunächst wurden die Schüler gefragt, wie es aussieht, wenn man ruhig mitarbeitet. Sie benannten konkrete Verhaltensweisen. Man einigte sich auf die Stichworte „mitmachen" und „ruhig sein". Bei insgesamt 30 Minuten „Arbeitsphase" konnten die Schüler maximal je 6 Pluspunkte verdienen.

Die Lehrerin blieb im Verteilen der Pluspunkte hart. Sie stellte eine Alarmstoppuhr auf 5 Minuten ein und sagte dabei: „Achtung, fertig, los! – ab jetzt gilt es."

In den ersten Sitzungen gelang es 4 von 6 Kindern, sich eine Süßigkeit zu verdienen. 2 Schüler zogen beleidigt von dannen. Dies fiel der Lehrerin sehr schwer, aber sie wußte, daß das nächste Mal sich gerade diese Schüler anstrengen würden. Die Belohnung wurde zunächst getestet, vielleicht kann man sie ja auch ohne Anstrengung bekommen.

Ab der 3. Sitzung konnten alle Schüler etwas verdienen und die Arbeitsphasen verliefen wesentlich effektiver.

Nach einigen Wochen schlug die Lehrerin eine Gruppenbelohnung vor, die von den Schülern zusammengespart werden sollte: Ein gemeinsamer Besuch im Zoo. Dafür mußten 180 Punkte gesammelt werden. Die neuen Regeln wurden jetzt mit der Gruppe gemeinsam festgelegt.

Der Zoo-Besuch wurde ein herausragendes Ereignis der LRS-Gruppe und blieb auch für die Lehrerin unvergeßlich! (Die Kosten für den Eintritt wurden von den Eltern getragen.)

3. Varianten

Anstatt Tokens für erwünschtes Verhalten auszugeben, können Sie für Störverhalten Tokens wegnehmen. Wenn Ihre Fördergruppe z. B. aus 6 Schülern besteht, dann erhalten sie zusammen 6 Tokens für jede Arbeitsphase im voraus. Anschließend müssen Tokens abgegeben werden, wenn sich die Schüler nicht an die Abmachungen gehalten haben. Die Kosten für „unangemessenes" Verhalten sollten Sie mit den Schülern genau vereinbaren, sonst fühlen sie sich Ihnen ausgeliefert und zu Unrecht bestraft.

Bei Gruppen-Tokenprogrammen empfehlen wir Ihnen, eine Gruppenkasse anzulegen (z. B. ein altes Gurkenglas) und für jede Stunde einen Kassenverwalter zu wählen. So übt jeder Schüler im Amt des Kassenverwalters, mit der Verantwortung für die Tokens umzugehen, was den Lehrer entlastet und die Einsicht bei den Schülern fördert. Diese Programme machen den Schülern Spaß. In der Gruppe sorgt nun jeder begeistert dafür, daß niemand stört.

4. Probleme und Vorteile von Token-Programmen

Oft genannter Einwand gegen solche Token-Programme ist der Vorwurf, hier lernen Kinder, sich für normales Verhalten und Lernen bezahlen zu lassen. Bei Gruppenprogrammen kommt noch der Vorwurf hinzu, daß das Verhalten durch Gruppendruck gesteuert wird. Diesen Einwänden können neben dem Hinweis auf analoge Verhältnisse im Leben der Erwachsenen folgende Argumente entgegengehalten werden:

– Token-Programme werden immer nur in bestimmten Situationen und für einen bestimmten Lernschritt als Starthilfe eingesetzt. Am Ende jedes Programms steht das Ausblenden der Tokenverstärkung. „Bezahlt" werden die Schüler also nur während der Phase der Einübung („Überwindungsphase").

Später verhalten sich die Schüler auch „unbezahlt" besser, wenn sie vom Nutzen des neuen Verhaltens überzeugt worden sind und erlebt haben, daß es für die gesamte Situation hilfreich ist.
– Gruppenprogramme werden erst dann eingeführt, wenn in der Gruppe positive Beziehungen aufgebaut worden sind.

Vorteile von Token-Programmen:
– Leichte Durchführbarkeit
– Gesicherte Lernfortschritte
– Spaß
– Entschädigung für Zusatzarbeit
– Erleichterung für den Lehrer
Der Hauptvorteil liegt in der klaren Strukturiertheit der Programme. In den Regeln ist genau festgehalten und definiert, was die Schüler tun oder lassen sollen. Diese Regeln sind von den Beteiligten gemeinsam vereinbart worden. Diese Durchsichtigkeit des Programms erleichtert das Lernen.

Weiterführende Literatur:
Homme u. a. (1974)

L 2.3 Wollspiel

Material: Ein Wollknäul
Spielregel:
Der Gruppenleiter nimmt ein Wollknäul und wirft es einem anderen Spieler zu. Dabei hält er das Ende der Wolle fest. Er sagt den Namen des Mitspielers und stellt ihm eine Frage (z. B.: „Wie alt bist Du, wieviel Geschwister hast Du? . . .) Dieser antwortet und gibt den Wollknäul an den nächsten Mitspieler seiner Wahl weiter. Dabei hält er den Wollfaden ebenfalls fest. Bald ergibt sich ein „Netz" (= Soziogramm) von Wollfäden in den Händen der Spieler. Wenn jeder etwa 2–3 Fäden in der Hand hat, beginnt das Wiederaufwickeln. Das Knäul wird immer an den gegeben, zu dem der Faden hinverläuft.

Zweck:
Je nach Frage erleichtert das Spiel das gegenseitige Kennenlernen, hilft bei der Klärung von Gruppenprozessen, schafft Kontakt, trägt zur gegenseitigen Toleranz bei oder macht Polarisierungen sichtbar.

Durch die Wolle entsteht ein sichtbares Soziogramm: Wer bekommt die Wolle oft, wer selten?

Erfahrungen:
Das Spiel gibt dem Leiter Gelegenheit, die Regel „nur einer spricht" spielerisch einzuführen. Der Leiter sollte selbst mitmachen und die Anweisung schon mit der Wolle in der Hand geben („Ich habe jetzt die Wolle in der Hand und darf sprechen. Wir nehmen uns eine Frage vor, z. B. was ich jetzt möchte: „Ich möchte von Dir, daß Du mir zuhörst und erst dann redest, wenn Du die Wolle hast, dann bin ich still. Und was möchtest Du?" . . . o. ä.).
Durch das Soziogramm, das durch die Wolle sichtbar wird, regelt sich das Zuwerfen bald so, daß alle (auch diejenigen, die sonst Außenseiter sind) drankommen. Am Anfang kann der Leiter die Wolle einfach seinem Nachbarn weitergeben, es bildet sich dann ein Kreis, in dem sicher alle einmal drankommen. Wenn die Wolle wieder beim Leiter ist (nach einer Runde), wirft dieser den Knäul quer durch den Kreis und zeigt damit, daß man die Wolle jedem beliebigen Mitspieler zuwerfen darf. Die Konzentration auf den Wollfaden lenkt von peinlichen Gefühlen ab, die oft bei solch ungewohnten Gesprächskreisen entstehen, und wenn die Wolle mal herunterfällt, gibt es was zu lachen!

Beispiele:

Thema: *Kennenlernen* – (siehe → L 5.11)
1. Abwickeln	„Meine Mutter/mein Vater kann gut . . . und Deine/Deiner?"
2. Abwickeln	„Ich kann gut . . . und Du?"
1. Aufwickeln	„Meiner Mutter/meinem Vater fällt schwer . . . und Deiner/Deinem?"
2. Aufwickeln	„Mir fällt schwer . . . und Dir?"

Thema: *„Manöverkritik"*
1. Abwickeln	„Mir gefällt am besten, daß wir hier . . . und Dir?"
2. Abwickeln	„Mich stört, daß wir hier . . . Und was stört Dich?"
1. Aufwickeln	„Ich schlage vor, daß wir . . . Und Du?"
2. Aufwickeln	„Ich sehe ein, daß . . . nötig ist . . . Und Du?"

Thema: *Feedback*
1. Abwickeln	„Mir gefällt an Dir, daß Du . . ." (Zu demjenigen, der die Wolle erhält.)
2. Abwickeln	„Von Dir wünsche ich mir, daß Du . . ." (Zu demjenigen, der die Wolle erhält.)

1. Aufwickeln	„Ich glaube, Dich stört an mir . . ." (Zu demjenigen, zu dem die Wolle zurückgeht – kann bejaht oder verneint werden.)
2. Aufwickeln	„Was wünschst Du Dir von mir?" (Zu demjenigen, zu dem die Wolle zurückgeht – kann bejaht oder verneint werden.)

Thema: *Lese-Rechtschreibschwäche*

1. Abwickeln	„Am leichtesten finde ich . . . Und Du?"
2. Abwickeln	„Am schwierigsten finde ich . . . Und Du?"
1. Aufwickeln	„Ich glaube, ich mache so viele Fehler, weil . . . Und Du?"
2. Aufwickeln	„Ich glaube, ich lese so langsam, weil . . . Und Du?"

Gesprächskreis ohne festes Thema

1. Abwickeln	*Fragen an die anderen stellen*
2. Abwickeln	
1. Aufwickeln	*persönliche Mitteilung (z. B. jeder teilt mit, wie er sich*
2. Aufwickeln	*gerade fühlt).*

L 2.4 Ballwerfen

Material:
Ca. 8–10 cm große Wollbälle (aus alten Socken, von Müttern oder im Werkunterricht hergestellt).
Ca. 50 cm große Buchstaben aus Styroporplatten mit heißem Draht ausgeschnitten. Inneres mit Papierschablone abdecken, mit Farbdose einsprühen.
Dickeres Styropor (8 cm) steht leichter und bricht nicht so schnell.

Zweck des Spiels:
Motorisches Abreagieren und Auseinandersetzung mit dem aversiven Objekt (Alphabet), zugleich Wettkampf.

Einsatz:
Bei Unruhe in der Gruppe, als Belohnung, in der Spielphase.

Regeln:
Kann jeder frei erfinden.

Bei uns stellen sich die Schüler hintereinander auf und werfen einzeln. Einer verkriecht sich hinter dem Tisch, auf dem die Buchstaben stehen und baut die umgeworfenen gleich wieder auf. Jeder hat drei

Würfe. Das Spiel ist auch als Wettkampf zwischen zwei Gruppen spielbar. Es zählen die umgefallenen Buchstaben.

Erfahrungen:
Eines der beliebtesten Spiele. Kann in der Anfangsphase der Förderung mindestens bei jüngeren Schülern (8–9jährige) jedesmal eingesetzt werden. Wird oft von den Kindern verlangt.

Das Spiel ermöglicht den Schülern, die gut werfen, im Mittelpunkt zu stehen und gibt dem Leiter Gelegenheit, den Umgang mit Versagen zu zeigen (danebenwerfen).

L 2.5 Daumenduell

In Fördergruppen sind Sie oft mit dem Problem konfrontiert, daß die Schüler aggressiv miteinander umgehen. Nun können Sie versuchen, solche aggressiven Handlungen zu unterbinden oder zu verhindern, indem Sie sie verbieten. Das ist unerläßlich, wenn es sich um Aggressionen handelt, bei denen andere Kinder zu Schaden kommen.

Vopel (1980) schlägt ein Spiel vor, bei dem die Schüler „Ärger und Rivalität auf harmlose Weise ausdrücken" können. Beim „Dänischen Daumenringen" können Aggressionen spielerisch ausgelebt werden. Keinem wird wehgetan. Die Aggression muß aber auch nicht unterdrückt werden.

Vopels Spielanleitung:
„Ich möchte mit Euch ein Spiel ausprobieren ... Das Gute an dem Spiel ist, daß hier auch körperlich schwächere Kinder kämpfen können, ohne befürchten zu müssen, daß ihnen Schmerzen zugefügt oder daß sie verletzt werden ... Es kommt bei diesem Spiel vor allem auf Schnelligkeit und Entschlossenheit an ..." (S. 5 f.).

Sie spielen das Ganze zur Erklärung am besten mit einem Kind vor.
„Wir stellen uns gegenüber und strecken jetzt die Hände aus ... wobei unsere Daumen nach oben gerichtet sind. Jetzt legen wir unsere Handflächen aneinander und halten die Daumen dabei weiter hoch. Und nun verhaken wir unsere vier Finger mit den vier Fingern des Partners und knicken dafür unsere Fingergelenke ein. Jetzt können wir die Hände nicht mehr auseinanderziehen. Die Daumen stehen immer noch nach oben. Und jetzt paßt gut auf, was wir beide weiter tun. Wir werden ein paarmal mit unseren Daumen zur Begrüßung nicken ... Dann legen wir die Daumen nebeneinander und

lassen sie dreimal übereinander hüpfen. Dieser dreimalige Daumensprung ist der erste Teil. Sofort nach dem dritten Sprung werden wir beide versuchen, den Daumen des anderen drei Sekunden lang unter unseren eigenen Daumen zu pressen. Sieger ist, wer das schafft." Nachdem die beiden Streithähne das Daumenduell beendet haben, lassen Sie sie über das Spiel und ihre Erlebnisse dabei berichten. Das Spiel kann auch eingesetzt werden, wenn in der ganzen Gruppe eine aggressiv gespannte Situation herrscht. Jeder Schüler sucht sich dann einen Partner für das Daumenduell aus. Manchmal gibt es auch gespannte, verkrampfte Situationen zwischen dem Lehrer und einem Kind. „Duellieren" Sie sich mit dem Schüler. Das bringt Erleichterung für beide, entkrampft die Situation und gibt Ihnen und dem Schüler Gelegenheit zu neuem Erleben.

Weiterführende Literatur:

Vopel (1980)

L 3 Vorschläge für einen Sprachunterricht, der auch schwachen Schülern gerecht wird

L 3.1 In welcher Reihenfolge sollten Buchstaben eingeführt werden?

Sie werden in der Literatur auf die Forderung stoßen, daß ähnliche Buchstaben nicht gleichzeitig und nicht zu kurz nacheinander eingeführt werden sollten.

Hinter dieser Forderung stehen zwei Ergebnisse der Lernpsychologie: Jede nachfolgende Tätigkeit mindert den Erfolg des vorhergehenden Lernens („rückwirkende Hemmung" – die Schüler sollten also in der Schule jedesmal schlafen, wenn sie etwas gelernt haben) – Und: die rückwirkende Hemmung wird besonders stark, wenn unmittelbar nach dem Lernen ein ähnlicher Stoff gelernt werden soll (Ranschburg'sche Hemmung). Diese Hemmung durch Ähnliches nimmt bei *großer* Ähnlichkeit wieder ab, weil dann das Lernen des ähnlichen Stoffes einer Wiederholung und damit Übung des schon Gelernten gleichkommt.

Man kann die beiden Ergebnisse zu einer pädagogischen Regel zusammenfassen: Ähnliche Inhalte entweder zeitlich voneinander trennen, oder in einem Differenzierungstraining voneinander absetzen (Minimalpaare wie *H*aus – *M*aus bilden und üben).

In den Erstlesefibeln scheint diese Regel nicht durchgängig beachtet zu werden. Sie können sich helfen, indem Sie die Abschnitte so behandeln, daß Sie die Ranschburg'sche Hemmung möglichst ausschalten.

L 3.2 Anleitung der Linkshänder zum richtigen Schreiben

1. Umdressur verboten

Wenn das Kind nicht beidseitig gleich geschickt ist, sondern eindeutig linkshändig ist, darf es auf keinen Fall gezwungen werden, mit der rechten Hand zu schreiben.

Begründung:

Unser Gehirn besteht aus zwei Hälften. Bei den meisten Menschen (Rechtshänder) sind das Sprachverständnis und komplexe Bewegungsabläufe links, bei Linkshändern aber rechts lokalisiert. Eine Umdressur kann eine generelle Verunsicherung bewirken und zu nachhaltigen psychischen Störungen führen.

2. Die Heftlage

Der Linkshänder darf sein Heft nicht parallel zur Tischkante auflegen. Er muß es so vor sich hinlegen, daß die linke untere Seite des Blattes weiter vom Körper entfernt ist als die rechte. Die Schreibbewegung verläuft dann von links oben schräg nach rechts unten. Dadurch kann der Linkshänder das Geschriebene überblicken und ist in der Lage, den Ablauf seiner Schreibbewegungen mitzuverfolgen. Das unschöne Verwischen der Schrift durch die Hand wird vermieden (siehe Kowarik u. Kraft, 1973, S. 82 f.).

3. Die Sitzhaltung

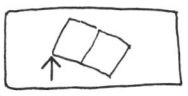

Bringen Sie den Schüler in eine Position, in der die linke Schulter nach vorne gerückt ist. So verhindern Sie eine verkrampfte Körperhaltung (siehe Kowarik u. Kraft, 1973, S. 82).

4. Der Sitzplatz in der Klasse

Weisen Sie den Linkshändern linke Eckplätze zu. So können sie ohne Verrenkung des Kopfes beim Schreiben auf die Tafel schauen.

Praxistips:
Wenn Sie bereits in den ersten Schulwochen mit den Linkshändern diese Sitz- und Schreibhaltung üben, verhindern Sie, daß sich der Schüler eine ungünstige Sitz- und Schreibhaltung angewöhnt. Behalten Sie die Schüler im Auge. Treten Sie hinter die Schüler und bringen Sie sie in die richtige Position, ohne viel dabei zu reden. Vermeiden Sie Ermahnungen, wie „Sitz richtig, wie wir das besprochen haben". Der unaufdringliche Körperkontakt bei einer liebevollen Sitzkorrektur (z. B. linke Schulter nach vorne schieben) wird eher als angenehme Hilfe erlebt als eine diskriminierende Bemerkung vor der ganzen Klasse.

Entdecken Sie, daß ein Schüler schon vor der Einschulung oder von früheren Lehrern umdressiert wurde, so sollten Sie bei Schwierigkeiten unbedingt den Schulpsychologen zu Rate ziehen (Kowarik u. Kraft, 1973, S. 83).

Weiterführende Literatur:

Kramer (1970)
Kowarik/Kraft (1973)

L 3.3 Diktatpraxis

Der Nutzen der herkömmlichen Diktate steht in keinem vernünftigen Verhältnis zu der Belastung, die sie gerade für LRS-Schüler bedeuten. Für eine bessere Verwendung von Diktaten finden wir die folgenden Anregungen am wichtigsten:
1. Schreiben Sie den Diktattext gleich auf Matritze. Die Schüler bekommen statt ihres eigenen Diktats die hektographierten Texte zurück, in denen Sie die Wörter gekennzeichnet haben, die falsch waren. So kann sich Falsches erst gar nicht einprägen.

2. Stellen Sie die Diktate aus dem Gebrauchswortschatz (oder Grundwortschatz) zusammen, den Sie geübt haben. So stellen Diktate eine Rückmeldung und keine Falle dar.

3. Üben Sie Diktattechnik → L 5.8 in vielen *kurzen* Übungsdiktaten ins Hausheft (Angstabbau) und erlauben Sie dabei Lexika.

4. Beschränken Sie Prüfungsdiktate auf das absolute Minimum (3 pro Halbjahr) und kündigen Sie *nicht* lange vorher an.

5. Schaffen Sie Differenzierungsmöglichkeiten durch Diktate mit verschiedenen Teilen: LRS-Schüler schreiben nur den Lückenteil, sehr schwache Schüler schreiben nur den Text *ab*.

6. Legen Sie für sehr schwache Schüler eine Fehlerstatistik an (verschiedene Kategorien, z. B. s-, ss-, ß-Fehler oder i-, ie-, ieh-Fehler usw.). So verschaffen Sie sich einen Überblick über Fehlerschwerpunkte und können gezielter fördern.

7. Finden Sie selbst im schlechtesten Diktat Lobenswertes, das Sie dem Schüler mitteilen.

8. Informieren Sie sich genau über die Erlasse zum Thema Rechtschreibung, Diktate, LRS. Verzichten Sie – wo möglich – auf die Notengebung.

L 3.4 Hausaufgabenarrangements

Die größte Erleichterung für alle Schüler wäre der Wegfall der Hausaufgaben, zumindest *der* Hausaufgaben, deren „Unsinn" erwiesen ist (Speichert, 1980).

Wenn aber schon Hausaufgaben weiter gestellt werden, sollten folgende Punkte unbedingt beachtet werden:

– Schaffen Sie Hausaufgabenhefte für Ihre Schüler an.

– Schreiben Sie die Hausaufgaben an die Tafel. Dies muß rechtzeitig geschehen, damit jeder Schüler genügend Zeit hat, die Aufgaben abzuschreiben. Wenn die Stunde vorbei ist, und Sie keine Aufgaben gestellt haben, verzichten Sie auf die Hausaufgaben.

– Üben Sie mit den Schülern Arbeitstechniken ein, mit denen sie zu Hause arbeiten können.

– Bereiten Sie sinnvolle Hausaufgaben vor. Stellen Sie nur dann Hausaufgaben, wenn Sie sie auf jeden Fall anschauen. Geben Sie den Schülern dazu Stellungnahmen.

– Am besten lassen Sie die Schüler grundsätzlich die Hausaufgaben in der Schule beginnen. So können Sie Verständnisfragen beant-

worten und eine Vorstellung davon bekommen, wie lange einzelne
Schüler an den Aufgaben arbeiten, den Schülern direkte Rückmel-
dungen geben (vor allem loben!) und Hausaufgabengruppen
(Partnerarbeit) initiieren.

- Die Mutter soll die tatsächlich vom LRS-Schüler benötigte Arbeitszeit unter die Hausaufgabe schreiben.
- Bestehen große Probleme mit den Hausaufgaben, so soll die Mutter ein Hausaufgabentagebuch führen. Hier trägt sie ein, was ihr
bei der Arbeit zu Hause auffällt. In der Sprechstunde gehen Sie
mit der Mutter die Eintragungen durch und finden eine Lösung für
aktuelle Probleme.
- Geben Sie die Erlaubnis, daß die Hausaufgaben nach den laut
Erlaß vorgeschriebenen Zeiten abgebrochen werden.
- Gestatten Sie Korrekturen, damit sich für den Schüler ständiges
Doppeltschreiben erübrigt.
- Bieten Sie auf jeden Fall einen Elternabend zum Thema Hausaufgaben an. Erreichen Sie, daß die Eltern die Hausaufgaben nicht
überbewerten und Ihre Qualität als Lehrer nicht nach der Menge
der Hausaufgaben beurteilen.

Weiterführende Literatur:

Speichert (1980)

L 3.5 Innere Differenzierung

Neben einer stofflichen Differenzierung besteht die Möglichkeit,
dem LRS-Schüler einen ständigen Helfer zur Seite zu geben, in
wechselnden Paaren zu arbeiten oder Gruppen zu bilden. Aufgaben
werden in dieser Form gemeinsam gelöst. Sprechen Sie mit Ihrer
Klasse vor allen diesen Veränderungen darüber, warum Sie sich für
diese Maßnahmen entscheiden (gegenseitiges Helfen und nicht Kon-
kurrenz soll im Vordergrund stehen).
Auf den Rechtschreibunterricht bezogen schlagen wir in Anlehnung
an Adrion (1978) folgendes vor:
1. Partnerdiktate
2. Zweistufendiktate
3. Wiederholung eines behandelten Rechtschreibschwerpunktes:

Eine Gruppe von Schülern, die einen gleichen Fehlerschwerpunkt hat, arbeitet ca. 20 Minuten gemeinsam.

4. Übungsdiktat mit gewähltem Schwierigkeitsgrad:
   Den Schülern werden 5 Texte mit unterschiedlichem Schwierigkeitsgrad vorgelegt bzw. über Tonband oder Cassetten vorgespielt. Jeder Schüler sucht sich den Text aus, den er schreiben will. Anhand eines Kontrolltextes korrigiert der Schüler selbständig.
   Modifiziert:
   Jeder Schüler sucht sich einen beliebigen Text aus (Bücher, Zeitung usw.). Diese Texte werden im Partnerdiktat bearbeitet.

5. Arbeit mit einem Lernprogramm:
   z. B. Wortlistentraining oder Lernkartei → L 5.4, → L 3.9
   Nach unserer Erfahrung brauchen schwächere Schüler den intensiven Kontakt mit dem Lehrer, um konzentriert zu arbeiten, die besseren Schüler dagegen können selbständig arbeiten. Mit der Lernkartei können sie in der Klasse in Stillarbeit eine ihrem Leistungsstand angepaßte Förderung erhalten. Diese Zeit kann der Lehrer nutzen, sich den schwächeren Schülern zu widmen.

6. Differenzierte Berichtigung/Verbesserung:
   Die Schülerarbeit wird mit einem vervielfältigten Blatt zurückgegeben, auf das Übungsaufgaben für die Verbesserung geschrieben sind.

Weiterführende Literatur:

Adrion (1978)
Speichert (1980)
Menze (o. J., S. 6)

L 3.6 Rechtschreibregeln

Aus dem Gespräch mit erfahrenen Grundschullehrern und aus eigenen Erfahrungen folgt für uns, daß die meisten Rechtschreibregeln für LRS-Schüler verwirrend sind, weil sie sich meist auf „akustische" Kriterien beziehen. Sie helfen nur den ohnehin sicheren Schülern. Hilfreich sind nur Regeln, die visuelle oder sprechmotorische Kriterien benutzen.
Beschränken Sie sich deshalb wenigstens in den ersten beiden Schuljahren auf drei Regeln:

1. (Endkonsonanten)	2. (Umlaute)
Verlängern	*Wortstamm*
Wald – Wälder	Bäume – Baum
Kind – Kinder	Häuser – Haus
Hut – Hüte	fröhlich – froh

3. *Groß-/Kleinschreibung*

Beschränken Sie sich zunächst auf sichtbare Namenwörter:
Alles, was ich auf dem Fernsehbildschirm sehe, alles, was wir in unserer Klasse sehen, wird groß geschrieben.
Lassen Sie die Schüler für zu Hause Poster mit diesen Regeln anfertigen, die sie an ihren Arbeitsplatz hängen.

L 3.7 Mündliche Leistungen

Vermeiden Sie, daß sich die LRS-Schüler blamieren:
a) beim Lesen
b) beim „An-die-Tafel-müssen".

Zu a)

– Fordern Sie LRS-Schüler nur dann zum Lesen auf, wenn sie sich selbst melden (sprechen Sie das mit den Schülern ab).
– Geben Sie Hilfestellungen, wenn ein LRS-Schüler ein Wort nicht lesen kann.
– Lassen Sie paarweise lesen. Dabei können sich die Schüler Satz für Satz ablösen oder jeder liest ¹/₂ oder 1 Seite.
– Oft faszinieren Fibeltexte die Schüler nicht sonderlich. Führen Sie sie an spannende, lustige, interessante Lektüre heran. Lesen sollte viel mit Freude, Neugier und Entspannung zu tun haben → E 3.4.

Zu b)

– Fordern Sie LRS-Schüler nur dann auf, an die Tafel zu gehen, wenn sie sich selbst melden.
– Lassen Sie Paare, die miteinander die Aufgabe lösen, an die Tafel.
– Beziehen Sie die Tafel in lustige Spiele ein, damit sie ihren Vorführcharakter verliert → L 5.6.

– Beobachten Sie die Verhaltensweisen von Schülern an der Tafel: in dieser „Ausnahmesituation" erfahren Sie viel über die Ängste Ihrer Schüler.
Gesprochene Sprache wirkt sich auf das Sprachgefühl und die schriftlichen Leistungen aus. Sorgen Sie daher für eine lebhafte Kommunikation in Ihrer Klasse. Lassen Sie die Schüler erzählen, geben Sie mündliche Hausaufgaben auf, singen Sie mit den Schülern, damit diese erfahren, wie vielfältig Sprache ist.
Schriftliche Arbeiten werden meist höher bewertet als mündliche. Werten Sie mündliche Beteiligung auf.

L 3.8 Grundwortschatztraining

Unbestritten ist die Tatsache, daß Schüler während ihrer Grundschulzeit einen festen Grundwortschatz lernen sollen. Gelernte und gefestigte Wörter des Grundwortschatzes zeichnen sich dadurch aus, daß die Bedeutung des Wortes unmittelbar mit dem Wortbild verbunden ist. Folgende Ratschläge sind zum Aufbau hilfreich: Lernkartei → L 3.9; Overheadverschluß → L 4.1; Schreib- und Leseschirm → L 5.4; Fehlerschwerpunkte → L 5.5.
Umstritten ist, welche Wörter zum Grundwortschatz gehören sollen. Plickat (1980) und Menze (o. J.) haben u. E. sehr gute Grund- bzw. Gebrauchswortschätze für die Orientierungsstufe (5. und 6. Klasse) zusammengestellt.
Naegele u. a. (1981) haben aus den gebräuchlichen Fibeln und Lesetexten der Primarstufe Grundwortschatzlisten für die Klassen 1, 2, 3 und 4 vorgeschlagen.
Diskutiert wird auch ein *klassenbezogener Grundwortschatz,* bestehend aus Wörtern, die die Kinder oft benutzen und die im Unterricht häufig vorkommen.
Hierzu existiert z. B. eine Handreichung für Lehrer (Hamacher [o. J.]).

L 3.9 Lernkartei und sprechende Lernkartei

In der Lernkartei sind psychologische Erkenntnisse über Lernen und Vergessen pädagogisch aufgearbeitet und zwar:
– daß beim Lernen der Stoff wiederholt werden muß und

– daß frisch Gelerntes leicht vergessen wird, dagegen alter Bestand
praktisch erhalten bleibt.

Die Lernkartei macht diese Erkenntnisse wie folgt nutzbar: Der Stoff
wird in kleinste sinnvolle Einheiten (z. B. Vokabeln, einzelne For-
meln . . .) zerlegt. Diese werden gelernt und in immer länger werden-
den Abständen kontrolliert. Stellt sich heraus, daß etwas vergessen
wurde, so wird der Lernvorgang wiederholt. Das äußere Arrangement nimmt dem Benutzer die zeitliche Steuerung ab. Er braucht
sich nicht zu merken, *wann* er *welche* Vokabeln zum *wievielten* Male
zu wiederholen hat. Lerntempo und Zahl der Wiederholungen passen sich dem Fleiß und den Fähigkeiten des Benutzers an.

Der Karteikasten (für ca. 1200 Karten) besitzt fünf Fächer, die von
vorne nach hinten immer größer werden (siehe Bauanleitung
Abb. 68a). Für jede Lerneinheit, bestehend aus einer Frage und
einer Antwort, wird eine Karte verwendet. Die Frage (z. B. bei einer
Vokabel die deutsche Übersetzung) kommt auf die Vorderseite, die
Antwort (Vokabel) auf die Rückseite der Karte. Für verschiedene
Schulfächer werden die Karten entweder auf der Vorderseite ge-
kennzeichnet oder es werden verschiedenfarbige Karten verwendet.

Arbeit mit der Lernkartei

Es gibt folgende Grundregeln:

– In jedem Fach des Kastens werden neue Karten hinten einsortiert,
das Abarbeiten geschieht dagegen immer von vorne.
– Jede einzelne Karte wird nach folgendem Schema bearbeitet:
Frage auf der Vorderseite lesen,
Antwort überlegen bzw. auf Schmierpapier niederlegen,
Rückseite lesen und damit die Antwort kontrollieren,
Karte ablegen.

Wird die Antwort sicher gewußt, so kommt die Karte in das jeweils
nächste Fach (hinten), sonst ins Fach 1 zurück (hinten).

Neue Karten kommen in das Fach 1. Dieses wird jeden Tag bearbeitet, jedes höhere Fach immer dann, wenn es voll ist. Es wird dann bis
zur Hälfte abgearbeitet.

Jede Karte wandert also durch alle Fächer und wird dabei mindestens
5mal wiederholt. Schwierigere Lerneinheiten bleiben so lange in der
Kartei, bis auch sie sicher gelernt sind.

Genaue Anweisungen auf Blättern, die für Schüler *kopierbar* sind
sowie fertige Karteikästen, sind über die AOL zu beziehen.

146

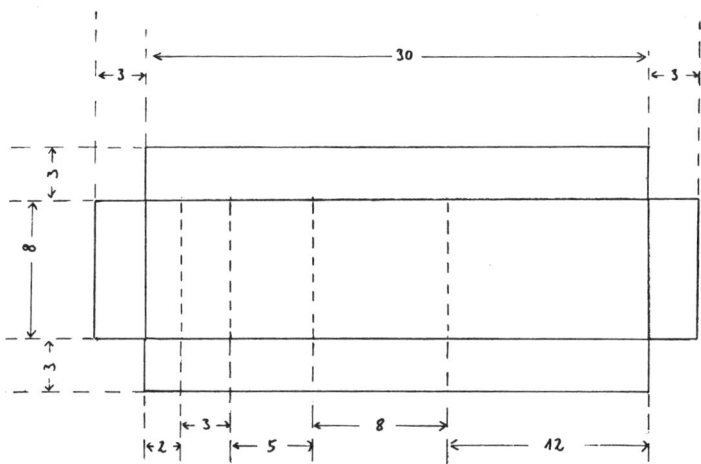

Die sprechende Lernkartei

Speziell für das Rechtschreibtraining wurde die Sonderform der „sprechenden Lernkartei" (Betz/Breuninger 1982 a) beschrieben. Sie stellt eine Erleichterung für die *Einzelarbeit* des Schülers zu Hause dar.

Das Problem ist, daß der Schüler zur Kontrolle der Schreibung das Wort irgendwie erfahren muß, ohne es auf der Vorderseite der Karte zu sehen. Dazu ist entweder eine zweite Person (Banknachbar, Bruder . . .) oder ein Tonband nötig. In der sprechenden Lernkartei werden statt der normalen Karteikarten solche mit einer Tonspur benutzt. Der Schüler läßt die Tonkarte durch ein kleines Gerät laufen* und hört das zu schreibende Wort. Die übrige Arbeit erfolgt wie bei der normalen Lernkartei. Mit dem gleichen Gerät kann der Schüler das Wort selbst auf die Karte sprechen.

Rechtschreibtraining mit der Lernkartei

a) Arbeit im Unterricht
Im Unterricht kann mit der normalen Form der Lernkartei gearbeitet werden. Wir empfehlen hier, genau den Vorschlägen von Menze

---

* Früher als „Porst Königsbild-Recorder" im Handel. Das Gerät und die Karten können über die Autoren bezogen werden:
Effmann-Str. 2, 4300 Essen 16, Tel.: 02 01 / 4 98 09

Ratschläge

```
Anweisungsblatt für Schüler

LERNKARTEI    TÄGLICH EINE VIERTELSTUNDE    LERNKARTEI

Das brauchst Du:    ┌─Recorder┐ ┌─Kartei┐  Wecker  ◷
und                 │         │ │       │       15 Min
ein Notizheft für   │  (  )   │ │       │   ┌─Schmier-┐
alles, was in die   │         │ │       │   │papier   │
Kartei muß          └─────────┘ └───────┘   └─────────┘
```

Grundprinzip: Aufgabe auf Vorderseite
                   Antwort auf Rückseite

Arbeitsregeln:

+ Neue Karten kommen in Fach 1
+ In jedem Fach: Einsortieren immer hinten, Arbeiten von vorn
+ Achte darauf, daß die Fächer nicht zu voll werden. Schieb
  lieber eine zweite Viertelstunde ein. Mach aber eine große
  Pause davor.
+ Fach 1 wird jeden Tag bearbeitet
+ Alle anderen Fächer:
  Jedes Fach wird erst dann bearbeitet, wenn es voll ist.
  Dabei reicht es, wenn das Fach dann halb durchgearbeitet
  wird.
+ Jeden Tag wird zu selben Zeit gearbeitet. Vorher Entspannung.
+ Arbeitsgang bei jeder Karte:

  a) Vorderseite lesen
  b) Antwort überlegen
  c) Rückseite lesen und Antwort kontrollieren
  d) bei "Richtig": ins nächste Fach (hinten!)
     bei "Falsch" : zurück in Fach 1 (hinten!)

Weg einer "gewußten"
Karte ─────────────
Weg einer "nicht
gewußten" Karte ----   1 2 3 4 5

Besondere Regeln: Für Rechtschreiben und Vokabeln: Tonspurkarten

Rechtschreibkarten:
     Vorderseite bekommt nur ein Fragezeichen, Rückseite das Wort,
     das falsch geschrieben war, evtl. den Satz dazu und die
     Grundform oder Verlängerung. Beispiel: falsch geschrieben
     war: "Beume". Rückseite Karte: "Bäume - Baum"
     a) Karte hören
     b) Antwort überlegen und schreiben
     c) und d) wie immer

Vokabelkarten:
     Vorderseite trägt deutsche Übersetzung, Rückseite das ent-
     sprechende englische Wort und die Ableitungen (go-went-gone)
     a) Vorderseite lesen
     b) englisches Wort überlegen
        wenn es einfällt: schreiben, dann anhören
        wenn es nicht einfällt: anhören, dann schreiben
     c) und d) wie immer

148

(o. J.) zu folgen, und jeweils zwei Schüler zusammenarbeiten zu lassen. Die Karten werden in diesem Fall auf der Vorderseite durch ein Fragezeichen kenntlich gemacht (das Zeichen bedeutet: die Karte muß diktiert werden). Zur Arbeit setzen sich die Schüler paarweise gegenüber. Jeder hat seinen eigenen Karteikasten vor sich. Nun zieht jeder Schüler bei seinem Gegenüber (der jetzt nur das Fragezeichen sieht) Karten und diktiert die Wörter. Anschließend wird das Geschriebene mit der Karte verglichen. Alles weitere erfolgt nach der Standardanweisung.

b) Arbeit zu Hause

Diese kann entweder mit einem Partner nach den oben gegebenen Anweisungen erfolgen, oder aber in Einzelarbeit. Bei der Einzelarbeit wird die sprechende Lernkartei verwendet oder der Schüler diktiert die Wörter zuerst auf Cassette, schreibt dann vom Band und kontrolliert.

Das wichtigste ist, daß die Wörter auf den Karten richtig geschrieben sind. Wir empfehlen deshalb, viel mit dem Lexikon zu arbeiten, ab und zu selbst die Karten wenigstens stichprobenweise zu kontrollieren und vor allem die Wörter, die in Diktaten falsch geschrieben wurden und geübt werden sollen, *richtig vorzugeben* und nicht nur anzustreichen.

L 3.10 Aufsatz

Für verunsicherte LRS-Schüler bleibt das Verfassen eigener Texte schwierig, solange ihre Kapazität noch mit dem Schreibvorgang aufgebraucht ist. Geben Sie ihnen Hilfe, indem Sie Inhalte, Abläufe, Zusammenhänge und schwierige Wörter zugänglich machen: Bildergeschichten, Hilfsfragen, Stichworte, Unterschriften unter den Bildern.

Anregungen dazu finden Sie in:

Zander (1974)

L 4 Übungen, die die Voraussetzungen für Lesen und Schreiben sichern helfen

L 4.1 Visuelle Differenzierung (Arbeit mit dem Overheadverschluß)

Der Verschluß (als Bausatz über die Autoren zu beziehen) erlaubt kurzzeitige Darbietung von Vorlagen, die der Lehrer selbst herstellen oder fertig beziehen kann. Der Verschluß wird in Verbindung mit dem Overheadprojektor im Unterricht eingesetzt: zum Training der visuellen Differenzierung und im Grundwortschatztraining.

1. Einsatz im Grundwortschatztraining (Lesen, Diktat)

Praxisbeispiel aus einer Förderstunde:

Puppe *Papier* Puppe Papier	Wiederholung der Wörter, die in der letzten Stunde eingeübt wurden. Vorbereitet sind: der Overheadprojektor, der Verschluß und Folienstreifen, auf denen die zu wiederholenden Wörter in Schreib- und Blockschrift sowie ähnliche Wörter aufgeschrieben sind.

(DIN A 7 = ¹/₈ Folie)

Klassenraum: Für die Schüler sind Stühle in der Nähe des OV-Projektors vorbereitet. Die Projektionsfläche ist rechts über der Tafel. Die Schüler werden mit der Anordnung vertraut gemacht.

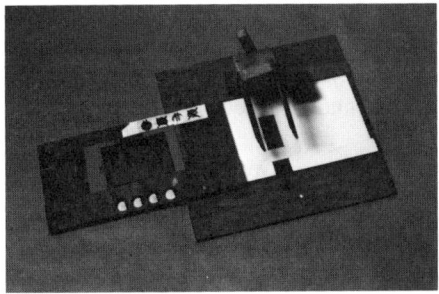

Anweisung für die Schüler:
„Ich zeige euch an der Wand ein Wort (Verschluß auf, es erscheint ‚Puppe'),
das merkt ihr euch. Ihr braucht es *nicht* zu lesen (Verschluß zu). Wenn ich
jetzt ‚Achtung' sage, schaut ihr aufmerksam auf die Stelle, wo eben ‚Puppe'
gestanden hat. Da erscheint ganz kurz entweder ‚Puppe' oder ein anderes
Wort. Eure Aufgabe ist es, zu sehen, ob es das gleiche Wort ist wie die
Vorlage, also ‚Puppe', oder ein anderes Wort.
Das zeigt ihr mit einem Zeichen an! Ihr kennt aus dem Rechenunterricht das
Gleichheitszeichen, das macht ihr mit den Armen (vormachen, indem der
Lehrer die Unterarme parallel waagerecht vor die Brust hält), wenn es das
gleiche Wort war. Und wenn es ein anderes Wort ist, dann kreuzt ihr die
Arme (Unterarme gekreuzt vorhalten), so als ob ihr das Wort durchgestri-
chen hättet."
Alternative: Jedes Kind erhält zwei Kärtchen, eines mit Gleichheitszeichen in
grün, eines mit einem Kreuz in rot.

„Achtung" – „Vergleichen"
An der Wand erscheint kurz (ca. 0,5 sek) das Wort „Papier". Einige Kinder
kreuzen die Arme, einige machen gar nichts, andere legen sie parallel. Der
Lehrer gibt die Rückmeldung am Verschluß frei, an der Wand erscheint ein
rotes Feld mit einem schrägen Kreuz.
Lehrer: „Es war ein anderes Wort. Ihr könnt es kontrollieren, es ist das
Zeichen für ‚ungleich'. Ich zeige euch jetzt das Zeichen für ‚gleich'. So wißt
ihr immer genau, ob eure Wahl richtig war.
Ein paar von euch haben sicher nicht richtig hingeguckt, deshalb: ganz genau
aufpassen, wenn ich ‚Achtung' sage. Wer sein Zeichen gemacht hat, soll es
nicht mehr ändern. Wir üben immer so lange, bis ihr alle das Wort richtig
unterscheiden könnt. Ihr braucht also nicht zu schummeln.
Im folgenden wird in bunter Folge das Wort Puppe und das Wort Papier
dargeboten. Die Abstände zwischen den Darbietungen werden immer kürzer,
der Lehrer gibt jeweils dann die Rückmeldung frei, wenn alle Schüler ihr
Zeichen gemacht haben. Es gilt die Regel, daß zum nächsten Wortpaar
fortgeschritten werden kann, wenn alle Kinder dreimal hintereinander ein
richtiges Handzeichen gegeben haben. Soziale Verstärkung (Lob) durch den
Lehrer: „Prima, jetzt habt ihr es alle richtig!" In der gleichen Weise werden
die anderen Wörter im Unterscheidungstraining dargeboten. Dazwischen findet keine Pause statt. Die Übungseinheit dauert ca. 15 Minuten.

Es folgt ein Diktat:
Im OV-Projektor wird eine Folie benutzt, auf der die zu den Wörtern gehörigen Bilder zu sehen sind. Es wird jeweils ein Bild kurz gezeigt. Die Schüler „raten" das Wort und schreiben es ins Heft. Diese Diktatform bietet eine Kontrolle, wieweit die Schüler die Bedeutung und die Wortgestalt zusammenbringen. Wenn ein Wort auf diese Weise „diktiert" und von allen Schülern ins Heft geschrieben ist, wird es noch einmal richtig an die Tafel geschrieben. Die Schüler vergleichen. Falls noch Fehler passieren, wird die Schreibweise nochmals erklärt und eventuell besondere Hilfen gegeben.
Die Diktatphase dauert ca. 10 Minuten.

2. Einsatz des Verschlusses im Differenzierungstraining

Das Differenzierungstraining soll bei den Schul*anfängern* eine hinreichende Detailbeachtung und Sicherheit in der visuellen Unterscheidung ähnlicher Zeichen aufbauen. Das Training erfolgt als Unterscheidungstraining. Hierbei werden als Inhalte selbstverständlich zunächst nicht Wörter oder Buchstaben benutzt, sondern bildliche Darstellungen, die sich zuerst wesentlich, dann in immer feineren Details unterscheiden, z. B.:

Teddykopf mit runden Ohren – Teddykopf mit spitzen Ohren
Dreieck – Kreis
Ellipse – Kreis

Wie im Grundwortschatztraining wird eine der Figuren zuerst als Vergleichsfigur eingeprägt. Die Aufgabe der Kinder besteht während des weiteren Trainings lediglich darin, bei kurzzeitiger Darbietung anzuzeigen, ob die Vergleichsfigur gezeigt wurde oder eine andere. Keine der Figuren braucht benannt zu werden. Über die Rückmelde-Einrichtung kann jedes Kind seinen Erfolg sofort kontrollieren.
Das Training findet in den ersten Wochen des Schulbesuchs täglich für ca. 10 Minuten statt, später bei Bedarf und Wunsch. Geeignete Vorlagen finden sich in Schmiedeberg u. a. (o. J.).

3. Grundsätzliches zum Aufbau eigener Trainings

Der Verschluß ist ein Hilfsmittel, mit dem hohe Darbietungshäufigkeiten erreicht werden. Durch die Anordnung wird die Aufmerksamkeit der Schüler auf die Stellen gelenkt, an denen sich ähnliche Zeichen oder Wörter unterscheiden, die also sinngebend sind.

Grundsätzlich sind folgende Regeln gültig:

a) Der Aufbau des Gesamtprogramms erfolgt nach ansteigender Schwierigkeit. Man beginnt also stets mit Vorlagen, die große Unterschiede aufweisen *(Beine – Schrank)*, geht weiter zu ähnlicheren Wörtern *(Beine – Blume)* bis hin zu sehr ähnlichen Paaren (B*eine* – B*ie*ne).

b) Innerhalb der Übungseinheit einer Sitzung gilt das gleiche Prinzip: anfangs größere Unterschiede, nach einer „Eingewöhnungszeit" die „harten Nüsse".

c) Das Tempo, in dem fortgeschritten wird, richtet sich nach den Schülern. Kriterium ist, daß alle Kinder dreimal nacheinander die richtige Wahl getroffen haben müssen, bevor zum nächsten Unterscheidungspaar weitergegangen wird.

d) Wird Überforderung sichtbar (viele Fehler), so wird die Darbietungszeit verlängert, das Vergleichswort nochmals gezeigt, ggfs. auf den entscheidenden Unterschied der Vorlagen hingewiesen oder die Störung besprochen. Nehmen Sie sich bei häufiger Überforderung vor, zu größeren Unterschieden der Vorlagen zurückzukehren.

e) Wird Unterforderung sichtbar (Kinder schauen herum, machen es sich „gemütlich", konzentrieren sich nicht), können Sie das Tempo steigern, die Darbietungszeit verkürzen und sich vornehmen, beim nächsten Mal ähnlichere Wörter oder Zeichen zu wählen.

f) Machen Sie aus dem Training ein Ritual, d. h. sprechen Sie die Vorgehensweise mit den Signalwörtern („Achtung" – „Vergleichen") und der Zeichengebung exakt ab und frischen Sie die Vereinbarungen am Beginn jeder Übungsphase auf, bis sie selbstverständlich geworden sind.

g) Da das Übungsmaterial völlig frei gestaltet und leicht hergestellt werden kann, bietet es sich an, die aktuellen Interessen der Klasse aufzugreifen und zu verwerten. Der Phantasie sind hier keine Grenzen gesetzt → L 5.2, → L 3.8.

L 4.2 Visuelle Hilfen für die Zuordnung von Laut und Buchstabe

Einige Buchstaben, die LRS-Schülern Schwierigkeiten bereiten, können optisch unterstützt werden.

Farb- und Formtabelle

(aus Kowarik 1973, S. 76)

O – o rot anmalen

Ö – ö rötlich machen – den Buchstaben in Strichen rot nachziehen

Ü – ü um den Umlaut ein grünes Hütchen zeichnen

Ei – ei um den Zwielaut ein gelbes Ei zeichnen

Au – au um den Zwielaut ein blaues Haus zeichnen

Eu – eu über den Zwielaut einen roten Feuerbogen ziehen

B – b blau nachziehen

Das b bleibt. Der Bauch bleibt sowohl beim B als auch
beim b auf der rechten Seite. Der Bauch schaut zur Wand,
dort ist es dunkel. Man kann in der Raumorientierung
instabilen Schülern noch eine zusätzliche räumliche Hilfe
geben: Man setzt sie so, daß das Tageslicht von links
kommt, die Fenster links sind und ein direkter Blick zur
Tafel möglich ist.

D – d rot anmalen

Die Kugel schaut – bei richtigem Sitzen, nach links zum
Fenster. Durch das Licht wird diese Kugel rot wie ein Apfel
in der Sonne. Das d dreht sich. Die Richtung, in die die
beiden Lautzeichen D – d schauen, ist verschieden: verti-
kale Drehung.

G – g grün wie Gras. Grün nachziehen.

K – k

P – p hart wie Holz – braun nachziehen.

T – t

Schärfungen Unter den kurz gesprochenen Vokal oder Umlaut einen roten Punkt setzen und die nachfolgenden Doppel-
konsonanten rot unterstreichen.

A*ff*e, He*rr,* schwi*mm*en, pflü*ck*en

Übungs- und Arbeitsmaterialien hierzu:

Kowarik, O./Kraft, J.: Kennst Du das auch? Funktionstraining für die Vor-
schule und die 1. Schulstufe, Jugend u. Volk, Wien (o.J.)
Kowarik, O./Kraft, J.: Das macht mir Freude mit Kopf und Buntstift.
Schreib- und Leseübungen für Volksschüler, Heft 1–16. Jugend und Volk,
Wien (o.J.).

L 4.3 Schreibmotorische Hilfen für die Zuordnung von Laut und Buchstaben

Es bieten sich Übungen an, die die richtige Schreibbewegung trainieren. Sobald der Laut automatisch in die richtige Schreibbewegung umgesetzt wird, können Verwechslungsfehler wie die Vertauschung von p q b d aufgrund optischer Differenzierungsschwächen vermieden werden.

In der Regel werden zunächst großmotorische Übungen durchgeführt, feinmotorische Übungen schließen sich an.

Seilwandern

Mit einem großen Tau werden Buchstaben auf den Boden gelegt. Ohne Schuhe und mit geschlossenen Augen „ertasten" die Schüler mit den Füßen das Seil und schreiten die Form des Buchstabens ab.

Luftmalen

Der Lehrer „malt" den Buchstaben mit großzügiger Armbewegung spiegelverkehrt in die Luft. Die Klasse „malt" mit, zunächst nach Vorbild des Lehrers, später mit geschlossenen Augen.

Schwungübungen an Tafel oder Wandzeitung

Einzelne Buchstaben werden in Großformat als Schwungübung → L 4.5 durchgeführt. Die Schüler bilden eine Reihe, die von links nach rechts an der Tafel entlanggeht. Eine begonnene Schwungübung wird immer wieder übermalt.

Wenn Sie Malerabdeckpappe besorgen (billiger als Packpapier) oder sonst preiswert an Papierrollen herankommen, können Sie mit Filzstiften arbeiten. Jedes Kind erhält eine Farbe nach Wahl. Das Endergebnis ist ein gigantisches farbiges Poster.

Bewegungsmalen mit Musik

Die Schwungübungen an der Tafel oder auf der Wandzeitung können Sie mit Musikbegleitung durchführen.

Alternative: Jedes Kind erhält einen Bogen Papier und beginnt zunächst mit den vom Lehrer vorgegebenen Schwungübungen. Nach kurzer Zeit instruieren Sie Augenschließen und lassen die Kinder solange mit geschlossenen Augen bei Musikbegleitung die Bewegungen ausführen, bis Sie den Eindruck haben, daß eine Automatisierung im Bewegungsablauf zu erkennen ist und die Bewegungen flüssig und locker sind.

Weiterführende Literatur und weitere Übungen siehe → L 4.5.

L 4.4 Sprechmotorische Hilfen: Artikulationskontrolle

Viele Fehler, insbesondere weggelassene oder vertauschte Buchstaben, Endungen, können erfahrungsgemäß vermieden werden, wenn der Schüler sich wieder angewöhnt, beim Schreiben langsam mitzusprechen (Artikulationskontrolle). Er spricht sich die Buchstaben lautierend vor. Wenn das Schreiben flüssiger wird, tritt diese Kontrolle meist in den Hintergrund.

Gerade bei LRS-Schülern ist es wichtig, sie in ihrem Schreibtempo zu bremsen. Wenn sie impulsiv und voreilig schreiben, entstehen sehr viele Fehler.

Bei der Artikulationskontrolle kommt die Pilotsprache (siehe Kap. 5) in Form einer sprechmotorischen Hilfe zum Tragen. Es besteht die Anweisung:

„Schreib was du weißt und kontrolliere dein Schreiben durch innerliches Mitsprechen" (Lippenbewegungen sollten noch sichtbar sein).

So lautiert sich der Schüler das Wort nach seinem Wissen über die Schreibweise und rät nicht anhand der Laute, wie es vielleicht geschrieben werden könnte.

Lernen der Artikulationskontrolle

Das Lernprogramm beginnt damit, daß der Schüler sie nachmacht:

erste Stufe: Schreiben und laut Mitsprechen
zweite Stufe: Schreiben und leise Mitsprechen
dritte Stufe: Schreiben und innerlich Mitsprechen mit stummen Mundbewegungen.

Über die Vorstellung einer *Fernsteuerung* können Sie den Schülern die Artikulationskontrolle vermitteln und spielerisch „schmackhaft" machen. Dabei ist die Hand das Auto, der Mund die Fernsteuerung. Die Hand macht wie ein ferngesteuertes Auto nur die Bewegungen, die der Mund vorgibt und der Mund muß das Richtige vorgeben.

Zunächst können Sie die Schüler paarweise spielen lassen: Einer ist das Auto (schreibt), der andere ist die Fernsteuerung (diktiert). Wichtig ist, daß Sie die Artikulationskontrolle den Kindern deutlich vormachen. Legen Sie dabei Wert auf langsames Schreiben.

L 4.5 Lockerungsübungen für verkrampfte Schüler

Verkrampfte Schüler schreiben starr und mit viel Druck. Ihre Körperhaltung beim Sitzen ist meist so ungünstig, daß alle Muskeln angespannt sind.

1. Muskuläre Entspannung nach Jacobson (1938)

Das Entspannungstraining hat zum Ziel, daß der Schüler sich jederzeit willentlich in einen entspannten Zustand versetzen kann. Dafür lernen die Schüler den deutlich spürbaren Unterschied zwischen dem entspannten und einem vorsätzlich herbeigeführten gespannten Zustand wahrzunehmen.

Wir führen die Entspannung folgendermaßen ein:

„Wißt Ihr, wie es sich anfühlt, wenn Ihr die Muskeln des rechten Oberschenkels locker laßt? Könnt Ihr das fühlen? (Antworten abwarten – es wird sicher Schüler geben, die zugeben, daß sie nichts fühlen.) Nein? Spannt dann einmal Euren Oberschenkel fest an – noch ein bißchen mehr, so als ob Ihr Eure Muskeln zu Stein werden laßt. Fühlt mit der Hand, wie sie hart werden. Haltet die Spannung einen Moment lang an und laßt die Muskeln jetzt wieder los. Das, was Ihr jetzt fühlt, ist die Entspannung. Ihr könnt sie deshalb besser fühlen, weil wir sie zuvor angespannt haben. Das wollen wir jetzt üben, auch an anderen Muskeln."

Die Schüler werden auf ihren Stühlen sitzend instruiert, zunächst die rechte Hand zur Faust zu ballen, kurz festhalten und dann langsam wieder locker zu lassen. Dabei sollen sie auf den Unterschied zwischen der An- und Entspannung achten. Anschließend wird die linke Hand an- und entspannt, dann beide Hände. In diesem Sinne werden auch die Unter- und Oberarme an- und entspannt.

Bitten Sie die Schüler, ihre Schultern so hoch zu ziehen, wie nur möglich und den Kopf richtig in die Schultern hineinzustecken. Instruieren Sie sie: „Haltet diese Anspannung, auch wenn sie schon weh tut, so lange wie es geht, noch ein bißchen . . . (10–15 Sek.) und

jetzt laßt locker . . . laßt die Schultern hängen, noch weiter runter . . .
und genießt das schöne Gefühl der Entspannung.
Laßt die Oberarme, die Unterarme und die Hände entspannt ruhen,
macht die Augen zu und denkt nur noch an das Ein- und Ausat-
men . . . ein . . . aus . . . an nichts anderes. (1 Minute Pause.) Jetzt
zähle ich von 10 rückwärts und bei 0 macht Ihr wieder die Augen auf.
10 . . . 9 . . . 8 . . . 0. So, jetzt streckt und reckt Euch, gähnt dabei und
holt viel Luft, macht es wie die Meerschweinchen in der Frühe."
Bieten Sie diese Entspannungsübungen nach langen, anstrengenden
Schreibarbeiten und vor Diktaten an.

Weiterführende Literatur:

Florin (1975, S. 241–267)

2. Schwung- und Lockerungsübungen

Die Übungen können in verschiedener Größe (anfangs groß!) und
unterschiedlichen Farben (Lieblingsfarben des Schülers und auch
Farben, die er nicht mag) ausgeführt werden. Siehe auch → E 3.

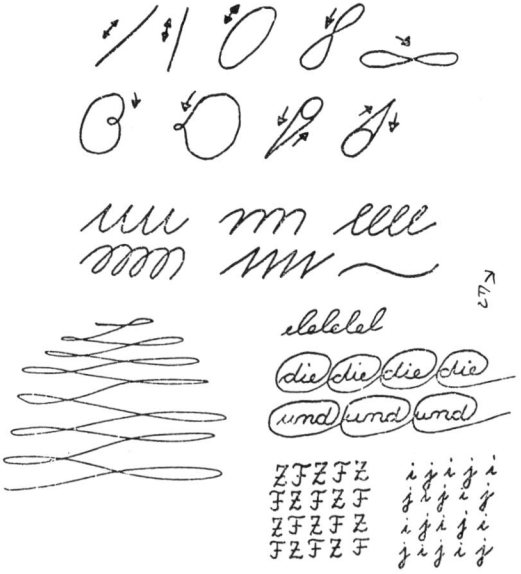

Weiterführende Literatur:
Dostal (1972, S. 98 ff.)

3. Wahrnehmungsübungen beim Schreiben

Lassen Sie die Schüler zunächst eine kurze Entspannungsübung durchführen, wie sie unter 1. beschrieben ist. Dann geben Sie folgende Fragen:

a) Wieviel Kraft brauche ich, um einen Stift zu halten? Die Schüler sollen dies ausprobieren. Wann fällt der Stift aus der Hand, wann ist der Druck so stark, daß man den Stift gar nicht mehr aus der Hand herausziehen kann?

b) Welche Muskeln sind beim Schreiben beteiligt? Lassen Sie die Schüler bewußt registrieren, welche Muskeln aktiv beteiligt sein müssen, und welche Anspannungen mit dem Schreiben unnötigerweise verbunden sind. Instruieren Sie für diese unnötig verkrampften Muskeln Entspannung.

c) Wie muß ich sitzen, um mich nicht unnötig zu verkrampfen? Lassen Sie die Schüler übertrieben unterschiedliche Sitzhaltungen einnehmen. In unbequemen Stellungen sollen sie bewußt verharren und registrieren, welche Körperstellen dabei verkrampft werden.

d) Wie muß ich sitzen, damit mein Kopf so leicht wie möglich auf meinen Schultern ruht?
Lassen Sie die Schüler die Augen schließen und erfahren, in welchen Positionen sich ihr Kopf schwer anfühlt und nach einer Richtung hinunterzieht.

Während späterer Schreibübungen kann der Lehrer immer wieder auf diese Fragen zurückgreifen und den Schülern bewußt machen, wieviel unnötige Energie sie mit falscher Sitzhaltung verbrauchen.

4. Schreibbewegungstherapie

Heermann (1977) hat eine Therapieform für verhaltensgestörte Schüler entwickelt, die von den Schreibbewegungen ausgeht und auf eine Lockerung der Motorik hinzielt. Dahinter steht die Annahme, daß viele Schüler aus „ihrem Rhythmus" und ihrem spontanen Bewegungsfluß gebracht wurden, als sie schulmäßig schreiben lernten. In der Schreibbewegungstherapie kann der Schüler seinen eigenen Rhythmus, seine eigene Schreibgröße und seinen Bewegungsfluß wiederfinden. Die Übungen sind von Heermann so anschaulich und nachvollziehbar beschrieben, daß wir hier auf ihr Arbeitsbuch verweisen möchten. Wir halten es für legitim, sich bei der schulischen Förderung lese-rechtschreibschwacher Schüler mit einigen Übungen aus dem Heft zu begnügen, ohne die vollständige Therapie durchzuführen.

5. Partnermalen

Jeweils 2 Schüler tun sich zusammen. Einer macht an der Tafel oder auf großen Papierstücken mit dem ganzen Arm großflächige Figuren seiner Wahl. Der andere stellt sich dahinter, faßt den Partner sachte bei der Schreibhand und versucht, die Bewegungen mit zu übernehmen, ohne sie zu bestimmen. Man kann diese Übung mit offenen oder geschlossenen Augen machen. Es dreht sich dabei hauptsächlich um die Erfahrung, wie schwierig es ist, den Schreibbewegungen eines anderen Menschen zu folgen, ohne ihn durch seine eigenen Bewegungen zu beeinflussen. Der Lehrer hat bei dieser Übung Gelegenheit, mit besonders verkrampften und schwierigen Schülern zusammenzuarbeiten. Er kann spüren, wo Verkrampfungen auftreten und in anschließenden Entspannungsübungen (siehe 1.) darauf eingehen.
Für viele Schüler ist es ein besonderes Erlebnis, wenn der Lehrer sich bemüht, ihnen bei ihren Bewegungen zu folgen, sie damit ernst nimmt und sich ganz auf das, was sie tun, einläßt.
Ein Auswertungsgespräch im Anschluß an das Partnermalen kann sich auf folgende Fragen konzentrieren:

Partner 1: Wie schwer fiel es mir, einem anderen zu folgen?
Partner 2: Ist es mir gelungen, die Bewegungen so auszuführen, wie ich es wollte, oder habe ich es meinem Partner recht gemacht?
Beide: Geht es mir in meinen Beziehungen zu anderen Schülern/Erwachsenen ähnlich wie in dieser Übung?

Weiterführende Literatur:
Betz/Breuninger (1982, Kap. 5, S. 122)

6. Fließbandschreiben

Folgende Übung macht den Überdruck deutlich, den viele LRS-Schüler beim Schreiben auf den Stift ausüben. Auf dem Tisch wird an den Schülern eine Papierbahn vorbeigezogen. Jeder Schüler bleibt an seiner Stelle und malt einen Kreis. Beim richtigen Schreibdruck wandert der Kreis gleichmäßig auf dem vorbeigezogenen Papier: es entstehen Girlanden. Auch bei dieser Übung ist es sehr hilfreich, die Augen zu schließen.

7. Schreibgymnastische Übungen

Einige der folgenden Übungen sollten vor jedem Text, der geschrieben wird, durchgeführt werden:
1. Die Achsel heben und fallen lassen („Ich weiß nicht")
2. Im Stehen die Arme kreisen (vor und zurück)
3. „Wie ein Vogel fliegen"
4. Aus dem Handgelenk eine Kurbel drehen
5. Rudern
6. Das Steuerrad im Auto drehen
7. Ein Seil hochziehen
8. Eine Flasche mit Korken öffnen
9. Zucker mit den Fingern streuen
10. Die Brillengläser putzen
11. Schreibmaschine schreiben
12. Wäsche auswringen
13. Mit den Fingern auf den Tisch trommeln
14. Geldstücke zählen
15. Finger spreizen und dann zur Faust ballen
16. Knödel mit der flachen Hand rollen
17. Bei hängenden Armen die Hände ausschütteln
18. Den Unterarm nach außen und innen drehen
19. Die Finger strecken und beugen
20. Die Handflächen nach oben und nach unten drehen
21. Den Unterarm nach außen und nach innen drehen
22. Die Hände massieren

Weiterführende Literatur:

Dostal (1972)

L 4.6 Feinmotorische Spiele

1. Tischfußball (Herkunft unbekannt)

Es spielen 2 Spieler.
Gebraucht werden: 3 Pfennigstücke, 2 größere Münzen, für jeden Spieler einen Taschenkamm oder ähnliches Instrument. Die Pfennige dienen als „Ball" und als „Spieler" zugleich. Die größeren Münzen dienen als „Torwart". Sie dürfen in Position gebracht werden, wenn der Gegner auf das Tor schießt. Das Tor selbst wird im Bedarfsfall mit zwei Fingern angezeigt.

Regeln:
Die Pfennige dürfen nicht mit den Fingern berührt werden. Das Spiel besteht aus einzelnen Stößen, die zwangsläufig in Zickzackrichtung verlaufen: Bei jedem Stoß muß ein Pfennig mit dem Kamm angeschoben werden und frei zwischen den beiden anderen durchrutschen. Der Stoß ist gültig, wenn der Pfennig die Verbindungslinie der anderen Pfennige vollständig überquert. Stöße nach hinten (in Richtung auf das eigene Tor) sind nicht erlaubt.
Der Spieler, der gerade am Zug ist, kann weiterspielen, bis er einen ungültigen Stoß macht. Der Stoß ist ungültig, wenn der Pfennig einen der anderen Pfennige berührt, aus dem Spielfeld (Schulbank) gestoßen wird, eine Bewegung nach hinten nötig wäre oder wenn einer der anderen Pfennige mit dem Kamm berührt wird. In diesem Fall kommt der andere Spieler dran.
Einwurf und Anstoß entsprechen den üblichen Fußballregeln. Der Schuß auf's Tor ist von jeder Spielposition aus erlaubt, muß aber angekündigt werden („ich schieße"). Der Gegner kennzeichnet mit zwei Fingern sein Tor, schätzt die Schußmöglichkeiten ab, bringt seinen Torwart in Position und hält ihn fest. Der Torwart darf danach nicht mehr bewegt werden. Es ist bei jedem Angriff nur ein Torschuß möglich. Das Tor ist gültig, wenn der Pfennig die Torlinie überquert.

2. Autorennen (Herkunft unbekannt)

Beliebig viele Mitspieler – je mehr, desto schwieriger. Gebraucht werden pro Spieler ein leicht laufendes Automodell ohne Antrieb (z. B. Wiking oder Matchbox) und ein Spielfeld. Wird draußen oder auf dem Fußboden gespielt, so benötigt man ein Stück Kreide, um die Fahrbahn direkt auf den Boden aufzumalen. Sonst nimmt man ein Stück Packpapier, möglichst groß und einen entsprechenden Filzstift. Das Feld sollte mehrere Tische bedecken.
Die Rennbahn wird durch zwei parallele Linien eingezeichnet. Sie muß am Startpunkt breit sein und kann sich immer mehr verengen, sollte aber ca. 10 cm breit bleiben, so daß zwei Autos gerade aneinander vorbeikommen.

Da die Autos auf der Bahn stehenbleiben, muß die Straße je nach Zahl der Mitspieler breiter sein. Engpässe, Haarnadelkurven und Geraden sollten vorhanden sein. Bewährt ist auch ein „See" an einer haarigen Stelle.

Regeln:
Es wird reihum gespielt (abzählen o. ä.). In jeder Runde versucht jeder Spieler, sein Auto möglichst weit voranzubringen oder eine günstige Position für die nächste Runde zu gewinnen. Das Auto wird mit der Hand angeschoben und losgelassen, es muß frei weiterrollen, sonst ist der Zug ungültig und der Spieler kommt erst in der nächsten Runde wieder dran. Ungültig ist der Zug auch, wenn das Auto den Straßenrand berührt oder überquert, oder wenn ein anderes Auto angestoßen wird. Nach einem ungültigen Zug muß das Auto zu dem Punkt zurück, von dem aus der Zug erfolgte. Bei einem gültigen Zug bleibt es einfach stehen, man kann also „sperren".
Start: Alle Autos werden nebeneinander aufgestellt.
Engpaß: Sollten zwei Autos nebeneinander stehenbleiben, so daß die Fahrbahn unpassierbar wird, darf ein Dritter, der mit seinem Auto vorbei will, beide wegnehmen und nach seinem Zug wieder zurückstellen. (Damit wird verhindert, daß sich „Absprachen" zwischen zwei Spielern durchsetzen.)
See: Während das Berühren des Fahrbahnrandes normalerweise nur eine Verzögerung ergibt, kann man die Regel einführen, daß das Überfahren der Begrenzung *am See* zum Aussetzen für eine oder mehrere Runden oder für den Rest des Spiels führt (Das Auto muß „geborgen" werden).

L 4.7 Übungen zur Festigung der Seitensicherheit

Für seitenunsichere Schüler eignen sich Übungen aus dem Psycho-motorischen Training von Eggert u. a. (1975).
Einige davon müssen Sie in der Turnhalle durchführen, andere gehen problemlos im Klassenzimmer.

1. Übungen für die Turnhalle

Übung A 2 (5), S. 107 – Begriffe vor, hinter, neben, über
Ein Kind oder der Leiter legt einen Ball hinter, vor, über oder seitlich neben sich. Die Gruppe vollzieht das nach.

Übung A 2 (7)– S. 108 – Rechts-links-Beziehung zum eigenen Körper
Die Kinder liegen mit seitengestreckten Armen auf dem Rücken. Dann berühren sie mit dem rechten Fuß ihre linke Hand und mit dem linken Fuß ihre rechte Hand im Wechsel.

Übung E 1 (4) – Weg nach Tönen
Ein Kind bekommt einen Schal umgebunden. Mit einer Flöte erhält
es Anweisungen für die Bewegung, die vorher ausgemacht wurde:
tiefer Ton = nach rechts gehen, hoher Ton = nach links gehen,
kurzer Ton = nach vorne gehen, langer Ton = nach hinten gehen.

2. Übungen für das Klassenzimmer

Übung A 2 (8) – Kommando Pimperle
Alle Schüler klopfen mit den Fingern auf die Tischplatte. („Kommando Pimperle") Der Leiter sagt: „Kommando Ellenbogen". Daraufhin müssen die Schüler beide Ellenbogen auf den Tisch setzen,
sagt er „Kommando linker Ellenbogen", ist entsprechend nur der
linke Ellenbogen auf den Tisch zu setzen (Unterarm, Handrük-
ken...). Entfällt das Wort „Kommando" und sagt der Leiter nur
„Ellenbogen", müssen die Schüler weiter mit den Fingern trommeln.
Das Spiel ist sehr lustig und lebendig. Es übt Konzentration, Rechts-
links-Unterscheidung und Übersetzung der verbalen Instruktion in
Bewegungsabläufe.

Übung A 2 (3) – S. 107 – Gegenläufige Bewegungen ausführen
Der Leiter oder ein Kind der Gruppe berührt mit der linken Hand
das rechte Auge, die Gruppe macht die spiegelbildlichen Bewegungen: die rechte Hand berührt das linke Auge.
Die Übung kann auch mit verbundenen Augen auf verbale Instruktion des Leiters erfolgen.

Übung C 1 (10) – Figurenmalen
Kariertes Papier austeilen. Auf Anweisung zeichnen die Schüler ein
Muster.
Beispiel: Zwei Karos hoch, drei links, zwei nach unten... Abschlie-
ßend wird das Muster verglichen, es kann z. B. ein klar erkennbares
Symbol herauskommen, oder ein Wort in Druckschrift (Die Anwei-
sungen können auch leere Kästchen umfassen; die Strichführung
muß nicht fortlaufend sein).

Weiterführende Literatur:

Eggert u. a. (1975)
Weiteres Übungsmaterial:
Schmiedeberg (o. J.)

L 4.8 Hinführung zu konzentriertem und reflektiertem Arbeiten

Problembeschreibung:
Impulsive Kinder handeln unreflektiert. Sie denken weder vorher über ihre Handlungen nach, noch setzen sie sich ein Ziel oder unterteilen die Aufgabe in Einzelschritte. Sie beginnen überstürzt und scheitern. Auf das Scheitern reagieren sie frustriert und wenden sich einer neuen Aktivität zu, da sie unfähig sind, über einen gewissen Zeitraum hinweg an einer Aufgabe zu bleiben. Konzentration ist für sie nur in Situationen möglich, die keine Problembewältigung erfordern, wo sie beispielsweise mit motorischer Geschicklichkeit die Aufgabe meistern können. Unter den lese-rechtschreibschwachen Schülern sind viele impulsive Schüler mit einer auffallend niedrigen Frustrationstoleranz zu finden.
Für solche Schüler eignen sich Trainingsformen, wie sie vor allem von Meichenbaum (1979) und Wagner (1976a, b) beschrieben werden. Ziele dieser Trainingsformen sind:
1. Reaktionsverzögerung erreichen
2. Handlungen verbalisieren
3. Problemlösefertigkeiten trainieren
4. Ablenkungen vermeiden lernen
Im folgenden führen wir einige praktische Übungen an, die im Unterricht hilfreich sein können.

Übungen zu 1. – Reaktionsverzögerung erreichen
a) Wartezeichen einführen
Bringen Sie ein Stop-Schild oder eine alte Nachttischlampe mit. Vereinbaren Sie mit den Schülern, daß, wenn Sie das Stop-Schild hochhalten oder die Glühbirne brennt, kein Schüler dazwischenredet, antwortet oder mit seiner Aufgabe beginnt.
Stop-Zeichen oder Glühbirne signalisieren: Nachdenken!

b) Poster für optische Instruktion der Reaktionsverzögerung

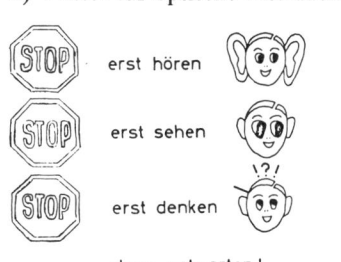

Während der Arbeit mit den Schülern kann man diese optischen Signale als Instruktion (Erinnerungshilfen) nonverbal einsetzen. Der Lehrer erinnert die Schüler an den jeweiligen Schritt durch Zeigen der jeweiligen Stelle.

c) Vorstellungshilfen

Erfinden Sie eine Geschichte, in der ein Tier oder eine Märchenfigur ruhig und bedacht reagiert, sich langsam bewegt etc. . . . Lassen Sie die Schüler im Rollenspiel das erwünschte Verhalten übernehmen, und benützen Sie die Erfahrungen aus dem Spiel als Vorstellungshilfen für die Arbeitssituation.

Beispiel:
Schneider (in Meichenbaum, 1979, S. 91) schlägt vor, den Schülern das langsame Tempo der Schildkröte nahezubringen. Er erzählt den Schülern eine Geschichte, in der Schildkröten sich immer dann, wenn alles hektisch und schwierig wurde, in ihren Panzer zurückverzogen und nachdachten. Beim Übertragen auf die Arbeitssituation helfen folgende Anweisungen und Vorstellungshilfen: „Ich will nicht schneller gehen, als eine langsame Schildkröte" – „Wenn ich aufgeregt werde, verziehe ich mich erst mal in meinen Panzer" – „Wenn ich eine Aufgabe überdenken muß, verziehe ich mich erst mal in meinen Panzer." . . .

Übungen zu 2. – Handlungen verbalisieren
Kleinkinder begleiten ihr Tun durch Sprechen und sind dabei äußerst konzentriert. Auf diese Stufe wollen wir mit den impulsiven Schülern zurückgehen.

Beispiel:
In einer Schachtel sind kleinere Zettel zusammengefaltet. Jedes Kind zieht einen Zettel, auf dem eine Aufgabe steht, z. B.: „Mach das Fenster auf", „Putz die Tafel". Jedes Kind kommt an die Reihe und muß dabei alle notwendigen Einzelschritte laut formulieren. Die anderen Kinder passen auf, daß keine wichtigen Schritte vergessen werden.
Dieses Spiel läßt sich in der Schwierigkeit steigern und zunehmend auf die Arbeitssituation ausrichten.
Vor der Übertragung des Spiels auf das Arbeitsverhalten sollten Sie aber einige Übungen aus dem Abschnitt „Problemlösefertigkeiten" durchgeführt haben, damit die Schüler entsprechende Strategien zur Verfügung haben.

Übungen zu 3. – Problemlösefertigkeiten trainieren
Probleme löst man, indem man sich mittels folgender Fragen auf die Situation einstellt:

– Was soll ich tun?
– Welche Mittel stehen mir zur Verfügung?
– Wie gehe ich vor? Was muß ich zuerst tun?
– Welche Möglichkeiten habe ich? Welche Folgen sind zu erwarten?
– Wie entscheide ich mich?

Spielvorschlag: „Den Lehrer röntgen"
Meistens ist es so, daß Lehrer die Schüler fragen. Bei diesem Spiel dürfen die Schüler dem Lehrer eine Aufgabe stellen, die er lösen muß. Dafür eignen sich Rätsel, die die Schüler in Zeitungen finden, aber auch Aufgaben aus dem Schulbuch, die den Schülern Schwierigkeiten machen. Spielregel ist, daß der Lehrer alle Gedanken laut formulieren muß, da er ja „geröntgt" wird. (Dazu können Sie z. B. ein „Röntgengerät" herstellen, das aus einem runden Pappstück mit eingeklebtem Buntpapier besteht und über denjenigen gehalten wird, der „geröntgt" wird. Diese Aufgabe übernimmt ein „Röntgenassistent".)
Als Lehrer können Sie das Spiel noch attraktiver machen, wenn Sie es z. B. als Belohnung für gute Mitarbeit im Unterricht anbieten oder jedem Schüler einräumen, in einem bestimmten Zeitraum *eine* Hausaufgabe nicht zu machen, die dann im „Röntgenspiel" gelöst wird.
So werden sich die Schüler bemühen, besonders kniffelige Aufgaben an Sie weiterzuleiten und sind gespannt auf ihre Lösungsstrategie.
Das Spiel können Sie erweitern, indem auch Schüler geröntgt werden.

Üben Sie, ein kindgerechtes Modell für das Problemlösen zu sein. Demonstrieren Sie nicht ein überlegenes Verhalten, sondern zeigen Sie auf, wie Sie mit Fehlern umgehen.
(„Das hat nicht geklappt. Wie blöd! Na ja, jetzt versuche ich es noch einmal.") Machen Sie deutlich, daß man sich über gelungene Teilschritte freuen kann und nehmen Sie Richtiges nicht als selbstverständlich hin: „Prima, die erste Reihe habe ich schon gelöst."
Zeigen Sie als Modell folgende Stufen auf:
– Überlegen, was man tut und wie man vorgeht (Ziel-Mittelanalyse)
– Die Handlungen nach den Selbstanweisungen ausrichten (Handlungssteuernde Selbstinstruktionen)
– Überprüfung jedes Teilschrittes (Rückmeldung) mit evtl. Korrektur und Aufmunterung bei Fehlern
– Anerkennung der bisherigen Leistung (Selbstverstärkung)
Anregungen für geeignete Selbstanweisungen und Strategien finden Sie in der weiterführenden Literatur.

Übungen zu 4.: Ablenkungen vermeiden lernen
Sprechen Sie mit den Schülern über Auslöser und Folgen von Ablenkungen. Machen Sie im Gespräch klar, daß man sich immer dann ablenken läßt, wenn man keine oder eine schlechte Strategie für die

Lösung einer Aufgabe hat. Folgende Selbstanweisungen eignen sich für die Überwindung großer Ablenkbarkeit: „Während dieser Aufgabe lasse ich mich jetzt nicht ablenken". „Wenn ich nicht weiter weiß, konzentriere ich mich auf mein Atmen und überlege dann, was mir helfen könnte."

Günstig ist es, zu Beginn kurze Zeitspannen auszumachen. Stellen Sie eine Alarmstoppuhr auf etwa 2 Minuten ein und sagen Sie: „Wir lassen uns jetzt für 2 Minuten nicht ablenken, bis die Uhr piepst." Vergessen Sie nach solchen Konzentrationsübungen nicht, die Kinder für ihr Durchhalten zu belohnen. Zunächst gilt es als Leistung, daß sie sich nicht ablenken lassen. Später gilt die erfolgreich gelöste Aufgabe als Leistung.

Abschließende Bemerkungen

Nach unseren eigenen Erfahrungen, die mit den Berichten in der Literatur übereinstimmen, ist es einfacher, mit Schülern der 1. und 2. Klasse laut formulierte Selbstanweisungen einzuüben. Ältere Schüler haben bereits viele Mißerfolge eingesteckt. Ihnen sollten Sie in den 3. und 4. Klassen zunächst Spiele anbieten, die das Selbstwertgefühl aufbauen helfen, und erst in einer späteren Förderphase Strategien des Problemlösens und Selbstanweisungen trainieren.

Weiterführende Literatur:

Wagner (1976a)

Ausführliche Informationen erhalten Sie in:

Meichenbaum (1979)
Wagner (1976)

L 5 Anregungen und Hilfen für den LRS-Förderunterricht

L 5.1 Vor jeder Förderstunde

Schüler lernen am besten bei einem verständnisvollen, geduldigen und anerkennenden Lehrer. Um solch ein Lehrer zu sein, lohnt es sich, mit folgenden Einstellungen in den Förderunterricht zu gehen (Machen Sie sich diese 10 Punkte vor der Förderstunde bewußt):

1. Ich konzentriere mich auch auf das, was die Kinder schon können und bekräftige ihre Leistungen.
2. Fehler kritisiere ich möglichst nicht. Bei falsch geschriebenen oder falsch gelesenen Wörtern sage ich: „Das ist ein schwieriges Wort, ich zeige es Dir noch einmal ganz langsam."
3. Was ich nonverbal korrigieren kann, spreche ich nicht an.
4. Wenn die Schüler Übungen ablehnen, zwinge ich sie nicht. Meine Übungen sind nur dann sinnvoll, wenn ich die Schüler dazu motivieren kann.
5. Wenn die Förderstunde „ausartet", versuche ich herauszufinden, was die Schüler damit ausdrücken wollen. Vielleicht kann ich mit ihnen darüber sprechen. Störungen haben ihren Sinn, den ich finden möchte.
6. Ich nehme mir Ziele vor und überlege mir Möglichkeiten, wie ich sie realisieren kann, setze mich aber nicht unter Erfolgszwang.
7. Wenn ich einen Schüler nicht leiden kann, mache ich die Übung „Auswiegen" (E/L 1). Hilft diese Übung nicht, spreche ich mit einem Kollegen oder dem Schulpsychologen. Ich weiß, daß unbewußte Übertragungsprozesse wirken können, auf die ich keinen Einfluß habe (siehe Kap. 11.9).
8. Schüler teilen mir oft das aus, was sie früher selbst einstecken mußten. Ablehnungen gelten nicht immer meiner Person, sondern möglicherweise früheren Bezugspersonen.
9. Wenn ich im Förderunterricht enttäuscht bin, habe ich falsche Erwartungen gehabt. Es ist besser, meine Erwartungen zu korrigieren, als meine Enttäuschung an den Kindern abzureagieren → L 1.1, → L 1.2, Kap. 10.
10. Es wird immer wieder Kinder geben, die ich nicht fördern kann, die Gründe dafür können völlig unterschiedlicher Art sein.

L 5.2 Grundwortschatztraining: Einübungsphase

Einübungsphase nennen wir die Phase im Grundwortschatztraining, in der die Bedeutung der Wörter und ihre Schreibweise ausführlich erarbeitet werden. Dabei ergeben sich drei Abschnitte:
- Wortauswahl
- Vertiefung der Bedeutung – Verknüpfung mit persönlichen Erfahrungen
- Einübung der Schreibweise und Eintragung ins ABC-Heft (Sammlung der Grundwortschatzwörter)

1. Wortauswahl

a) Falsch geschriebene Wörter aus dem Grundwortschatz des normalen Rechtschreibunterrichts (siehe Kap. 8.9).

b) Aus dem aktuellen Lebenszusammenhang der Schüler. Lassen Sie einen Sitzkreis bilden. Jeder Schüler berichtet kurz über 2–3 derzeit wichtige Ereignisse. Sie nehmen aus jedem Bericht der Schüler ein passendes Wort für die Erarbeitungsphase.

c) Wörter aus dem Arbeitsmaterial des Rechtschreibunterrichts.

2. Vertiefung der Bedeutung

Jedes Wort wird auf ein Kärtchen oder einen Zettel geschrieben. Kreative Möglichkeiten: Jeder Schüler zieht verdeckt einen Zettel und bringt sein Wort in die Gruppe ein.

a) Der Schüler zeichnet, die Gruppe errät anhand der Zeichnungen das Wort. Hilfestellungen sind möglich wie z. B. „Namenwort", „Tunwort", „Wie-Wort".

b) Der Schüler spielt sein Wort (Pantomime), die Gruppe errät es anhand seiner Darstellung (motorisch aktive Form).

c) Der Schüler umschreibt sein Wort, findet Analogiewörter. Die Gruppe errät es (fördert Analogiebildung, Assoziationsfähigkeit, Sprachfertigkeit und Synonymfindung).

d) Im Kreuzworträtsel werden die Wörter erraten (siehe c).

e) Partnerarbeit: In der Mitte des Tisches liegen viele Pappkärtchen, auf denen einzelne Buchstaben stehen. Die Schüler holen sich die für ihr Wort notwendigen Buchstabenkärtchen, schütteln sie und legen sie ihrem Nachbarn hin. Dieser muß das Wort erraten (Synthesefähigkeiten und Er-Lesen werden trainiert). Wenn alle ihr Wort erraten haben, berichtet jeder kurz seine Einfälle zu

dem Wort, das er zusammengesetzt hat (Beispiel: Mauer – gelbe Mauer, Fleck ist drauf, sieht aus wie ein Gesicht – ich stelle mir vor, daß dieses Gesicht mich anschaut. Die Mauer ist bei uns hinten im Hof.). Dieser Bericht stellt persönlichen Bezug her.
Diese Art der Vertiefung macht den meisten Schülern Spaß. Ihre kreativen, darstellerischen und phantasievollen Möglichkeiten haben keine Grenzen. Der Umgang mit Wörtern wird positiv besetzt, was besonders wichtig ist für solche Wörter, die häufig falsch geschrieben wurden.

3. Einübung der Schreibweise

Jedes Wort wird nach der Darstellung von allen Schülern geschrieben. Die Schreibweise wird erläutert und eingeprägt. Das Wort wird in das ABC-Heft eingetragen oder in die Lernkartei → L 3.9 aufgenommen und in späteren Wiederholungsphasen geübt → L 5.3. Dieser letzte Teil ist für LRS-Schüler nicht besonders attraktiv. Es empfiehlt sich, hieraus ein passendes Spiel zu machen, das den Schülern die Möglichkeit gibt, ihre negativen Erfahrungen mit der Schule aufzuarbeiten: Schüler spielen Lehrer. Jeder Schüler ist für *sein* Wort verantwortlich. Er ist der Lehrer für die anderen und bringt ihnen sein Wort bei. Durch die Vorlage (Zettel) ist er sicher, daß er das Wort schreiben kann.
Durch die Übernahme der Lehrerrolle wird folgendes möglich:
a) Der Schüler kann in der Lehrerrolle einmal das austeilen, was er selbst oft einstecken muß. Jeder Lehrer sollte sich bei diesem Spiel darüber klar sein, daß die Schüler übertreiben; sie reagieren sich ab.
b) Durch den Rollentausch erfährt der Schüler mehr über die Situation des Lehrers, er kann sich in die Schwierigkeiten des Lehrers einfühlen und erleben, daß es der Mitarbeit der Schüler bedarf, um ihnen als Lehrer etwas beizubringen. Er erlebt Störungen aus der Sicht des Lehrers.
c) Der Lehrer selbst kann bei diesem Spiel im Hintergrund bleiben und die Schüler ungestört beobachten. Er kann sich Notizen machen, was er nach dem Spiel in ein Gespräch einbringen kann. Beispiele: „Was war für Euch in der Lehrerrolle schwierig?" – „Was muß ein erfolgreicher ‚Lehrer' tun?" – . . . Oder: „Mir ist aufgefallen, daß ihr alle . . . gemacht habt. Hat das vielleicht was mit der Art meines Unterrichts zu tun?" . . . So kann er Spannungen zwischen sich und den Schülern ansprechen.

d) Nach und nach lernen die Schüler sensibel für Lehrerverhalten, Schülerverhalten, Unterrichtsmethoden und sinnvolle Hilfestellungen zu werden. Sie entwickeln didaktische Fähigkeiten, die sie für ihr eigenes Lernen einsetzen können.

e) Schließlich hebt die Lehrerrolle das Selbstwertgefühl der Schüler! Wenn Sie feststellen, daß während der Lehrerrollenspiele Spannungen und Konflikte zwischen den Schülern auftreten, konzentrieren Sie sich auf das Verhalten und den Gruppenprozeß. Greifen Sie nur ein, wenn Sie meinen, es anders nicht mehr verantworten zu können. Es kommt vor, daß einige Schüler ihre Macht in der Lehrerrolle ausnützen. So bemühen sie sich z. B. nicht um die Vermittlung der richtigen Schreibweise, sondern stürzen sich gleich auf einen bestimmten Schüler, ziehen ihn am Ohr in eine Ecke und ersinnen alle möglichen Bestrafungen. Versuchen Sie als Lehrer, diese Ereignisse zunächst zu beobachten und später anzusprechen. Lassen Sie die Vermittlung der richtigen Schreibweise in der nächsten Stunde nachholen.

Mit folgendem Zusatz können Sie die Motivation der Schüler, sich auf die Lehrerrolle zu konzentrieren, erhöhen: Nach jeder Sitzung wird der „Lehrer des Tages" gewählt. Alle Anwesenden haben gleiches Stimmrecht. Jeder beschreibt das positive Verhalten.

L 5.3 Grundwortschatztraining: Wiederholungsphase

Zweck der Wiederholungsphase ist die Festigung der bereits erarbeiteten Wortbilder im Lesen und Schreiben. Das bedeutet beim Lesen: Möglichst häufiges kritisches Sehen des Wortes, wobei das Augenmerk auf *die* Stellen des Wortes gerichtet ist, an der es sich von ähnlich aussehenden Wörtern mit anderer Bedeutung unterscheidet. Beim Schreiben bedeutet es Automatisierung. Der gesamte Bewegungsablauf beim Schreiben des Wortes soll möglichst oft ablaufen, und zwar in einer Situation, in der die Rechtschreibung gesichert ist (damit nicht eine falsche Schreibung automatisiert wird).

Der genannte Zweck wird beim Lesen am besten durch ein Differenzierungstraining erreicht, wie es in → L 4.1 beschrieben ist. Damit die Schüler nicht beim bloßen optischen Differenzieren des äußeren Erscheinungsbildes stehen bleiben, sondern zur Entnahme der Bedeutung gezwungen sind, arbeiten wir grundsätzlich mit doppelten Distraktoren: Das vorgegebene Wort ist auf der Folie einmal in Druckschrift, einmal in Schreibschrift vorhanden. Die rein optischen

Unterschiede zwischen den *zwei Formen* des *vorgegebenen* Wortes sind damit größer als die zwischen dem vorgegebenen Wort und dem zweiten.

Eine zweite Maßnahme dient ebenso dem Zweck, die Schüler zur Entnahme der Bedeutung zu zwingen: Wir geben häufig das Wort nicht visuell, also durch Vorzeigen des Schriftbildes an, sondern durch Vorsagen (akustische Vorgabe) oder durch Zeigen des Gegenstandes im Original oder als Bild (reale Vorgabe).

Unter dem Begriff „Merktraining" beschreiben Müller (1969), Kern und Kern (1954) sowie Tamm (1966) Vorgehensweisen, die im Zusammenhang mit dem von uns empfohlenen Differenzierungstraining zu sehen sind:

Müller übt Häufigkeitswörter in der Art des Lottospiels. Jedes Kind erhält eine heftgroße Karte mit 16 in Druckschrift gesetzten Wörtern. Der Spielleiter liest aus seinen Vorlagen vor. Die Mitspieler passen auf, ob das Wort auf ihrer Karte vorkommt und zugeordnet werden kann.

Kern und Kern schlagen vor, daß der Lehrer die erarbeiteten Wörter kurzzeitig darbietet, indem er einen Flügel der Tafel kurz aufklappt und wieder schließt. Die Kinder müssen dann auf einem vorbereiteten Blatt aus einer Gruppe ähnlicher Wörter das gezeigte Wort heraussuchen. Das vom Lehrer dargebotene Wort schreibt der Schüler unter die Wortgruppe.

Tamm beschrieb 1966 ein tachistoskopisches Darbieten der Wörter mit Hilfe von Diaprojektoren und konnte ebenfalls eine enorme Konzentrationssteigerung bei den Schülern feststellen.

Schließlich haben wir sehr gute Erfahrungen mit dem Heraussuchen von Wörtern aus der Tageszeitung gemacht. Die Schüler überstreichen mit einem Leuchtstift die Wörter oder Wortteile, auf die es ankommt.

Zum Automatisieren der Schreibung bei Grundwörtern verwenden wir Vorrichtungen wie den Schreibschirm → L 5.4, vor allem aber Wettspiele, bei denen geschrieben wird. Zuerst wird ohne Tempodruck nach akustischer oder realer Vorgabe die korrekte Schreibung in der Gruppe erarbeitet und der Leiter kontrolliert bei jedem Schüler, ob das Wort richtig geschrieben ist. Dann folgt ein „Schnellschreiben" → L 5.7.

LRS-Förderlehrerin Renate Kloos (Tuttmannschule Essen), entwickelte im Rahmen unserer Zusammenarbeit folgendes Spiel zur Wiederholung der Grundschatzwörter aus dem ABC-Heft:

Reihum bedient jedes Kind einen Buchstabenkreisel, wie er in verschiedenen Spielen (z. B. „Rate-fix", Maier-Verlag Ravensburg) enthalten ist.

Wenn der Kreisel zum Stehen kommt, erscheint ein Buchstabe, z. B. „H". Aus dem ABC-Heft werden von der Lehrerin nun etwa 3–6 Wörter mit dem Anfangsbuchstaben „H" diktiert.

Um Groß- und Kleinschreibfehler zu vermeiden, hat jeder Schüler zwei Pappkärtchen vor sich liegen. Eines hat einen Punkt und steht für Kleinschreibung. Das andere hat einen Strich und steht für Großschreibung. Bevor die Schüler das Wort schreiben, müssen sie das passende Kärtchen hochheben.

Dieses Schreibspiel kann je nach Ausdauer der Schüler 20–30 Minuten lang gespielt werden. In der darauffolgenden Pause kann die Lehrerin die Diktate korrigieren und die falsch geschriebenen Wörter richtig unter den Text schreiben, damit die Schüler diese Wörter nochmals üben.

Eine schöne Übung für häufig vorkommende Wörter, bei der der Schüler in Form eines Rätselspiels von der Schreibung abgelenkt wird und damit automatisiert schreibt, findet sich bei Kowarik (1977, S. 182). Man bereitet ein Blatt mit unvollständigen Sätzen vor, bei denen Häufigkeitswörter fehlen und Wörter zum Ergänzen angegeben sind: Stall, Eimer, Schaukelstuhl . . .

Die Birne	wächst	im Garten
. . . Kuh	steht	. . . .
. . . Großmutter	sitzt	. . . .
. . . usw.		

Die Schüler ergänzen die Sätze, wobei sie natürlich gerne die Großmutter im Eimer sitzen und die Kuh im Schaukelstuhl stehen lassen. Wesentlich ist für den Lehrer die Automatisierung der Wörter „die" und „im". Weitere Anregungen in → L 3.3, → L 5.7, → L5.8, → E 3.5, Wiederholungsplan → L 5.5.

Gruppenspezifische Unterschiede:

Je nach Zusammensetzung der Fördergruppe werden die Wiederholungen unterschiedlich angenommen. Wir haben gute Erfahrungen in allen Gruppen mit der strikten Verpflichtung auf Arbeit, gekoppelt mit der Einführung der „Verkehrsampel" gemacht → L 2.1. Bei schwierigen Gruppen empfiehlt sich die Einführung von Tokenprogrammen → L 2.2.

Weiterführende Literatur: Kowarik (1977)

L 5.4 Arbeit mit dem Schreib- und Leseschirm: Wortlisten-training

1. Schreibschirm

Der Schreibschirm wurde von Betz/Breuninger (1982) in einer Form beschrieben, die zum Einsatz für ältere Schüler (mit kleiner Schrift) geeignet ist. In der dort verwendeten Form können pro DIN-A 4-Seite 30 Wörter geübt werden. Für die Grundschule schlagen wir eine Version vor, die für die größere Schrift der Kinder geeignet ist. Es passen 20 Wörter auf ein DIN-A 4-Blatt.

Die Konstruktion auf DIN-A 4-Papier kann der Lehrer selbst nach Abb. 74 vornehmen. Jedes Kind erhält ein von dieser Vorlage foto-kopiertes Blatt aus leichtem Karton (120 g) und die Gruppe bastelt gemeinsam die Schirme, so daß jeder Schüler seinen eigenen hat. Der Schirm kann im Lehrer- oder Partnerdiktat verwendet werden. Er führt zu einer sofortigen Rückmeldung an den Schüler, ob das Ge-schriebene richtig ist. An Vorbereitung ist nötig, daß der Lehrer auf der Wortliste (Blatt 2, ebenfalls fotokopiert) die vorgesehenen Wör-ter einträgt und von diesem Blatt je eine Kopie auf Karton pro Schüler herstellt.

Damit die fotokopierten Blätter nicht verschrieben werden, wird die rechte Seite mit Papier abgedeckt, das durch den oben angezeichne-ten Schlitz S gesteckt und umgeknickt wird, damit es sich nicht löst. Es eignet sich der Länge nach halbiertes DIN-A 4-Papier oder ein Abschnitt von der Rolle eines Rechners mit ca. 10 cm Breite. Nach-dem dieser Schreibstreifen eingeführt ist, wird die Wortliste (Blatt 2) in den Schirm (Blatt 1) eingeführt und so weit hochgeschoben, bis im Fenster A die Nummer 1 erscheint. Im Fenster B ist jetzt ein Teil des Schreibstreifens sichtbar, auf dem das erste Wort geschrieben wird. Sobald er mit dem Schreiben fertig ist, schiebt der Schüler den Karton höher, bis die Nummer 2 sichtbar wird. Nun kann er im Fenster C vergleichen: links sieht er das vom Lehrer vorgeschriebene Wort, rechts auf dem Schreibstreifen das, was er selbst geschrieben hat. Zugleich ist der Schreibstreifen für das nächste Wort vorbereitet. Der Schreibstreifen kann beidseitig benutzt und nachher weggewor-fen werden. Der Karton mit den Wörtern ist beliebig oft benutzbar. (Wenn ein Fotokopiergerät nicht zugänglich ist, kann der Spiritus-umdrucker benutzt werden. In diesem Fall werden die Wortlisten [Blatt 2] für jedes Kind mehrfach hergestellt und man läßt die Schü-ler direkt auf diese Blätter schreiben.)

2. Leseschirm

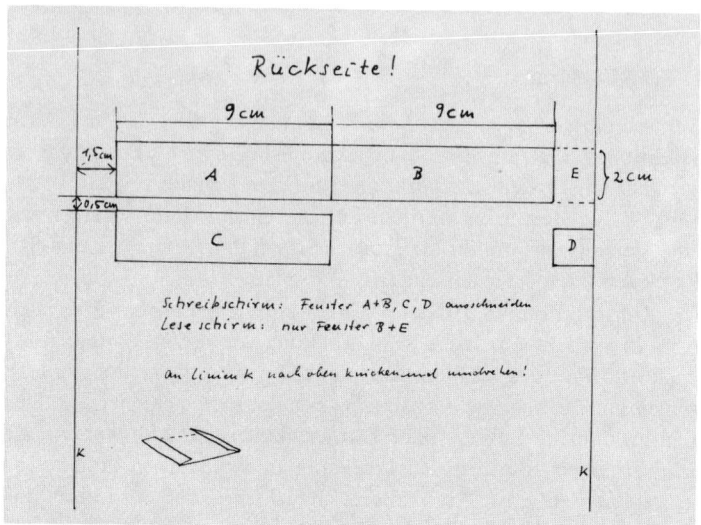

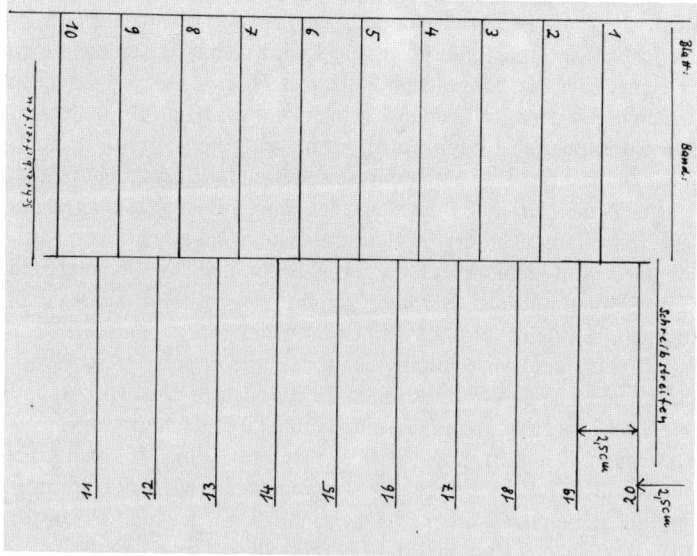

Konstruktion des Schreibschirms

Schneidet man in den Schreibschirm nur *ein* Fenster (siehe
Abb. 74), so entsteht ein Leseschirm, mit dem die gleichen
Wortlisten verwendet werden
können, die für den Schreibschirm hergestellt werden. Der
Schüler schiebt die Wortliste in
den Leseschirm, bis die Nummer
1 und zugleich das erste Wort
sichtbar werden. Er liest und
hört zur Kontrolle das Wort von
Tonband . . . usw.

L 5.5 Fehlerschwerpunktbehandlung – Wiederholungspläne

Werden in einer Klasse oder Fördergruppe Häufungen von Fehlern
(Fehlerschwerpunkte) erkannt, so sollten Wiederholungen nach
lernpsychologischen Gesichtspunkten so angesetzt werden, daß die
Lerninhalte vom Kurzzeitgedächtnis in das Langzeitgedächtnis übernommen werden. Faustregel ist dabei, daß mehrere Wiederholungen
nötig sind, daß deren Intensität abnimmt und daß die Pause zwischen
den Wiederholungen länger wird.

Dies führt beispielsweise zu folgendem Wiederholungsplan für einen
Lerninhalt:

1. Sitzung Erarbeitung
2. Sitzung 1. Wiederholung: mind. 6–10 Darbietungen
4. Sitzung 2. Wiederholung: mind. 3– 6 Darbietungen
8. Sitzung 3. Wiederholung: mind. 2– 3 Darbietungen
16. Sitzung 4. Wiederholung: mind. 1   Darbietung

Von der 2. Wiederholung an empfiehlt sich bei Rechtschreibinhalten
zusätzlich ein Diktat des Stoffes. Dies sind Anhaltspunkte, die Ihnen
eine Orientierungshilfe geben sollen. Das Verfahren richtet sich natürlich nach der Aufnahmefähigkeit der Schüler und der Schwierig-

keit der Aufgaben. Um die Übersicht zu behalten, sollte *vorab* ein Wiederholungsplan erstellt und fest im Kalender eingetragen werden.

Wir geben im folgenden einen Wiederholungsplan wieder, aus dem sich die Verteilung der Wiederholungen ergibt. Die Buchstaben (in alphabetischer Ordnung) wären im Realfall durch die aufeinanderfolgenden Inhalte der Förderstunden zu ersetzen. Material, wie z. B. Folien für den Overheadverschluß, kann unter dem jeweiligen Datum in einem gelochten Briefumschlag abgeheftet werden. Der Plan geht von 6 – 3 – 2 – 1 Wiederholungen aus.

Wiederholungsplan ab Beginn der Förderung

Sitzung	Erarbeitung Material	Wiederholungen			
		6mal	3mal	2mal	1mal
1	A				
2	B	A			
3	C	B			
4	D	C	A		
5	E	D	B		
6	F	E	C		
7	G	F	D		
8	H	G	E	A	
9	I	H	F	B	
10	J	I	G	C	
11	K	J	H	D	
12	L	K	I	E	
13	M	L	J	F	
14	N	M	K	G	
15	0	N	L	H	
16	P	O	M	I	A
17	Q	P	N	J	B
.	.	.	.	.	.

Der Plan zeigt, daß zunehmend mehr wiederholt werden muß. Ab der 16. Sitzung ist der „Stoff" von vier Sitzungen mit insgesamt 12 Wiederholungen vorzusehen. Nimmt man (beim Grundwortschatz) pro Sitzung 5 neue Wörter auf, so sind 60 Darbietungen nötig. Um die Schüler nicht zu überfordern, sollten in jeder 3. Sitzung keine neuen Wörter aufgenommen werden.

Weiterführende Literatur:

Kowarik (1977, S. 76)

L 5.6 Spielerisches Schreiben an der Tafel

Wenn die Kinder in die Schule kommen, hat für sie das Schreiben und Malen auf der Tafel einen ganz besonderen Reiz. Während es für die einen Erfolg bedeutet, ist diese Aufgabe für die anderen mit einem Mißerfolg verbunden. Ihre Angst vor der Tafel führt dazu, daß sie diese möglichst meiden.

Die Tatsache, daß LRS-Schüler es vermeiden, im Unterricht an die Tafel zu gehen, bedeutet aber nicht, daß die Tafel ihren Reiz völlig verloren hat. Sie haben ein ambivalentes Verhältnis zur Tafel:

– auf der einen Seite würde es auch für sie einer Belohnung gleichkommen, anzuschreiben,

– auf der anderen Seite haben sie Angst – der Mißerfolg ist zu nahe.

Mit der Zeit leugnen sie, überhaupt an der Tafel schreiben zu *wollen*.

Die folgende Übung kann dazu beitragen, daß LRS-Schüler ihre Angst vor der Tafel etwas verlieren. Weitere positive Effekte dieser Übung sind nach unserer Erfahrung:

– Die Schüler dürfen aufstehen und sich bewegen. Sie dürfen lachen und sich freuen.

– Die Schüler lernen, Wörter zu umschreiben. Das vergrößert ihren Wortschatz und kann ihnen u. U. später in Aufsätzen helfen.

Beschreibung der Übung

Die Schüler setzen sich mit ihren Stühlen in eine Reihe nebeneinander (etwa in der Mitte des Raumes). Der Weg zur Tafel ist frei. Nun umschreiben Sie Wörter, die von den Schülern erraten werden sollen, z. B.:

– in die Ferien fahren   = verreisen
– das Essen zubereiten   = kochen . . .

Der Schüler, der das Wort zuerst errät, läuft zur Tafel und schreibt es an. In der Zwischenzeit fragen Sie bereits nach dem nächsten Wort. Vor allem am Anfang sollten Sie es zulassen, daß es sehr lebhaft und turbulent zugeht. Um so mehr Spaß macht es den Schülern.

L 5.7 Schnellschreibübung

Zuerst muß die Schreibung der zu übenden Wörter gesichert werden. Je ein Wort wird vorgegeben und eine Stoppuhr gestellt. Auf das

Kommando „Achtung-fertig-los" beginnen alle Kinder, das Wort so oft wie möglich zu schreiben. Nach dem Klingelzeichen (nach etwa 3–4 Minuten), müssen alle Schüler sofort aufhören. Sieger ist, wer das Wort am häufigsten geschrieben hat; es zählt nur *richtig* Geschriebenes.

L 5.8 Motivierende Diktate, Diktat-Tips

1. Jeder Schüler zieht einen Zettel, auf dem ein Wort oder ein Satz steht. Reihum diktiert jeder Schüler den anderen seinen Zettel. Korrigiert wird in Partnerkorrektur, so daß jeder Schüler seinen Abschnitt des Diktates bei den anderen überprüft.
2. Mit dem Overheadverschluß bieten Sie kurzzeitig das zu schreibende Wort oder eine graphische Darstellung davon (nur bei einigen Substantiven möglich) an. Die Schüler sollen schreiben, was sie gesehen haben.
3. Rätseldiktat
   Sie geben Analogiewörter an oder beschreiben das Wort. Jeder Schüler schreibt das Wort, das er errät, auf. Zum Schluß vergleichen die Schüler mit einer Vorlage die richtigen Wörter. Hier steht weniger der Rechtschreibaspekt als der spielerische Rateakt im Mittelpunkt. Beispiele: Es ist rund, hat einen Henkel und man kann Milch oder Kaffe daraus trinken (Tasse).
4. Partnerdiktat
   Jeweils 2 Schüler tun sich zusammen. Einer diktiert einen kurzen Text, der andere schreibt. Anschließend findet ein Rollentausch statt, und der Schüler, der zuerst geschrieben hat, diktiert dem Partner. Wenn beide geschrieben haben, korrigiert jeder das Diktat des anderen. Diese Diktatform ist nur bei Schülern möglich, die Partnerarbeit gewohnt sind.
5. Siehe → L 5.3, Spiel mit dem Buchstabenkreisel.

Diktat-Tips
Schwachen Schülern helfen „Rituale", die einerseits dazu beitragen, Rechtschreibfehler zu vermeiden und andererseits Angst abbauen helfen. Besonders bewährt hat sich ein Entscheidungstraining, das darauf abzielt, daß die Schüler nur Wörter schreiben sollen, deren Schreibweise sie beherrschen. Andere Wörter werden weggelassen (Lücke). Dieses Entscheidungstraining trägt dazu bei, daß sich die

Schüler auf das konzentrieren, was sie können. Erlaubt man den Schülern die Lücken, entlastet man sie von frustrierenden, uneffektiven Schreibversuchen, die Zeit kosten und meistens dazu führen, daß auch gekonnte Wörter in der entstehenden Hektik falsch geschrieben werden, das Schriftbild schlecht wird, die Schreibhand verkrampft und sich die Fehler gegen Ende des Diktats häufen.

Mit LRS-Schülern lohnt es sich, Korrigiermethoden einzuüben, die den Schülern helfen, auf ihre individuellen Fehlerarten aufmerksam zu werden (Kowarik, 1973, S. 99). Die folgenden Diktat-Tips für Schüler sind Formulierungen, die zu Selbstanweisungen durch den Schüler führen sollen → L 4.8.

Diktat-Tips für Schüler

1. Beim Vorlesen

Wovon handelt die Geschichte?
Habe ich alles verstanden?
Wenn nicht, frage ich nach!

2. Beim Schreiben

Nur die Wörter schreiben, die gerade diktiert werden. Vor jedem Wort entscheiden, ob gewußt oder nicht gewußt. Ich schreibe nur Wörter, die ich weiß. Raten verboten! Für Wörter, bei denen ich nicht sicher bin, lasse ich eine Lücke.

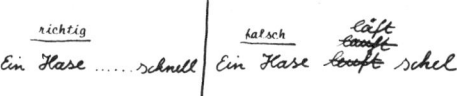

Ich schreibe die Wörter langsam und spreche
sie mir leise vor.

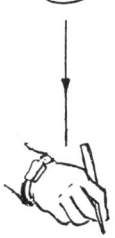

181

3. Beim Vergleichen

Während der Lehrer vorliest, werden alle Wörter, Satzzeichen und Lücken nachgeschaut.

4. Kontrollieren

Beim stillen Nachlesen kontrolliere ich, ob jeder Buchstabe an seinem Platz ist.

L 5.9 Er-lesen

Wenn Schüler bei unbekannten Wörtern Schwierigkeiten haben, falsch lesen und insbesondere Bedeutungen vorschnell zuordnen, empfiehlt sich ein Training des Er-lesens. Es besteht aus einer *Information,* die ab und zu wiederholt werden sollte, einer *Entscheidung* und einem *Stufenprogramm,* die eingeübt werden müssen.

Information:
Bei einem *Grundwort* springt die Bedeutung sofort und ohne Nachdenken ins Auge. Ein Grundwort sieht *immer gleich* aus und ändert sich nie. Wörter, bei denen irgend etwas „verdreht" oder „verschoben" erscheint, oder deren Bedeutung nicht augenblicklich vorhanden ist, sind *keine* Grundwörter, sie müssen erlesen werden, gleichgültig, wie ähnlich sie einem Grundwort sein mögen.
Den Schülern muß dieser Unterschied absolut klar sein, er muß immer wieder, zusammen mit der folgenden Entscheidung, bewußt gemacht und trainiert werden.
„Entscheidung":
Bei jedem Wort im Text gibt es nur eine Entscheidung: Ist die Bedeutung sofort da? – oder nicht. Wenn nicht, muß das Wort erlesen werden. Da die Grundwörter sich dadurch auszeichnen, daß es mit ihnen keine Schwierigkeiten gibt, sind sie unauffällig. Die Entscheidung, die die Schüler zu treffen haben, reduziert sich damit auf den folgenden Entschluß:
Bei jedem Wort, das im Text irgendwie *auffällt,* keine Zeit mit Herumraten zu verlieren, sondern sofort und unmittelbar mit dem Stufenprogramm des Erlesens zu beginnen. Dieser unmittelbare Entschluß, zusammen mit dem folgenden Stufenprogramm, muß immer wieder geübt werden.

Stufenprogramm des Erlesens:

Erste Stufe: Hinschauen:
Sind Teile in dem Wort vorhanden, die ich sicher kann (Grundwortteile)?
Aus den restlichen Buchstaben und den Grundwortteilen eine Lautfolge bilden. Kontrollieren, ob die Lautfolge der Buchstabenfolge (unter Einschluß der Grundwortteile) entspricht.

Zweite Stufe: Grenzen:
Probieren, an welchen Stellen die Grenze zwischen verschiedenen Wortteilen ist. Grenzen probehalber an alle möglichen Stellen verschieben. Dabei nachprüfen, ob noch alle Lautwerte stimmen (so wird bekanntlich ein „St" am Wortanfang wie „Scht" gesprochen, aber nicht mehr, wenn das „st" im Wortinnern steht).

Dritte Stufe: Betonung:
Probehalber die Betonung ganz bewußt auf alle möglichen Silben verschieben (dies geht zum Teil schon automatisch mit den Grenzen). Dabei auch ganz bewußt die Betonung von den Silben *herunternehmen,* die gerade nicht betont werden sollen.

Vierte Stufe: Formen:
Ausprobieren, ob die Endbuchstaben zu bestimmten grammatischen Formen gehören können und evtl. nichts mit der Bedeutung zu tun haben. Diese Endbuchstaben weglassen.

Fünfte Stufe: Warten:
Auf keinen Fall erzwingen wollen.

Sechste Stufe: Sinn:
Nach *jeder* Stufe ist zu prüfen, ob sich ein Sinn ergibt und ob er in den Zusammenhang paßt.
Um diese Stufen mit der ganzen Klasse zu erarbeiten und zum ersten Mal einzuüben, eignet sich die Wortfolge: Abendstern, Morgenstern, Zwergelstern.

L 5.10 Aufbau und Gestaltung von Förderstunden

Die folgende Aufstellung soll Anhaltspunkte für den Aufbau und die Gestaltung von Förderstunden geben. Es wird dabei unterschieden zwischen ausgeruhten Gruppen und solchen, die vorher anstrengende Tätigkeiten verrichtet haben.

Ausgeruhte Gruppen:	Wenn zuvor anstrengende Tätigkeiten verrichtet wurden:
45 Minuten Förderstunde	
5 Minuten Spiel oder Gespräch	5 Minuten Spiel oder Gespräch
10 Minuten Arbeitsphase I (s. u.)	5 Minuten Entspannungs- u. Lockerungsübungen
5 Minuten Entspannungs- u. Lockerungsübungen	10 Minuten Arbeitsphase I
10 Minuten Arbeitsphase II (s. u.)	15 Minuten Spiel
15 Minuten Spiel	10 Minuten Arbeitsphase II

Ausgeruhte Gruppen:	Wenn zuvor anstrengende Tätigkeit verrichtet wurde:
90 Minuten Förderstunde	
10 Minuten Gespräch über die Gestaltung der heutigen Sitzung	10 Minuten Gespräch über die Gestaltung der heutigen Sitzung
20 Minuten Arbeitsphase	15 Minuten Entspannungs- und Lockerungsübungen
15 Minuten Spiel	20 Minuten Arbeitsphase I
5 Minuten Pause	5 Minuten Pause
5 Minuten Entspannungs- und Lockerungsübungen	5 Minuten Lockerungs- und Entspannungsübungen
20 Minuten Arbeitsphase II	20 Minuten Arbeitsphase II
15 Minuten Lockerungsübungen, Spiel, Gespräch	15 Minuten Spiel, Lockerung, Gespräch

Arbeitsphase I:
Inhaltliche Förderung, die direkt mit Lesen und Schreiben zu tun hat (z. B. Wiederholungsphasen des Grundwortschatztrainings → L 5.3,

Aufmerksamkeitstraining, Rechtschreibübungen, Assoziationsübungen).

Arbeitsphase II:
Inhaltliche Förderung, die mehr indirekt Lesen und Schreiben angeht: Übungen zur Seitensicherheit, Erarbeitungsphasen von Wörtern (Grundwortschatztraining) aber auch Spiele wie Lotto, Memory, Geschicklichkeitsspiele, Arbeit mit Druckkästen, sowie innere Differenzierung, Einzelarbeit mit Schülern, selbstkontrollierte Übungen.

Spielvorschläge finden sich in → L 2.3 bis → L. 2.5, → L 4.5 bis → L 4.7 und in zahlreichen Büchern oder Spielkarteien (z. B. Huberich/Huberich 1979; Schwalbacher Spielekartei 1977).

„Die Speisenkarte"

Die „Speisenkarte" ist eine Möglichkeit, die Schüler bei der Gestaltung der Förderstunde mit zu beteiligen. Der Lehrer legt das *allgemeine* Raster fest und bietet wie in einem Restaurant zu den einzelnen Phasen verschiedene Übungen, Lernformen oder Spiele an. Nach dem allen Kindern bekannten „Menüplan" gibt es *Auswahl*möglichkeiten.

Vorspeise
Ballwerfen, Wollspiel, Gesprächskreis, Rätsel, Phantasiereisen, Entspannungsübungen, Lockerungsübungen . . .

Hauptgericht I
Grundwortschatz wiederholen, Partnerdiktat, Zettel-ziehen-Diktat, Buchstabenüben, Schnellschreiben, Lernkartei, Wortlistentraining, Rechtschreibübungen, „Röntgen" . . .

Hauptgericht II
Schwung- und Lockerungsübungen, Übungen zur Seitensicherheit, Assoziationsübungen, schreibmotorische Hilfen, Grundwortschatz einüben, Druckkasten, LÜK-Kasten, Vorlesen, mit verteilten Rollen lesen, Buchstaben und Silben lesen, Lotto, Memory . . .

Nachspeise
Ballwerfen, Wettspiele, Tobespiel, Blinde Kuh, Pantomime . . .

Für jede Altersstufe wird eine Speisenkarte erstellt. Die Schüler dürfen zu Beginn gemeinsam den Menüplan zusammenstellen. Komplette Fertiggerichte gibt es sofort, komplizierte Gerichte muß die Gruppe vorbestellen (wenn Material notwendig ist). Nach unseren Erfahrungen erhöht die gemeinsame Planung der Stunde erheblich die Motivation der Schüler. Sie empfinden die Übungen nicht mehr als „aufgesetzt", sondern als selbstgewählt. Zusammen mit der Verkehrsampel → L 2.1, die als Hilfe für das Arbeits- und Sozialverhalten eingesetzt werden kann, gelingt ein Kompromiß zwischen sinnvoller Strukturierung der Förderstunde und kind-zentriertem Unterricht.

Gutscheinheftchen

Oft versuchen Schüler, den Lehrer von seinem Stundenkonzept abzubringen, obwohl klare Absprachen über den Verlauf der Förderstunde (→ L 2.1) existieren. Damit Sie nicht ständig in die Rolle des kontrollierenden Erwachsenen gedrängt werden, und so die Verantwortung für den Lernprozeß zugeschoben bekommen, raten wir Ihnen zu einem Gutscheinheft.

Durchführung:

Erstellen Sie in einer Förderstunde gemeinsam mit den Schülern verschiedene *Gutscheine* (DIN-A 7-Zettel, die aneinandergeheftet werden), die z. B. folgende Inhalte haben:

1. Gutschein: Heute muß ich kein Diktat mitschreiben.
2. Gutschein: 1 × keine Hausaufgaben.
3. Gutschein: Heute darf ich den Inhalt der Förderstunde bestimmen.
4. Gutschein: Heute muß . . . (Name eines Mitschülers) mir die neuen Wörter für meine Lernkartei aufschreiben.
5. Gutschein: Am . . . (Datum) nehme ich mir 1 × „förderstundenfrei".

Die Zahl der Gutscheine bestimmen Sie. Die Gutscheine behalten für einen festgelegten Zeitraum ihre Gültigkeit; danach sind sie verfallen (z. B. 3 Monate).

Sträubt sich ein Schüler beim Diktat, so genügt es, ihn aufzufordern, entweder seinen Gutschein einzulösen oder das Diktat mitzuschreiben. Die Entscheidung und damit die Verantwortung liegt beim Schüler.

L 5.11 Gestaltungsvorschlag für die erste Stunde

Ziel der Stunde: Die Schüler sollen erleben, daß Förderunterricht anders verläuft als Normalunterricht. Auf ihre Aversion gegen Buchstaben wird spielerisch eingegangen. Möglichkeiten zum Austoben und Abreagieren werden geboten.

Material: Mehrere Tüten Russisch-Brot-Buchstaben-Kekse, Woll-
knäuel, Styroporbuchstaben, Stoffbälle.
Spielvorschläge:
1. 10 Minuten Buchstabenkekse zu Namen legen (jeder Schüler legt
   seinen Namen)
2. 15 Minuten Wollknäuelspiel → L 2.3
3. 15 Minuten Ballwerfen → L 2.4

L 6   Elternarbeit

L 6.1   Erwartungen an die Elternarbeit

Lehrer haben häufig die Erwartung, daß eine Verbesserung der
Situation eintritt, wenn den Eltern die Probleme mit dem Schüler
vorgetragen werden. Das ist jedoch in der Regel nicht der Fall. Es
muß vielmehr damit gerechnet werden, daß die Eltern sich durch die
Ausführungen des Lehrers abgewertet fühlen, und daß sie ihre Kränkung in Form von stärkerer Kontrolle und erhöhtem Druck an die
Kinder weitergeben. Der Teufelskreis für ein LRS-Kind wird dadurch geschlossen (siehe Kap. 2 und 3). Die Folge sind erhöhte
Störungen. Diese Erwartung an die Elternarbeit ist unpassend. Sie
bringt Enttäuschungen auf allen Seiten mit sich. Eine Lösung des
Problems ist nicht zu erwarten.

Bessere Elternarbeit sieht so aus:
Der Lehrer stärkt das Selbstwertgefühl der Eltern. Er leugnet nicht
die Schwierigkeiten des Kindes, aber versucht, den Eltern Mut zu
machen und bei ihnen Verständnis für ihr Kind zu wecken. Dies
wirkt sich positiv auf das Selbstbewußtsein des Kindes aus. Die
Eltern sind in der Lage, ihr Kind zu unterstützen, weil sie keine
Kränkung weiterzugeben haben.
Als Lehrer müssen Sie mit 2 Hauptgruppen von Eltern leserecht-
schreibschwacher Schüler rechnen:
1. Desinteressierte Eltern, die der Schule fernbleiben;
2. Übereifrige Eltern, die häufig in die Sprechstunde kommen.

Zu 1:

Sie müssen sich als Lehrer damit abfinden, daß diese Eltern nicht in die Schule kommen. Selbst wenn Sie die Möglichkeit hätten, mit diesen Eltern ein Gespräch zu führen, so würde das die Situation nicht verändern. Auch das schlechte Gewissen gegenüber diesen Kindern hilft keinem weiter. Versuchen Sie, diese Kinder so gut es geht in der Schule zu fördern. Machen Sie sich klar: Es ist eine unpassende Erwartung des Lehrers an sich selbst, wenn er davon ausgeht, allen Schülern helfen zu können → L 1.2.

Zu 2:

Anders ist es mit den Eltern, die der Schule große Bedeutung zumessen. Sie kommen oft (zu oft?) in die Schule und konfrontieren den Lehrer häufig mit unrealistischen Vorstellungen über die Schule, ihr Kind, Lernprozesse und Leistungen. Diese Eltern sind durch ihr LRS-Kind verängstigt und hilflos, weil sie merken, daß es nicht in ihrer Macht steht, aus dem Kind das zu machen, was sie sich vorgestellt haben. Sie schreiben nun dem Lehrer all die Möglichkeiten zu, die sie selbst bei sich vermissen. Der Lehrer wird als quasi allmächtig empfunden, da er die Bewertungsmacht (über Noten) hat. Im Interesse eines hilfreichen Prozesses muß der Lehrer die Eltern aufklären: Er ist lange nicht so mächtig, wie sie glauben. Er muß den Eltern seine Grenzen deutlich machen und ihnen zu einer realistischen Betrachtung verhelfen. Der Lehrer muß sich selbst klar machen, welche Erwartungen der Eltern er real erfüllen *will und kann.* Für diese Arbeit geben wir im folgenden einige Einstellungshilfen, die Ihnen bei der Entscheidung helfen sollen.

Einstellungshilfen

– Gehen Sie davon aus, daß Eltern auch unrealistische Erwartungen an Lehrer herantragen.
– Gehen Sie davon aus, daß die LRS für Eltern eine starke Kränkung darstellt, die dazu führt, daß Eltern sich als Versager abgewertet fühlen.
– Gehen Sie davon aus, daß Eltern und ihre Kinder ähnliche Probleme und Wahrnehmungsverzerrungen haben (unrealistische Selbsteinschätzung).
– Es ist realistisch, daß Sie nicht allen Schülern gerecht werden können. Gehen Sie davon aus, daß Sie als *Lehrer* in Ihren Möglichkeiten, LRS-Schülern zu helfen, eingeschränkt sind.

Die folgende „Klärung von Erwartungen" soll Ihnen Schritt für Schritt helfen, sich mit konkreten Erwartungen von Eltern an Sie als Lehrer auseinanderzusetzen. Prüfen Sie, ob die Erwartungen passend, also realistisch, oder unpassend sind.

Klärung von Erwartungen

1. Konkrete Erwartung der Familie . . . .:——————————————
2. Zerlegung: (Keine Begründung)
   akzeptabel   überzogen

   (Was davon will und kann ich er-   (Was davon ist unkonkret und für
   füllen?)   mich nicht zu erfüllen?)

3. Unter folgenden Bedingungen würde der überzogene Teil für mich akzeptabel:

   (In bezug auf die konkrete Familie, meine Schulsituation, meine private Situation)

4. Gedanken zur Herkunft/Begründung der Bedingungen (3):

5. Hypothesen, wie Familie . . . . zu ihrer Erwartung kommt:

6. Meine Entscheidung:

L 6.2 Durchführung von Elternarbeit

Solange Elternarbeit noch keine „offiziell anerkannte" Tätigkeit des Lehrers ist, halten wir es für unrealistisch, allzu hohe Forderungen an die Elternarbeit des Lehrers zu stellen. Unsere Erfahrungen mit der Organisation und Finanzierung von Elternarbeit in Zusammenarbeit mit städtischen Einrichtungen wie Volkshochschulen, Familienbildungsstätten etc. sind allerdings recht erfolgversprechend.
Im folgenden möchten wir verschiedene Formen der Elternarbeit sowie Auswirkungen örtlicher Gegebenheiten ansprechen.

Einzelgespräche
Vorteile

Der Berater kann sich auf ein Elternpaar (einen einzelnen Elternteil) konzentrieren und auf die individuellen Probleme eingehen. Er muß

189

nicht zwischen verschiedenen Interessen vermitteln und auch keine Entscheidung treffen, welche Probleme besprochen werden.

Nachteile

Die Eltern haben nicht die Möglichkeit, mitzuerleben, daß andere Eltern ähnliche Schwierigkeiten haben wie sie selbst.

Gruppenarbeit
Vorteile

Eltern erleben, daß es anderen Eltern genauso geht wie ihnen und erfahren die Erleichterung des „geteilten" Leids. Manche Eltern sprechen Probleme an, die zwar für alle Eltern aktuell, aber von vielen tabuiert werden. Der Berater kann allgemeine Informationen ökonomisch vermitteln. Regelmäßige Treffen sind möglich, auch an anderen Orten als der Schule.

Nachteile

Die Dynamik einer Elterngruppe kann einen in der Gruppenarbeit unerfahrenen Lehrer leicht überwältigen. Es entstehen rasch schwierige und peinliche Konstellationen, die den Laien überfordern.
Es ist für die Elternarbeit ungünstig, wenn sich der Lehrer im Konfliktfall hinter seiner Lehrerautorität versteckt.

Zusammenfassung:
Elterngruppenarbeit ist dann sinnvoll, wenn der Lehrer die Eltern bereits gut kennt und Gesprächsthemen allgemeiner Art behandelt werden. Dies betrifft z. B. Beschlüsse, Fördermaßnahmen, Informationen über die Lese-Rechtschreibschwäche, Ratschläge für die Eltern. Wenn es darum geht, einzelne Informationen über Eltern und Schüler zu erhalten und individuelle Angelegenheiten zu besprechen, sind Einzelgespräche vorzuziehen.
In der Sekundarstufe ist ein Elternabend mit den Fachlehrern hilfreich. Empfehlenswert ist die Einladung der betroffenen Eltern und der Fachlehrer nach dem ersten Halbjahreszeugnis. Gesprächsleiter ist entweder der Klassen-, Deutsch- oder Förderlehrer.
Die Auswirkung des Raumes auf die Elternarbeit ist zu beachten. Klassenzimmer sind für Einzel- und Gruppengespräche wenig empfehlenswert. Die Atmosphäre ist für die Eltern meist belastend und der Lehrer „rutscht" schneller in seine vertraute Lehrerrolle, als das für die Elternarbeit günstig ist.

Einzelgespräche können im Elternsprechzimmer der Schule stattfinden, Elternabende im Nebenzimmer einer Gaststätte oder in Räumen der Volkshochschule. In manchen Fällen mag es günstig sein, mit den Eltern in ihren Privatwohnungen zu sprechen. Bei sehr beengten Wohnverhältnissen kann solch ein Besuch den Eltern jedoch auch peinlich sein. Für Hausbesuche braucht der Lehrer Zeit, Fingerspitzengefühl und die nötige Selbstsicherheit. Unsere Erfahrungen mit Hausbesuchen sind aber sehr positiv. Wir haben dabei in kurzer Zeit ein umfassendes Verständnis für die Situation von Schülern erworben, wie es sonst nicht möglich gewesen wäre.

Weiterführende Literatur

Walther/Schmidtz/Dietze (1976)
Arbeitskreis Grundschule e. V.: Die Grundschule der achtziger Jahre 43/44
Speichert (1978)

L 6.3 Gestaltung eines Elternabends

1. Das Einladungsschreiben

Schreiben Sie Anrede und Überschrift von Hand auf jede Einladung. Geben Sie nicht nur den Beginn, sondern auch das voraussichtliche Ende des Elternabends an. Stellen Sie jeden Elternabend unter ein bestimmtes Thema und erklären Sie, warum Ihnen das Thema wichtig ist. Nutzen Sie das Einladungsschreiben, um persönliche Mitteilungen über das Kind an die Eltern weiterzugeben. Wenn es Ihnen gelingt, etwas Lustiges im Schreiben unterzubringen – um so besser!

2. Vorbereitung und Einstimmung des Lehrers

Delegieren Sie soviel wie möglich an Eltern (Beschaffung von Getränken, Umstellen des Klassenraumes, Fotokopieren der Einladung, Leitung des Abends, Beschaffung eines Films usw.). Nehmen Sie sich vor, Angriffe gegen „Methoden" oder „die Schule" nicht ausschließlich auf ihre Person zu beziehen. Informieren und klären Sie Eltern über unbekannte und damit ängstigende Dinge auf („Mengenlehre", „Ganzwortmethode" ...). Prüfen Sie, ob Ihre Erwartungen an Elternabende realistisch sind. Realistische Erwartungen sind:

a) durch den Kontakt mit den Eltern etwas über die Kinder zu erfahren,

b) neue Möglichkeiten für den Unterricht zu bekommen (Besuch einer Arbeitsstelle, Einbeziehung der Eltern in den Unterricht, günstige Möglichkeiten, Material zu beschaffen usw.),

c) eine Beziehungsbasis zu schaffen, um evtl. auftretende Konflikte konstruktiv und kräftesparend zu bewältigen.

3. Der Abend

Seien Sie frühzeitig in der Schule. Empfangen Sie die Eltern und bitten sie, Ihnen z. B. beim Umstellen des Raumes, Vorbereitung von Stimmzetteln o. ä. zu helfen. Lassen Sie die Eltern nicht stumm in der Ecke sitzen, nehmen *Sie* Kontakt auf. Bilden Sie möglichst einen Sitzkreis, in dem jede Mutter, jeder Vater zu Wort kommt (Wollspiel → L 2.3). Geben Sie die Gesamtleitung des Abends an die Elternvertreter ab und halten Sie keine langen Vorträge, außer ggf. zum „Thema" des Abends. Lassen Sie die Eltern Themen für die nächsten Abende vorschlagen.

4. Zur „Atmosphäre"

Erstellen Sie einmal eine Klassen-Elternliste. Sie enthält neben Name, Anschrift, Telefon, Beruf auch die Aufforderung, Bereiche anzugeben, in denen man gerne mitarbeiten möchte. Machen Sie Übungen, damit sich die Eltern untereinander kennenlernen → L 6.7.

L 6.4 Leitfaden für Einzelgespräche

Die Einzelgespräche stellen eine Chance dar, zwischen Lehrer und Eltern eine persönliche, vertrauensvolle Beziehung zu schaffen. Informationen über die LRS sowie Ratschläge für Eltern von LRS-Schülern kann der Lehrer gut in Eltern*gruppen* vermitteln, die Einzelgespräche sollten für individuelle Absprachen und vor allem für das Gespräch und den Informations*austausch* über den betreffenden Schüler genutzt werden.
Hauptziel des Einzelgesprächs ist es, ein kooperatives „Klima" aufzubauen.

1. Voreinstellung der Eltern:
Sorgen Sie schon bei der Terminabsprache dafür, daß die Eltern eine positive Einstellung aufbauen. Beispiel: „Bitte überlegen Sie sich doch schon im voraus, was Ihrer Ansicht nach die Situation für Ihr Kind verbessern könnte."

2. Begrüßung:
Sie sind der aktive Teil, der das Gespräch in Gang bringt. Begrüßen Sie die Eltern herzlich: „Schön, daß Sie gekommen sind!"

3. Greifen Sie die Frage auf, die Sie bei der Terminabsprache gestellt haben. Haben Sie keine Frage gestellt oder haben die Eltern keine Antwort, so stellen Sie jetzt eine Frage, deren Beantwortung Ihnen wichtige Informationen über das betreffende LRS-Kind bringt. Beispiel: „Mir ist aufgefallen, daß Martin im Unterricht sehr zurückgezogen ist. Ich würde gerne wissen, wie er sich zuhause, vor allem auch mit den Geschwistern, verhält?" Die Fragen sollen sich auf das Kind, nicht auf die Eltern beziehen.

4. Eltern antworten lassen, evtl. nachfragen und zusammenfassen oder klären. Beispiel: „Könnten Sie dazu ein Beispiel bringen?" „Wie sieht das konkret aus, wenn er frech wird, was sagt er da z. B.?" Hören Sie aufmerksam und interessiert zu. Unterbrechen Sie nicht.

5. Wiederholen Sie die Aussage der Eltern in Ihren eigenen Worten und fragen Sie die Eltern, ob Sie sie richtig verstanden haben: „Wenn ich Sie richtig verstanden habe . . .", und bitten Sie die Eltern, Sie zu korrigieren. Versuchen Sie mit Ihrer Rückmeldung, die Aussage der Eltern ggf. prägnanter zu fassen. Durch dieses Verhalten erweisen Sie sich als guter Zuhörer, der ernsthaft auf die Eltern eingeht, gleichzeitig geben Sie den Eltern auch Gelegenheit, sich selbst zu korrigieren. Widersprüchliche Aussagen werden ihnen oft selbst bewußt, wenn Sie sich in einem Gespräch damit auseinandersetzen können (denken Sie daran, in diesem Gespräch übernehmen Sie die Rolle eines Beraters).

6. Stellen Sie weitere Fragen, die für Ihre Reaktionen gegenüber dem Schüler wichtig und für eine weitere Klärung der Situation hilfreich sind.

7. Lassen Sie die Eltern ausführlich antworten, muntern Sie mit Nachfragen auf und unterstützen Sie die Bemühungen der Eltern mit Zuwendung.

8. Für Vorschläge zur Förderung des Schülers greifen Sie möglichst auf Ansätze zurück, die von den Eltern selbst eingebracht wurden.

9. Wenn Ihre Meinung von der der Eltern abweicht, begründen Sie mit Fakten und werten Sie nicht die Aussage der Eltern ab! Verhindern Sie, daß die Eltern sich als Erzieher angegriffen fühlen. Beispiel: „Leider können wir in der Schule ... nicht verwirklichen, weil ..., aber ich denke, durch ... können wir ähnliches, wie Sie vorgeschlagen haben, erreichen."

10. Wenn die Eltern Sie um Ihre Stellungnahme bitten, bringen Sie Ihre eigene Meinung entweder anhand einer konkreten Beobachtung des Schülers ein oder formulieren Sie vorsichtig: „Es ist schwer für mich, hier etwas Konkretes zu sagen, ich könnte mir denken, daß ..., aber bitte, dies muß für Sie nicht zutreffen."

11. Versuchen Sie, strittige Punkte in konkreten Absprachen zu klären. Diese Absprachen sollten unbedingt ein Kompromiß sein. Bitte versuchen Sie nicht, in Ihrer stärkeren Position die Eltern zu überreden.

12. Beenden Sie das Gespräch mit der Vereinbarung, sich gegenseitig über Veränderungen zu informieren.

13. Verabschieden Sie sich, indem Sie sich für das Gespräch bedanken. Weisen Sie nochmals darauf hin, wie wichtig die Zusammenarbeit von Eltern und Lehrern ist; vereinbaren Sie einen neuen Termin.

L 6.5 Information für Eltern beim Schulanfang

Folgende Gesichtspunkte sind wichtig und sollten berücksichtigt werden.

1. Bei Ihrer nächsten ersten Klasse informieren Sie vorab alle Eltern an einem allgemeinen Elternabend über mögliche Schulschwierigkeiten, u. a. auch über die LRS. Weisen Sie darauf hin, daß die Schule für diese Störungen zuständig ist, daß Eltern auf keinen Fall selbständig „herumkurieren" sollen, da sie dadurch die Störung verschlimmern können.

2. Zeigt sich dann eine LRS, so sollten Informationen so früh wie möglich im persönlichen Gespräch gegeben werden.

3. Eltern und Schüler möglichst gleichzeitig oder unmittelbar hintereinander (z. B. am Abend die Eltern, morgens darauf die

Schüler) über die LRS und die beabsichtigten Fördermaßnahmen informieren.

4. Die Informationen sollen bewirken, daß Eltern und Schüler sich entlastet fühlen und keine Angst bekommen.

5. Informieren Sie sachlich, so daß deutlich wird, daß eine LRS etwas „Heilbares" und „Vorübergehendes" ist, daß aber für alle Beteiligten Belastungen (z. B. schlechte Zensuren) auftreten. Ausdauer und Geduld sind wichtig.

6. Betonen Sie die Wichtigkeit der Zusammenarbeit zwischen Eltern und Lehrern.

7. Eltern möchten ihr Kind bei Ihnen in der Schule gut aufgehoben wissen und nicht das Gefühl haben, zusätzlich zu Ihrer Förderung Hilfslehrer spielen zu müssen.

8. Informieren Sie die Eltern über bestehende Möglichkeiten, Erlasse etc. realistisch und ehrlich, wecken Sie keine überhöhten Erwartungen.

9. Geben Sie Ratschläge für förderliches Elternverhalten → E 3 und → E 4.

10. Informieren Sie die Eltern ausführlich über die sozialen Auswirkungen der LRS; machen Sie den Eltern damit bewußt, daß ihre Aufgabe hauptsächlich in der Stärkung des Selbstwertgefühls des Kindes, nicht in der Verbesserung der Schulleistung liegt.

L 6.6 Ratschläge und Hilfestellungen für Eltern

1. Allgemeines zu Ratschlägen

Eltern individuell zu beraten erfordert u. a. eine genaue Kenntnis der Familiengeschichte und der Bedeutung der Schulschwierigkeit für die Angehörigen. Diese Kenntnis erlangt der Lehrer nicht. Gibt er konkrete Ratschläge, so besteht die Gefahr, daß er ausgespielt wird. Die folgende Richtschnur für Ihre Beratungsarbeit beschränkt sich deshalb auf ein Minimum.

Sicher werden dadurch Potentiale verschenkt, Möglichkeiten der Förderung nicht genutzt. Wir stehen aber auf dem Standpunkt, besser zuwenig, als zuviel und das mit Risiko.

Überzeugen Sie die Eltern davon, daß sich ihre Mitarbeit auf Soziales und Formales beschränkt. Konkret: Die Eltern können, wie niemand sonst, das Selbstwertgefühl der Kinder stabilisieren, für positive Erfahrungen sorgen. So können z. B. attraktive Kindergeburtstage die

Integration des Schülers in die Klasse sichern. Das verbessert zugleich die Eltern-Kind-Beziehung. Die Eltern müssen davon abgehalten werden, in die Rolle von Co-Therapeuten, Hilfslehrern u. ä. zu schlüpfen. Wenn sie zuhause auf die Übungen des Kindes Einfluß nehmen wollen, dann höchstens so, daß sie die Lern*form* überwachen, insbesondere dafür sorgen, daß *nicht zu lange* geübt wird. Abweichungen von dieser Beschränkung sind nur zulässig, wenn *sichergestellt* ist, daß die Beziehung zwischen Eltern und Kind nicht gefährdet wird.

2. Material für Ihre Elternarbeit
Schriftliches Begleitmaterial unterstützt Einzelgespräche und Elternabende. Folgende Materialien haben wir für Ihre Elternarbeit zusammengestellt.
- Das „Regelblatt" mit „erprobten Ratschlägen für Eltern zur Förderung ihrer lese-rechtschreibschwachen Kinder (siehe Punkt 3).
Geben Sie Eltern dieses Blatt mit Ihrer Unterschrift nach einem *persönlichen* Gespräch mit.
- Den Eltern-Ratgeber Primarstufe → E 3
Diesen können Sie an engagierte Eltern weiterreichen. Besonders dann, wenn Sie wenig Zeit für Elterngespräche haben, wird Sie dieser Eltern-Ratgeber entlasten.
- Den Eltern-Ratgeber Sekundarstufe → E 4
Diesen Ratgeber können Sie zur Klärung von Fragen benutzen.

3. Erprobte Ratschläge für Eltern zur Förderung ihrer lese rechtschreibschwachen Kinder

Allgemeine Regeln für Eltern:
1. *Sie sind keine Nachhilfelehrer.* Ihr Bereich liegt außerhalb der Schule. Lassen Sie sich darin nicht verunsichern, auch nicht durch schlechte Schulleistungen.
2. *Sorgen Sie für das Selbstwertgefühl Ihres Kindes,* indem Sie ihm Erfolge vermitteln. Das heißt, bereiten Sie Ihrem Kind z. B. einen gelungenen Kindergeburtstag, laden Sie Mitschüler und Freunde ein, helfen Sie Ihrem Kind, ein Hobby zu finden, in dem es sich bestätigen kann (dafür hat der Lehrer keine Zeit!).
3. *Lassen Sie sich von der Liebe zu Ihrem Kind leiten,* weniger von der Sorge um die Zukunft.

4. *Vermeiden Sie* es, zum Kritiker Ihres Kindes zu werden. Sagen Sie, was es gut macht und halten Sie ihm nicht vor, was es nicht kann. So fördern Sie Ihr Kind.

5. *Sorgen Sie dafür,* daß Ihr Kind
   - sich nicht am letzten Tag vor einer Klassenarbeit mit wildem Üben verrückt macht,
   - nicht nach 19.00 Uhr lernt,
   - höchstens 15–30 Minuten am Stück arbeitet, also Pausen einlegt,
   - die vorgeschriebene Höchstzeit für Hausaufgaben nicht ständig überschreitet.

6. *Betrifft Lesen*
   Lesen Sie Ihrem Kind spannende Geschichten vor. Sie machen damit Lesen erstrebenswert (anstatt Fernsehen). Falls Ihr Kind mitmacht, lesen Sie Stücke mit verteilten Rollen.

7. *Betrifft Schreiben*
   Beachten Sie *immer* die Regel 4: Melden Sie Ihrem Kind *nur* die *richtig* geschriebenen Wörter zurück. Dazu benutzen Sie große Papierstücke und schreiben mit *grünem* Stift gut leserlich die *richtig* geschriebenen Wörter aus Diktaten, Hausaufgaben und sonstigen Schriftstücken darauf. Dies tun Sie, nachdem
   - Ihr Kind Sie darum gebeten hat,
   - Ihr Kind mit Ihnen ein Übungsdiktat schreiben wollte.
   (Solche Übungsdiktate sollten entweder schon geübte Diktate sein oder Texte aus dem letzten Schuljahr [leichte Texte].) Anschließend lesen Sie mit Ihrem Kind zusammen die richtigen Wörter laut vor. Richten Sie eine Ecke im Kinderzimmer ein, an der solche „grünen Zeitungen" aufgehängt werden können. Überlassen Sie das Rechtschreibtraining unbedingt dem Lehrer!

Eltern haben einen Blick für die guten Seiten Ihres Kindes. Merken Sie sich: Ein LRS-Kind hat ein ehrliches Lob von Eltern dann am nötigsten, wenn es aufgrund schulischer Leistungen keines verdient.

(Unterschrift des Lehrers)

L 6.7 Eltern-Schüler-Nachmittag bei Schulwechsel

Solch ein Treffen hat den Vorteil, daß Schüler unmittelbar an den Gesprächen und Absprachen beteiligt sind. Es sollte möglichst am Anfang des Schuljahres stattfinden. Der Lehrer kann diesen Nachmittag gemeinsam mit den Schülern vorbereiten. Günstig ist es, zunächst mit einem Spiel zu beginnen, das die Hemmungen abbauen hilft.

Vorschlag:
Eltern und Schüler sitzen bunt gemischt im Kreis. Zuerst werden durch Abzählen Paare gebildet. Der „linke" Partner „interviewt" den „rechten". Anschließend interviewt der zuvor rechte Partner nun wieder seinen *rechten* (also über die ursprüngliche Paargrenze hinweg!). Danach stellt jeder den von ihm interviewten Partner der Gruppe vor. Diese Form ist weniger angstauslösend und belastend, als wenn man sich selbst vorstellen muß. In der Rolle des Interviewers kann jeder Teilnehmer einen Beitrag zum Gruppengespräch beisteuern (dadurch identifiziert sich jeder positiv mit der Gruppe). Lehrer können sich zusammenschließen und für 2–3 Klassen gemeinsam ein solches „LRS-Treffen" anbieten.
Anschließend werden Informationen gegeben, Fragen beantwortet und Absprachen getroffen. Der Lehrer kann Eltern und Schülern am besten anhand von Bildern zeigen, wie er sich die Hausaufgabensituation und das Lernen zuhause vorstellt. Illustrationen, wie sie z. B. in unserem Eltern-Ratgeber zu finden sind, können auf Folie kopiert und mit einem Overhead-Projektor an die Wand projiziert werden.

Nach einer kurzen Situationsbeschreibung läßt der Lehrer Eltern und Schüler ihre eigenen Beispiele, Fragen und Einfälle dazu bringen.

L 6.8 Wenn Eltern den Lehrer drängen, schneller vorzugehen

Bleiben Sie als Lehrer den Ansprüchen solcher Eltern gegenüber höflich aber fest. Lassen Sie sich von dem Lerntempo, das die Kinder der Klasse Ihnen vorgeben, nicht abbringen und verhelfen Sie im Ernstfall den Langsameren zu ihrem Recht. Sie haben alle vernünftigen Argumente auf Ihrer Seite!

Drängelnde Eltern verlängern den vermeintlichen Vorsprung der Parallelklasse in ferne Zukunft und sehen daher ihr Kind beim Schulabschluß von anderen „überflügelt". Sie übersehen dabei all die anderen Faktoren, die dazu führen, daß sich die Verhältnisse eher umkehren: Die Klasse, die am Anfang gründlich lernt, und vor allem lernt, wie man lernt, hat im Endeffekt die bessere Basis für die späteren Lernprozesse.

L 6.9 Wenn Eltern den Lehrer auffordern, langsamer vorzugehen

Nehmen Sie die Bitte dieser Eltern ernst. Bitten Sie die Eltern, Ihnen zu sagen, aus welchen konkreten Einzelheiten sie ein zu hohes Lerntempo in der Klasse entnehmen und betrachten Sie die Eltern als „vorgeschobene Beobachtungsposten". Beobachten Sie die betroffenen Kinder in der Klasse und registrieren Sie die Stellen, an denen die Kinder unruhig werden. Sie erhalten daraus die nötigen Hinweise, an welcher Stelle Sie vertiefen müssen. Treffen Sie mit den Eltern Absprachen, wie diese Ihnen rückmelden können, ob das Kind weiter Schwierigkeiten hat oder nicht. Suchen Sie in jedem Fall zuerst die Ursache in Ihrem Unterricht und nicht sofort in einer Minderbegabung des Kindes. Dies gilt insbesondere, wenn das Kind nur an bestimmten Stellen hin und wieder, oder wenn verschiedene Kinder hinterherhängen. Umgekehrt aber gilt der Schluß nicht: Wenn ein Kind über längere Zeit oder dauernd hinterherhängt, so folgt daraus noch lange keine Minderbegabung! Auch nicht, wenn es das einzige Kind in der Klasse ist, das nicht mitkommt. Es gibt nämlich viele andere Gründe, die dafür verantwortlich sein können und die Sie nicht abklären können. Bitten Sie eine Schulberatungsstelle um Hilfe → L 1.3.

L 6.10 Rechtschreiben entdramatisieren

Das Drama mit der Rechtschreibung folgt aus der Überbewertung der Rechtschreibung in vier Bereichen: In der Schule, im Elternhaus, durch den Schüler selbst und in der Öffentlichkeit. Davon ist die Öffentlichkeit (z. B. der spätere Lehrherr) Ihrem Einfluß weitgehend entzogen. Den hier fälligen Kampf um eine Rechtschreibreform können Sie nur unterstützen, indem Sie sich mit anderen zusammenschließen.

Dagegen können Sie in den anderen drei Bereichen zur konkreten Erleichterung für Ihre Schüler beitragen, indem Sie als Lehrer der Rechtschreibung ihren überhöhten Stellenwert aberkennen. Dazu haben Sie z. B. folgende Möglichkeiten: Sie können selbst auf die Bewertung der Rechtschreibung in allen Fächern verzichten und bei Ihren Kollegen darauf hinwirken, daß niemand Noten wegen schlechter Rechtschreibung heruntersetzt. Bei allen beteiligten Erwachsenen (also Eltern und Lehrern) können Sie heilsames Nachdenken auslösen, indem Sie ihnen zeigen, daß keiner wirklich sattelfest in der Rechtschreibung ist: Verführen Sie die Erwachsenen im Kollegium und an einem Elternabend einmal dazu, das Kosog'sche Diktat zu schreiben. Benutzen Sie die Schwierigkeiten der Kollegen und der Eltern, um ihnen zu zeigen, daß Rechtschreibung nichts mit Intelligenz oder Charakter zu tun hat. Gegen den Einwand, es habe früher nicht so viele LRS-Schüler gegeben, können Sie das Argument setzen, daß früher die vier Grundschuljahre fast ausschließlich für das Erlernen von Lesen, Schreiben und Rechnen reserviert waren und daß die gleichgebliebenen Beurteilungskriterien im krassen Widerspruch zum stark reduzierten Gewicht des Rechtschreibunterrichts stehen. Schließlich sollten Sie bei den Eltern und beim Schüler eine Entkrampfung anstreben, indem Sie darauf hinweisen, daß Rechtschreibung gelernt werden kann und kein Schicksal ist; daß dies aber seine Zeit braucht.

Weiterführende Literatur:

Adrion (1978)
Speichert (1978)

L 6.11 Erfolgskontrollen

Wer sich mit der Veränderung von Verhalten beschäftigt, muß sich fragen, welche Veränderungen realistisch zu erwarten sind und wie man sie beobachten kann. Der Elternberater erwartet, daß sich die

Eltern an getroffene Absprachen halten und seine Ratschläge befolgen.

In seltenen Ausnahmefällen drückt sich der Erfolg der Elternarbeit unmittelbar in den besseren Noten des Schülers aus. Bessere Leistungen sind aber ein Ergebnis, das selbst bei getreuer Befolgung der Ratschläge nicht in allen Fällen eintritt.

Es ist ein sicheres Zeichen für Erfolg in der Elternarbeit, wenn der Lehrer feststellt, daß die Eltern auf schlechte Noten gelassener reagieren (weil sie sich nicht mehr selbst benotet fühlen). Auch das Gelingen eines Gesprächs zwischen Eltern und Lehrer, in dem beispielsweise eine Klassenwiederholung erörtert wird, kann als Erfolg der Elternarbeit gewertet werden.

Bei Schülern, die schon immer ein gutes Verhältnis zu ihren Eltern hatten, werden Lehrer kaum Änderungen bemerken. Ein Erfolg kann aber insofern verbucht werden, als der Eltern-Lehrer-Kontakt möglicherweise dazu beigetragen hat, das positive Verhältnis zu stabilisieren. Größere Änderungen werden Lehrer bei solchen Schülern feststellen können, deren Eltern zuvor ängstlich-kontrollierend oder auch mit großer Härte die Selbständigkeitsentwicklung der Kinder verhindert haben. Konnte der Lehrer die Eltern davon überzeugen, sich aus den häuslichen Arbeiten herauszuhalten, so wird ein Großteil der Schüler zunächst desorientiert wirken und schwankende Leistungen bringen. Viele Schüler werden erst in einem Wiederholungsjahr die notwendige Stabilisierung erreichen.

Realistisch ist, daß viele Schüler vorübergehend in den Leistungen „absacken". Sie waren daran gewöhnt, unter Strafandrohungen oder ständiger Betreuung zu arbeiten. Wenn diese nun wegfallen, entsteht beim Schüler das Gefühl, er müsse nichts mehr tun*.

Um festzustellen, ob die Eltern sich noch in die häuslichen Arbeiten ihrer Kinder einmischen, kann man eine relativ aufwendige schriftliche Hausaufgabe geben. Am nächsten Tag kontrolliert der Lehrer besonders die Arbeiten der LRS-Schüler. Sind sie „allzu fehlerfrei" erledigt, so kann der Lehrer beiläufig erwähnen, „da haben die

---

* Der Lehrer kann in dieser schwierigen Übergangsphase helfen, wenn er Kontrollfunktionen übernimmt, ohne sich als neue Strafinstanz aufzubauen. Dazu muß er in einem entspannten Gespräch klären, welche Folgen nicht erledigte Hausaufgaben für den Schüler haben sollen. Der Schüler soll selbst Vorschläge machen, damit er merkt, daß es dem Lehrer nicht darum geht, ihn zu bestrafen, sondern ihn mit den Folgen seines Verhaltens zu konfrontieren.

Eltern aber wieder fleißig mitgeholfen". Aus der Reaktion des Schülers, seinem Gesichtsausdruck und seiner Haltung kann man aber schließen, welcher Art diese Hilfe gewesen sein mag. Macht der Schüler einen fröhlichen und zufriedenen Eindruck, liegt es nahe, an eine gelungene Hilfestellung der Eltern zu denken, die dem Kind nicht aufgezwängt wurde. Hat der Lehrer zu diesem Schüler einen guten Kontakt, kann er davon ausgehen, daß Eltern und Schüler nicht gegen ihn „paktieren". Sind die Hausaufgaben relativ ordentlich, der Schüler aber muffig und im Unterricht sehr unausgeglichen, ablenkbar und in irgendeiner Weise schwierig, dann sollte der Lehrer die Eltern zu einem Gespräch bitten und ihnen dies mitteilen. Zuvor ist ein Gespräch mit dem Schüler allein ratsam, um nähere Informationen zu erhalten und andere Ursachen für sein Verhalten auszuschließen.

Findet sich bei dieser schwierigen Hausaufgabe ein Vermerk der Eltern, daß sie nach der vereinbarten Zeit den Schüler zum Abbrechen aufgefordert haben, so zeigt dies, daß die Eltern die Absprache einhalten.

Eltern, die sich nicht an die Absprachen halten, sollte man etwa ein halbes Jahr Zeit geben und etwa einmal pro Monat versuchen, sie in einem kurzen Gespräch (telefonisch oder mündlich) aufzumuntern, ihnen positive Leistungen ihres Kindes aufzeigen, sie bitten, sich an die getroffen Absprachen und vorgeschlagenen Eltern-Hilfen zu halten. Wenn der Lehrer das Gefühl hat, daß die Absprache eingehalten wurde (z. B. deutlich sichtbar durch einen Vermerk im Hausheft), kann er bei sehr verunsicherten Eltern daraufhin anrufen und dies ausdrücklich anerkennen.

Ändert sich nach dem halben Jahr trotz regelmäßiger Elternkontakte nichts am Verhalten des Schülers und hat der Lehrer deutlich den Eindruck, daß das unverändert strafende, bedrängende, kontrollierende, überbehütende und mißtrauische Verhalten der Eltern den Schüler belastet, dann sollte er für die weiteren Bemühungen eine schulpsychologische Beratungsstelle, eine Erziehungsberatungsstelle oder einen frei praktizierenden Psychologen hinzuziehen.

Bei seiner Elternarbeit spürt der Lehrer bald, ob die Lese-Rechtschreibschwäche in einer Familie Störungen im Familienprozeß signalisiert. Lehrer stehen an einer wichtigen Stelle im sozialen Netz. Werden Ärzte mit den körperlichen Krankheiten konfrontiert, die häufig durch seelische Ursachen bedingt sind, so werden Lehrer mit Lernstörungen konfrontiert, die häufig seelische Störungen auslösen oder verfestigen. Sie besitzen ähnliche Autorität wie der Arzt und können die Betroffenen frühzeitig auf notwendige, außerschulische Behandlung aufmerksam machen*.

Wer mit der Förderung lese-rechtschreibschwacher Schüler betraut ist, profitiert von der kooperativen Zusammenarbeit mit Schulpsychologen und Beratungsstellen. Dies nicht zuletzt deshalb, weil ein Förderlehrer auch selbst ab und zu Beratung braucht.

---

* Gelingt es dem Lehrer nicht, problematische Schüler und Eltern an eine Beratungsstelle zu überweisen, entweder, weil dort niemand Zeit hat oder aber weil den Eltern die Bereitschaft dazu fehlt, so bleibt nichts anderes übrig, als diesen unbefriedigenden Zustand zu ertragen. Die große Gefahr für den Lehrer besteht darin, es trotz besseren Wissens „noch einmal probieren" zu wollen. Mitleid mit dem Schüler und persönlicher Ehrgeiz verführen manchen Lehrer, den Manipulationen solcher Eltern zu erliegen und sich in eine neurotische Beziehung mit ihnen einzulassen. Erfolg in der Elternarbeit kann nur entstehen, wenn beide Parteien bereit sind, ihren Beitrag dafür zu leisten. Wenn Eltern einseitig Forderungen an den Lehrer stellen und dessen Angebote für ihre Zwecke mißbrauchen, sollte der Lehrer sich aus dem Elternkontakt zurückziehen, formell und höflich bleiben und sich an die Absprachen und Regelungen halten, die für alle LRS-Schüler gelten → L 1.7.

E Ratschläge für Eltern

E 1 Eltern-Ratgeber I: Leben mit der Lese-Rechtschreibschwäche

E 1.1 Erwartungen prüfen

In Kapitel 10 haben wir bereits erläutert, daß es passende und unpassende Erwartungen gibt. Die zwangsläufige Folge von unpassenden Erwartungen sind Enttäuschungen, die sich auf das Selbstwertgefühl des Kindes und die häusliche Stimmung negativ auswirken.

Bitte beschäftigen Sie sich ausführlich mit den folgenden Listen von Erwartungen (aus Betz/Breuninger, 1982, S. 104 ff.).

Liste 1

Meist unpassende Erwartungen an lese-rechtschreibschwache Kinder:

Ihre Erwartung:	tatsächliches Verhalten Ihres Kindes:	immer	manch-mal	nie
Mein Kind sollte/müßte				
– konzentriert arbeiten!	tut es das?	☐	☐	☐
– systematisch arbeiten!	tut es das?	☐	☐	☐
– ehrgeizig sein!	ist es das?	☐	☐	☐
– den Willen haben, richtig schreiben zu lernen!	hat es ihn?	☐	☐	☐
– einsehen, daß es weniger spielen kann als andere!	sieht es dies ein?	☐	☐	☐
– regelmäßig und ordentlich seine Hausaufgaben machen!	macht es sie?	☐	☐	☐
– länger üben als andere!	tut es das?	☐	☐	☐

Liste 2

Meist passende Erwartungen an lese-rechtschreibschwache Kinder:

Ihre Erwartung:	tatsächliches Verhalten Ihres Kindes:	immer	manch-mal	nie
Mein Kind wird				
– sich vor Lesen oder Schreiben drücken!	drückt es sich?	☐	☐	☐
– sich vor den Hausaufgaben drücken!	drückt es sich?	☐	☐	☐
– vor der Schule Angst haben!	hat es Angst?	☐	☐	☐
– öfter krank sein!	ist es das?	☐	☐	☐
– launisch sein!	ist es launisch?	☐	☐	☐
– unkonzentriert sein!	ist es das?	☐	☐	☐
– frech sein!	ist es frech?	☐	☐	☐
– weinerlich und kindlich sein!	ist es das?	☐	☐	☐
– uneinsichtig sein!	ist es das?	☐	☐	☐
– dem Üben ausweichen!	weicht es aus?	☐	☐	☐

Zunächst zu den meist unpassenden Erwartungen (Liste 1):
Hierzu ist zu sagen, daß es kaum ein Kind gibt, das immer konzentriert und systematisch arbeitet usw. Wir sind bei einem Kind, das keine Leistungsstörungen hat, hochzufrieden, wenn es *manchmal* konzentriert ist.
Tragen Sie nun in den folgenden Zeilen alle Erwartungen aus Liste 1 ein, bei denen Sie „manchmal" oder „immer" angekreuzt haben:
Obwohl mein Kind lese-rechtschreibschwach ist,

_____

_____

Nun zu den meist passenden Erwartungen aus Liste 2:
Auch hier gilt es zu bedenken, daß es kaum ein Kind gibt, das sich z. B. nie vor den Hausaufgaben drückt. Tragen Sie alles ein, bei dem Sie „manchmal" oder „nie" angekreuzt haben:
Obwohl man das Gegenteil erwarten müßte,

_____

_____

_____

Lesen Sie sich das Ergebnis Ihrer Arbeit im Zusammenhang durch.
Lassen Sie das Ergebnis auf sich wirken.
Bedenken Sie: *Das sind positive Einstellungen und Verhaltensweisen Ihres Kindes, die man nicht erwarten kann!*
Nehmen Sie diese Einstellungen und Verhaltensweisen Ihres Kindes nicht als Selbstverständlichkeiten hin!

Freuen Sie sich!

Teilen Sie diese Freude Ihrem Kind mit. Wenn Ihr Kind einmal anders handelt, dann beachten Sie das nicht und hüten Sie sich davor, enttäuscht zu reagieren.
Vielleicht hilft Ihnen folgendes Beispiel:
Sie machen einer Freundin unerwartet ein ganz besonderes Geschenk. Einige Zeit später merken Sie, daß Ihre Freundin nun von Ihnen erwartet, daß sie immer solche Geschenke erhält. Können Sie das Gefühl beschreiben, das Sie jetzt überfällt?
Genauso wird es Ihrem Kind gehen, das gerade einen „Fleißanfall" hat, sich übermäßig anstrengt, auf's Spielen verzichtet und dem es dann tatsächlich gelingt, eine bessere Note als bisher mit nach Hause zu bringen. Zunächst freuen Sie sich und dann erwarten Sie von Ihrem Kind – nachdem es ja gezeigt hat, daß es geht – daß es sich immer so verhält. Was glauben Sie, wird Ihr Kind tun, wenn Sie sich so verhalten? Wovor glauben Sie, wird Ihr Kind sich künftig hüten?

Passende und unpassende Erwartungen an die Schule und die Lehrer

Auch im Verhältnis zur Schule und zum Lehrer Ihres Kindes sorgen unpassende Erwartungen dafür, daß Sie enttäuscht werden. Eltern gehen im Grunde völlig berechtigt davon aus, daß ihr Kind in der Schule lesen und schreiben lernt. Schwierigkeiten müßten nach ihrer Meinung in der Schule behoben werden. Leider ist die Wirklichkeit jedoch oft ganz anders.
Bitte beschäftigen Sie sich wieder mit einer Liste von unpassenden und passenden Erwartungen. Füllen Sie die Tabelle aus:

Liste 3

Meist unpassende Erwartungen an Lehrer:

Ihre Erwartung:	tatsächliches Verhalten des Lehrers:	völlig	teilweise	nein
der Lehrer müßte				
– mein Kind verstehen	versteht er?	☐	☐	☐
– mein Kind besonders fördern	fördert er?	☐	☐	☐
– informiert sein über LRS	ist er informiert?	☐	☐	☐
– Zeit haben für mein Kind	hat er Zeit?	☐	☐	☐
– den Eltern richtige Ratschläge erteilen können	gibt er sie?	☐	☐	☐
– freiwillig eine Zusatzausbildung machen	macht er sie?	☐	☐	☐

Liste 4

Meist passende Erwartungen an Lehrer:

Ihre Erwartung:	tatsächlicher Zustand:	völlig	teilweise	nein
Der Lehrer ist				
– nicht ausgebildet für die Betreuung von LRS-Kindern	ist er unausgebildet?	☐	☐	☐
– überfordert mit der Berücksichtigung der LRS-Kinder im Normalunterricht	ist er überfordert?	☐	☐	☐
– in Zeitnot	ist er in Zeitnot?	☐	☐	☐
– unter Druck von Ministerien und Erlassen	stimmt das?	☐	☐	☐
– im Prinzip gewillt, das Beste für die Kinder zu tun	will er das Beste tun?	☐	☐	☐
– schlecht auf ihre Aufgaben vorbereitet	ist er schlecht vorbereitet?	☐	☐	☐
– nicht gegen mein Kind eingestellt	ist er das?	☐	☐	☐
– kein böser Mensch, der ist absichtlich ungerecht	ist er absichtlich ungerecht?	☐	☐	☐

Tragen Sie in die folgenden Zeilen die Erwartungen aus Liste 3 – meist unpassend –, die Sie mit „teilweise" oder „völlig" markiert haben, ein:

Trotz unzureichender Lehrerausbildung ist es dem Lehrer möglich:

_____

_____

_____

Die Erwartungen aus Liste 4 – meist passend – die Sie mit „teils" und „nein" angekreuzt haben, tragen Sie hier ein:

Gegen alle Erwartungen ist der Lehrer meines Kindes:

_____

_____

_____

Lesen Sie auch hier wieder das Ergebnis im Zusammenhang durch. *Freuen* Sie sich auch hier über günstige Abweichungen, denn:

– die normale Lehrerausbildung befähigt die Lehrer leider nicht, mit LRS-Schülern richtig umzugehen.
– trotz der Erlasse sind die Schulen nicht dafür eingerichtet, die LRS-Schüler überall qualifiziert zu fördern.
– gute Förderung kostet Geld, und das wird immer knapper. Deshalb sind die Änderungen der Erlasse nicht immer zugunsten der Kinder.

E 1.2 Verhinderung von Stigmatisierung in der Familie

Ein Stigma ist eigentlich ein Brandzeichen, mit dem Tiere einer Herde „gebrandmarkt" wurden. In der Psychologie versteht man unter „Stigmatisierung" einen Vorgang, bei dem eine Person bestimmte (meist schlechte) außergewöhnliche Eigenschaften zugesprochen bekommt. Dies kann so geschehen, daß andere über die Person reden, aber auch so, daß der Betroffene sich selbst die Eigenschaft zuschreibt.

Wichtig ist dabei, daß solche Stigmatisierungen erst wirksam werden, wenn der Betroffene selbst mitmacht. Wenn ich z. B. der Überzeugung bin, ich könne Auto fahren, kann mich die Ansicht des Fahrlehrers nicht irritieren. Erst wenn seine Zweifel bei mir auf fruchtbaren Boden fallen, beginnt die Wirkung.

Ein gesundes Selbstbewußtsein ist also der beste Schutz vor Stigmatisierungen.

Aber gerade dies fehlt ja den Kindern in den meisten Fällen, wenn sie einmal in der Mühle der Lern- und Leistungsstörungen stecken. Im Fall der LRS-Kinder liegen Stigmatisierungen geradezu „in der Luft".

Ein Kapitel für sich ist der Tadel bei schlechten Leistungen. Er *kann* für kurze Zeit anspornen. Dies ist jedoch nur die eine Seite der Medaille, die andere ist Stigmatisierung: Sowohl aus dem Inhalt des Tadels, als auch aus der Tatsache, daß überhaupt getadelt wird, kann das Kind unter Umständen Annahmen über sich selbst ableiten, die ihm schaden.

„Kannst Du das wirklich nicht begreifen?"

„Nimm Dich zusammen."

„Bleib bei der Sache . . ."

Aus allen diesen Aussagen kann der Schüler – wenn der Boden bereitet ist, Eigenschaften ableiten, die *er* hat oder von denen die anderen glauben, daß er sie hat. Es läßt sich kaum eine Formulierung finden, aus der das Kind nicht eine Erklärung für sein Versagen ziehen kann. Beides, die Wirkung der Erklärungen wie die Wirkung der sozialen Isolation ist im ersten Teil besprochen worden.

Schließlich kann jede besondere Rücksichtnahme sich als „Schuß nach hinten" erweisen. Wenn man auf mich schon besonders Rücksicht nimmt, wie schlimm muß es dann um mich stehen!

Hier sollen einige Grundregeln folgen, die zwar nicht in jedem Fall Stigmatisierungen ausschließen, aber ein Grundklima schaffen können, in dem sie weniger gedeihen.

1. Ehrlichkeit: Je ehrlicher Sie Ihrem Kind Ihre Sorgen und Ihre Betroffenheit mitteilen, und zwar als etwas, das mit Ihnen selbst, und weniger mit dem Kind zu tun hat, um so unnötiger wird das heimliche Forschen der Kinder nach evtl. zurückgehaltenen Meinungen etc.

2. Wenn Sie tadeln, weil Ihnen der „Kragen platzt", versuchen Sie, bei reinen Beschreibungen des Verhaltens zu bleiben und liefern Sie keine Deutungen. Sagen Sie: „Das habe ich Dir jetzt schon viermal erklärt und ich habe keine Lust, es Dir immer wieder zu erklären!" (Beschreibung Ihres Verhaltens und ehrliche Mitteilung Ihrer Stimmung.) Sagen Sie aber nicht: „Bist Du wirklich zu

dumm, um das zu verstehen?". (Mit der Deutung „dumm" würden Sie eine Erklärung liefern und zugleich das Kind abwerten.)
3. Klare Zusammenhänge schaffen: Achten Sie bei allen Maßnahmen darauf, daß der Zusammenhang erklärt und benannt wird. Es ist richtig, auf die Legasthenie Rücksicht zu nehmen. Das Kind darf aber nicht mit der Annahme ins Bett gehen, die Rücksicht beziehe sich auf seine *Person* und es werde geschont, weil es „arm dran" ist, sondern die Rücksicht muß klar als eine vorübergehende Maßnahme definiert werden, die dazu dient, Zeit zu gewinnen, um die notwendige zusätzliche *Arbeit* zu leisten.

E 1.3 Psychische Unterstützung des Kindes

Gerade dann, wenn Ihr Kind lese-rechtschreibschwach ist, braucht es dringend Ihre Anerkennung und Ihre Unterstützung, damit es nicht den Mut verliert.
Machen Sie die Übung → E/L 2.
Der Punkt ist die Lese-Rechtschreibschwäche Ihres Kindes. Lassen Sie nicht zu, daß sie und die Schule Ihr Familienleben überschatten. Richten Sie Ihre Wahrnehmung bewußt auf die kleinen und großen Freuden des Alltags, die uns vor Resignation schützen können.

E 1.4 Dreimal täglich

Dieser Ratschlag hilft Ihnen, sich auf die positiven Seiten Ihres Kindes zu konzentrieren und echten Stolz und echte Freude zu empfinden. Führen Sie ein Tagebuch und tragen Sie täglich *drei Dinge* ein, die Ihr Kind gut gemacht hat, über die Sie sich gefreut haben und die Sie nicht als selbstverständlich betrachten.
Wenn Sie einmal enttäuscht und mutlos über Ihr Kind sind, lesen Sie in Ihrem Tagebuch!

Beispiele aus Tagebuchaufzeichnungen:

Samstag:
1. Iris hat Frühstück gemacht.
2. Iris hat meinen Ärger auf die Nachbarn verstanden.
3. Ich habe mich auf Iris verlassen können; sie hat mich nicht gestört, als ich Besuch von Veronika hatte. Sie hat mich auch nicht ausgenützt und sich an die Absprache mit der Fernsehzeit gehalten.

Montag:
1. Andreas lacht beim Wecken.
2. Andreas hilft mit seiner lustigen Art, die Spannungen beim Mittagessen zu beseitigen.
3. Andreas fährt wirklich phantastisch Skatebord.

Mittwoch:
1. Frieder geht von selbst pünktlich zur Schule.
2. Frieder hat auf einen guten Moment gewartet, um mit mir die Mathe-5 zu besprechen.
3. Frieder hat sich mittags vor den Hausaufgaben ausgeruht.

E 1.5 Wenn der Lehrer zu schnell vorgeht

Sie können das daran erkennen, daß Ihr Kind den alten Stoff noch nicht beherrscht und schon Neues durchgenommen wird. Wenden Sie sich in diesem Fall an den Lehrer, allerdings nicht als Einzelkämpfer, sondern nachdem Sie sich vorher mit anderen Eltern abgesprochen haben → E 2. Geben Sie dem Lehrer ganz offiziell Ihre Zustimmung, langsamer im Stoff fortzuschreiten, auch wenn dadurch der Eindruck entsteht, der Lehrplan könne nicht erfüllt werden.

E 1.6 Wenn der Lehrer zu langsam vorgeht

Geraten Sie nicht in Panik. Auch wenn die Nachbarklasse schon viele Seiten weiter ist. Lassen Sie dem Lehrer sein Tempo, es ist das Tempo, in dem er den besten Unterricht macht, der unter den gegebenen Umständen möglich ist. Ein scheinbar langsames Fortschreiten ist in Wirklichkeit oft die viel effektivere Methode, weil das Gelernte besser vertieft werden kann. Außerdem lernen die Kinder nebenbei eine Menge, z. B. „wie man lernt". Die Klassen, die langsam beginnen, überholen die anderen Klassen oft schon gegen Ende des ersten Schuljahres. Wenn Sie bemerken, daß andere Eltern (z. B. auf dem Elternabend) den Lehrer drängen, schneller fortzuschreiten, tun Sie etwas dagegen, stellen Sie sich hinter den Lehrer. Versuchen Sie, andere Eltern zu überzeugen und sich mit ihnen abzusprechen.

E 1.7 Heute gibt es Zeugnisse

Wenn ein schlechtes Zeugnis zu erwarten ist, wird Ihr Kind mit einem unguten Gefühl in die Schule gehen, und es wird enttäuscht mit seinem Zeugnis nach Hause kommen.

Zeigen Sie Ihrem Kind, daß Sie es auch mit einem schlechten Zeugnis mögen, daß Sie es nicht im Stich lassen und zu ihm stehen. Ihr Kind braucht diese Sicherheit, damit es nicht den Mut verliert.

Schreiben Sie Ihrem Kind an diesem Tag ebenfalls ein Zeugnis, das es auf einem gemütlich gedeckten Tisch vorfindet, wenn es aus der Schule nach Hause kommt. Sie können Ihrem Kind so zeigen, daß die Leistungsbereiche der Schule nicht das ganze Leben sind.

Ihr Zeugnis könnte z. B. so aussehen:

Zeugnis für Claudia

Zuverlässigkeit und Einhalten von Absprachen	gut
Rücksicht nehmen	fast immer gut
Fair streiten können	befriedigend
Den Eltern eine kleine Freude machen	sehr gut
Witze erzählen	gut
Verlieren können	befriedigend
Zähneputzen	ausreichend
Tischdecken	gut
Abtrocknen	befriedigend
Schuhe putzen	ausreichend

(Ihnen wird sicher noch etwas einfallen!)

Wir wollen mit diesem Vorschlag nicht erreichen, daß Sie und Ihr Kind das Schulzeugnis nicht ernst nehmen. Es soll ihm nur etwas von seinem Gewicht genommen werden. Wichtig ist, daß Ihr Kind sieht, daß es wie jeder andere Mensch Stärken und Schwächen hat.

E 2 Eltern-Ratgeber II: Umgang mit Lehrern

Durch gut geführte Gespräche mit dem Lehrer können Sie viel für Ihr Kind tun. Diese Kontakte sollen regelmäßig und mit dem Ziel erfolgen, Informationen auszutauschen (siehe Kap. 11) und zu konkreten Absprachen (siehe Kap. 12.4) zu kommen. Eine gute Grundlage ist ein „Schultagebuch", in dem die Eltern ihre Beobachtungen notieren: Hausaufgabendauer, Schwierigkeiten, Unterrichtsinhalte, andere Kinder oder Lehrerverhalten, die das Kind besonders positiv oder negativ schildert. Dadurch erhalten Ihre Fragen und Aussagen Substanz.

Ein gutes Los haben Sie gezogen, wenn Ihr Kind an einen verständnisvollen Lehrer geraten ist (siehe Kap. 9.4, „Ideallehrer"). Mit ihm finden Sie sicher schnell zu fruchtbaren Absprachen. Lassen Sie aber die Hoffnung nicht fallen, wenn Ihr Kind weniger Glück hatte.

E 2.1 Der „Ideallehrer"

Vorbereitung auf das Gespräch:
Schreiben Sie sich auf einen Zettel, welche Fragen Sie klären wollen. Bereiten Sie die Absprachen vor, indem Sie Beispiele für die Schwierigkeiten parat haben (aus dem Schultagebuch) und Vorschläge für eine Absprache vorformuliert haben. Machen Sie sich Ihre Argumente klar, die Ihre Vorschläge begründen können.
Tips für die Gesprächsführung:
Beschränken Sie sich auf höchstens 2–3 Einzelpunkte. Beschränken Sie das Gespräch auf 30 Minuten oder kürzer. Bringen Sie Ihren vorbereiteten Zettel mit, auf dem Sie die Fragen, Beispiele und Vorschläge aufgeschrieben haben. Stellen Sie Fragen und hören Sie sich die Antwort des Lehrers genau und vorurteilsfrei an. Versuchen Sie, nicht zu sehr an Ihrem Konzept und Ihren Vorstellungen kleben zu bleiben. Der Lehrer sieht das Problem aus seiner Sicht und kann Ihre Sichtweise erweitern helfen.
Versuchen Sie, Ihre Ansichten sachlich und immer mit konkreten Beispielen zu belegen. Fragen Sie den Lehrer nach Begründungen für seine Ansichten und Vorschläge.
Nehmen Sie sich 10 Minuten vor Ende der Gesprächszeit vor, auf konkrete Absprachen hinzuarbeiten.

Hierzu hilft Ihnen der Ratschlag Absprachen → E 2.4
Beschreiben Sie dem Lehrer konkret, welche seiner Hilfestellungen und Maßnahmen beim Kind gut ankommen, d. h., geben Sie dem Lehrer Rückmeldungen über seinen Unterricht und über seine Bemerkungen.

E 2.2 Der „Junglehrer"

Hier gilt alles, was beim Lehrerkontakt mit Ideallehrern schon gesagt wurde. Zusätzlich möchten wir Ihnen folgenden Rat geben:
Verunsichern Sie den Lehrer nicht, indem Sie sich überlegener und informierter zeigen als er selbst. Damit würden Sie ihn in eine Verteidigungsposition bringen. Schlagen Sie dem Lehrer vor, Teile dieses Buches gemeinsam mit den Eltern zu besprechen und erbitten Sie seine Stellungnahme als Fachmann für Pädagogik. Egal, wie jung er ist, er ist Fachmann für Lernen.
Versuchen Sie, eine Elterninitiative gemeinsam mit dem Lehrer zu gründen und bieten Sie tatkräftige Hilfe an, besonders im Förderunterricht (siehe Kap. 8.7 und 9.5). Der Junglehrer braucht die Unterstützung der Eltern, hat er doch oft, gerade wenn er eine aufgeschlossene Einstellung hat, einen schweren Stand im Lehrerkollegium. Er muß sich erst bewähren. Dabei können Sie als Eltern helfen. Dies sollte Ihr vordringlichstes Ziel sein. Bemühen Sie sich um ein gutes Verhältnis mit dem Junglehrer, auch wenn er Sie aufgrund seiner mangelnden Erfahrung manchmal enttäuscht. Machen Sie sich klar, daß auch hier die Übung „Auswiegen" (E/L 1) angebracht ist: Auf der einen Seite ist der Junglehrer unerfahren und pädagogisch unsicher, auf der anderen Seite können Sie als Eltern mehr Einfluß nehmen.

E 2.3 Der „LRS-Gegner"

Bevor wir Ihnen Tips und Ratschläge aufzählen, wie Sie mit solchen Lehrern umgehen können, bitten wir Sie, die Übung „Auswiegen" (E/L 1) durchzuführen. Dann prüfen Sie, ob an dem, was der Lehrer sagt und macht, etwas dran ist, das Sie persönlich kränkt, das Sie nicht hören wollen. Machen Sie sich noch einmal mit Kap. 11 vertraut. Um sich in die Lage des Lehrers hineinzuversetzen, der mit überhöhten Erwartungen von Eltern zu kämpfen hat, raten wir Ihnen die Lektüre von → L 1.7 und → L 6.6 an.

Wenn Sie sich im Gespräch mit anderen Eltern und evtl. mit dem Beratungslehrer vergewissert haben, daß Ihr Eindruck stimmt und Sie sicher sind, daß das Verhalten des Lehrers unsachlich und der Lese-Rechtschreibschwäche Ihres Kindes unangemessen ist, dann gibt es für Sie als Eltern 2 Möglichkeiten zu reagieren:

1. Sie arbeiten darauf hin, daß Ihr Kind einen anderen Lehrer erhält.
2. Sie verschaffen sich bei diesem Lehrer durch hartnäckiges Fragen Gehör und setzen die für Ihr Kind notwendigen Regelungen durch.

Welcher Weg für Sie der richtige ist, wird einmal von Ihrer Zähigkeit und Überzeugungskraft und zum anderen von Ihrem Mut und den realen Möglichkeiten abhängen. Scheuen Sie sich nicht, bei dieser heiklen Angelegenheit Hilfe und Beratung in Anspruch zu nehmen.

Für die zweite Alternative haben wir einen Plan erstellt:

Bestehen Sie auf regelmäßigen Gesprächen, nicht unter 20 Minuten pro Treffen und etwa alle 4–6 Wochen. Lassen Sie sich nicht zwischen den Schulstunden abfertigen. Bringen Sie den Lehrer dazu, über die von Ihnen sorgfältig ausgesuchten und vorbereiteten Fragen nachzudenken und zu antworten. Nehmen Sie sich aus der untenstehenden Frageliste für jedes Gespräch etwa 2–3 Fragen vor, die Sie stellen. Um die Antworten beurteilen zu können, lesen Sie vorher die jeweils angegebenen Abschnitte in diesem Buch.

Zum Gesprächsverlauf (siehe auch Speichert, 1980, S. 46–51):

1. Stellen Sie Ihre Frage und hören Sie aufmerksam zu. Unterbrechen Sie den Lehrer nicht und versuchen Sie zunächst, möglichst sachlich die Antwort aus der Sicht des Lehrers zu sehen. Selbst wenn der Lehrer inkompetent ist, so wird er doch nicht in allen Punkten „versagen". Lassen Sie sich aber nicht abspeisen mit Ausweichmanövern oder Übergehen der Frage. Sie haben ein Recht auf Antwort!
2. Vergleichen Sie die Antwort mit Ihren Vorinformationen.
3. Nehmen Sie zu den Antworten des Lehrers Stellung, indem Sie über konkrete Beobachtungen und Erlebnisse *anhand* Ihres *bitte sorgsam geführten Schultagebuches* berichten.
4. Wenn der Lehrer auf einer Regelung besteht, die Sie aufgrund Ihrer Überzeugung und Ihres Wissens um die Lese-Rechtschreibschwäche ablehnen, stehen Sie zu Ihrer Meinung.

Beispiel:

Der Lehrer erwartet von Ihnen, daß Sie mit dem Kind zusätzliche Übungen durchführen und akzeptiert Ihren Einwand nicht, daß der Schüler das nicht freiwillig tut und Sie ihn nicht zwingen möchten. Lehnen Sie die zusätzliche Übung ab und holen Sie sich Hilfe. Solch ein Lehrer wird auch mit anderen Eltern Schwierigkeiten haben, so daß es sich lohnt, eine Elterninitiative zu starten und einen Fachmann einzubeziehen. In jedem Fall begründen Sie Ihre Meinung und machen Sie klar, nach welchen Grundsätzen und Erkenntnissen Sie sich anders verhalten. Versuchen Sie, den Konflikt nicht größer zu machen, als er tatsächlich ist, aber vermeiden Sie nicht aus Angst vor einer schlechten Note des Kindes eine Konfrontation. Schließen Sie sich einer Organisation an, z. B. dem Bundesverband Legasthenie, der für Ihre Forderungen kämpft und verschleißen Sie sich nicht im Einzelkrieg.

Fragenliste

– *Welche besonderen Schwierigkeiten sehen Sie bei meinem Kind?*
 (Zur Orientierung lesen Sie die Liste über die möglichen Defizitbereiche in Kap. 8.5.)

– *Schreibt mein Kind zu langsam?*
 Wenn ja, was tun Sie dagegen?
 (Informieren Sie sich in → L 4.5, → E 3.5, → L 5.7.)

– *Arbeitet mein Kind selbständig?*
 Wenn ja, worin äußert sich das?
 Wenn nein, wie äußert sich unselbständiges Verhalten meines Kindes? Ist es immer unselbständig? Wie kann man seine Selbständigkeit verbessern? (Informieren Sie sich in → E 3, → E 4.)

– *Glauben Sie, daß mein Kind im Unterricht Angst hat?*
 Wenn nein, warum ist es dann in den Arbeiten so schlecht? Wenn ja, wodurch äußert sich das und was löst Angst aus? Was tun Sie dagegen? Wie kann ich meinem Kind helfen? (Informieren Sie sich in Kap. 2.5; 3.3; 8.3; 9; 12.2 und → L 1.6, → L 4.5, → L 5.6, → E 1, → E 3, → E 4.)

– *Meinen Sie, daß der Sitzplatz für mein Kind richtig ist?*
 (Information: LRS-Schüler sollten vorn sitzen, Linkshänder links vorne, → L 3.2.)

– *Arbeitet mein Kind impulsiv?*
 Wenn ja, wie äußert sich das und was meinen Sie, könnte der Grund dafür sein? Wie könnte man dem Kind helfen? (Informieren Sie sich in → L 4.8.)

– *Meldet sich mein Kind im Unterricht häufig?*
Wenn ja, wie wirkt sich das auf die Noten aus und wie werden die
mündlichen Leistungen bewertet?
Wenn nein, welche Vermutungen haben Sie und wie könnte man
den Schüler zur Mitarbeit anregen? (Information in Kap. 3,
→ L 1.6, → L 1.4, → L 2.2, → L 3.7 und → E 1.3.)

– *Wann ist mein Kind unaufmerksam?*
Genau beschreiben lassen und um Äußerungen über Vermutungen für die Gründe bitten. Lösungen besprechen.

– *Wie kommt mein Kind mit der Klassengemeinschaft zurecht?*
Wann schlecht, durch welches Verhalten lehnen es die anderen
Schüler ab und wie helfen Sie?
(Information in → E 1.2, → L 1.3, → L 1.4, → L 1.5, → E 3.9.)

– *Wann und wo gibt es Schwierigkeiten?*
Konkrete Beispiele aufzählen lassen, Erklärungen erfragen, Lösungen besprechen.

– *Welche Verhaltensweisen meines Kindes behindern Ihren Unterricht?*
Genau benennen, begründen lassen und fragen, was der Lehrer
und was die Eltern tun können. (Anregungen in → L 1.5)

– *Was meinen Sie, könnten wir, die Eltern, besser machen?*
Tip: Unterbrechen Sie nicht, verteidigen Sie sich nicht und recht-
fertigen Sie sich nicht frühzeitig. Hören Sie zu und denken Sie zu
Hause darüber nach. Eine Antwort darauf sollten Sie – wenn es
nicht völlig klar ist – erst beim nächsten Gespräch oder in einem
darauffolgenden Telefongespräch geben. Scheuen Sie sich nicht,
Hilfen und Ratschläge anzunehmen und zumindest auszupro-
bieren.

– *Wie lange sollte mein Kind Hausaufgaben machen?*
(Information in Kap. 9.6, → L 3.4, → E 3.2 und → E 4.2.)

– *Welche Fördermaßnahmen werden im Unterricht angeboten?*
Beschreiben lassen, in den Förderunterricht kommen, die Mithilfe
anbieten (Informationen in Kap. 8.7, 9.5, → L 4, → L 5).

– *Welche zusätzlichen Hilfen erhält mein Kind?*
Konkret beschreiben und begründen lassen. Fragen, wie das Kind
auf die Hilfen reagiert und welche Verbesserungen schon sichtbar
sind.

– *Raten Sie mir eine zusätzliche außerschulische Förderung?*
Wenn ja, was für eine, warum und wie können Sie mir dabei
helfen. (Außerschulische Behandlung beschrieben in Betz/Bren-
ninger 1982.)

Praxistips:
Üben Sie solche Gespräche zuvor mit Ihrem Partner oder Freunden
ein. Sie sollten sich wirklich darum bemühen, sachlich zu bleiben. Es
nützt Ihnen nur kurzfristig (Rache), dem Lehrer „eins auszuwi-
schen". Sie erreichen bei einem „LRS-Gegner" höchstens dann eine
echte Veränderung seiner Einstellung und seines Verhaltens gegenüber Ihrem Kind, wenn Sie sich als beschlagener, interessierter und
sachlicher Elternteil erweisen.
Wenn Sie sich nicht zutrauen, solche Fragen an den Lehrer zu stellen,
dann holen Sie sich lieber einen außerschulischen Berater und sprechen Sie eine für Ihren Fall mögliche Lösung durch.

Weiterführende Literatur:
Speichert (1978)
Speichert (1980)
Boßmann (1979)
Rosemann (1978)

E 2.4 Absprachen mit dem Lehrer

Absprachen sind das Ergebnis ausgesprochener Erwartungen, die in
einem für beide Parteien annehmbaren Kompromiß geregelt sind.
Um zu einer konkreten Absprache zu gelangen, sollten Sie
1. Ihre Erwartungen deutlich und schriftlich formulieren und zunächst überprüfen, wie realistisch diese sind (siehe Kap. 10, → E
1.1).
2. Ihre Erwartungen in Wünsche umwandeln.
Über Wünsche läßt es sich nämlich leichter verhandeln als über
Forderungen.
3. Die Antworten und Erwartungen des Partners offen aufnehmen
und überdenken.
4. Einen Kompromiß finden, der wichtige Anteile Ihrer Erwartung
enthält.

5. Die Absprache eindeutig machen.
Falsch: „Theo macht weniger Hausaufgaben als bisher." Richtig: „Nach 90 Minuten fordere ich Theo auf, mit den Hausaufgaben Schluß zu machen. Ich trage das in sein Hausaufgabenheft ein."
6. Die Absprache für einen überschaubaren Zeitraum festlegen und einen neuen Gesprächstermin vereinbaren. Nach dem festgelegten Zeitraum wird die Absprache entweder bestätigt, wenn sie sich bewährt hat, oder aber neu ausgehandelt.

Eltern sollten für folgende Bereiche Absprachen treffen:
– Diktat
– Dauer der Hausaufgaben
– Bewertung der mündlichen Leistungen
– Benotung der schriftlichen Leistungen
– Fördermaßnahmen
– Reaktion auf Unpünktlichkeit, Vergeßlichkeit . . .
– Rücksichtnahme auf die besonderen Schwierigkeiten des Kindes (Sitzplatz, Klassengemeinschaft, Lerntempo)

E 3   Eltern-Ratgeber III: Primarstufe

E 3.1 Was tun, wenn eine Lese-Rechtschreibschwäche festgestellt wird?

Zwar deuten sich in der ersten und zweiten Klasse oft schon die Schwierigkeiten beim Lesen und Schreiben an, doch überwiegt die Hoffnung, daß sich alles zum Guten wendet. Deshalb trifft es das Kind und die Eltern besonders hart, wenn zum Ende der 2. Klasse beim Test in der Schule eine Lese-Rechtschreibschwäche diagnostiziert wird. Eine bisher vage Vermutung wird zur Gewißheit und kann zu überstürzten und unüberlegten Reaktionen führen.
Dieser Ratgeber will Ihnen Möglichkeiten eines sinnvollen Umgangs mit diesem Problem aufzeigen.

Ausgangssituation: Anfang der 3. Klasse: Sie haben die LRS „schriftlich bestätigt" bekommen.
a) Was hilft Ihnen?
b) Was sollten Sie auf keinen Fall tun?

zu a):
Die größte Gefahr ist jetzt, daß Sie Ihr Kind nurmehr als LRS-Problem wahrnehmen. Das Thema LRS darf nicht Ihr gesamtes Familienleben beherrschen. Ihre erste und wichtigste Aufgabe ist nun die Übung „Der Punkt" → E/L 2.
Hängen Sie sich Ihren schwarzen Punkt gut sichtbar auf. Wenn der schwarze Punkt (= LRS) für Sie wieder sehr wichtig wird (Kind hat fehlerhaftes Diktat geschrieben), tragen Sie auf die weiße Fläche des Blattes etwas ein, was Ihr Kind gut gemacht hat, worüber Sie sich gefreut haben usw.

zu b):
Stürzen Sie sich nicht mit zusätzlichen Übungen auf Ihr Kind. Die Maßnahme „Üben" gehört zur inhaltlichen Förderung, die, wenn nicht ausschließlich, so doch weitgehend von den Lehrern übernommen werden muß. Da wir wissen, daß es für Sie als Eltern ungeheuer schwierig ist, sich ganz aus der inhaltlichen Förderung herauszuhalten, andererseits Sie oft über evtl. richtige Maßnahmen unsicher sind, geben wir Ihnen in diesem Ratgeber hierzu einige Tips → E 3.4, → E 3.5. Ihre vordringlichste Aufgabe besteht darin, das angegriffene Selbstwertgefühl Ihres Kindes zu stärken (siehe Kap. 2, 3 und 9).

E 3.2 Hausaufgaben

Hausaufgaben sind umstritten. Sie werden von den meisten Schülern gehaßt und es gibt Untersuchungsergebnisse, die zeigen, daß Schüler mit und ohne Hausaufgaben gleich viel lernen (Wittmann, 1977).
Trotzdem gehören Hausaufgaben vorläufig noch zur Schule. Da LRS-Schüler oft sehr lange an ihren Hausaufgaben sitzen, haben wir zu Ihrer Information die vorgeschriebenen Höchstzeiten für Hausaufgaben in der Grundschule auszugsweise zusammengestellt.
Die ausführlichen Richtlinien können Sie bei Ihrem jeweils zuständigen Kultusministerium anfordern; vielleicht lohnt sich ein Elternabend zu diesem Thema?

Baden Württemberg	
Klassen 1 und 2	bis zu 30 Minuten
Klassen 3 und 4	bis zu 45 Minuten
Bayern	
Klassen 1 bis 4	60 Minuten
Berlin	
Klasse 1	bis zu 15 Minuten
Klasse 2	bis zu 30 Minuten
Klassen 3 und 4	bis zu 45 Minuten
Bremen	
Klasse 1	Keine Hausaufgaben
Klasse 2	bis zu 30 Minuten
Klassen 3 und 4	bis zu 45 Minuten
Hamburg	
Klasse 1	Kinder werden anhand von Aufgaben geringen Umfangs behutsam an das häusliche Arbeiten gewöhnt.
Klasse 2	bis zu 30 Minuten
Klasse 3 und 4	bis zu 60 Minuten
Hessen	
Klassen 1 und 2	bis zu 30 Minuten
Klassen 3 und 4	bis zu 45 Minuten
Niedersachsen	
Klasse 1	keine Aufgaben
Klasse 2	bis zu 30 Minuten
Klassen 3 und 4	bis zu 45 Minuten
Nordrhein-Westfalen	
Klassen 1 und 2	bis zu 30 Minuten
Klassen 3 und 4	bis zu 60 Minuten
Rheinland-Pfalz	
Die tägliche Gesamtbelastung des Schülers ist angemessen zu beachten.	
Saarland	
keine Angaben	
Schleswig-Holstein	
Klassen 1 und 2	bis zu 30 Minuten
Klassen 3 und 4	bis zu 60 Minuten

(entnommen aus Boßmann, 1979)

Was Eltern tun können:

Schreiben Sie zur Information für den Lehrer die von Ihrem Kind tatsächlich benötigte Zeit unter die Hausaufgaben. So erhält der Lehrer Rückmeldung darüber, ob er zu viele Aufgaben stellt. Führen Sie ein Schultagebuch. Tragen Sie hierin Dauer der Hausaufgaben, zu schwierige Aufgaben, Aufgaben, die Ihrem Kind Spaß gemacht haben usw. ein. Mit diesem Tagebuch können Sie bei einem Gespräch dem Lehrer konkrete Angaben machen und ihm wichtige Rückmeldungen geben. Quälen Sie Ihr Kind nicht mit übertriebener Sauberkeit. Korrekturen sind nicht schlimm und geben dem Lehrer

Aufschluß über evtl. Unsicherheiten, die mit richtiger Hilfe beseitigt werden können. Sie tun Ihrem Kind keinen Gefallen, wenn Sie bei den Hausaufgaben ständig neben ihm sitzen und mit ihm gemeinsam die Hausaufgaben erledigen. Sie können Besseres: Ihrem Kind helfen, daß es selbständig arbeitet. Vereinbaren Sie einen Zeitplan: Entnehmen Sie aus der Liste die für Ihr Kind zulässige Zeit. Nach der Hälfte dieser Zeit darf Ihr Kind Ihnen Fragen stellen. Danach macht es 5–10 Minuten Pause und erledigt dann den Rest der Arbeit.

E 3.3 Arbeitsplatz und Schulranzen

Schaffen Sie gemeinsam mit Ihrem Kind einen ordentlichen, übersichtlichen und gut ausgeleuchteten Arbeitsplatz. Schülerduden, Pinwand, Schulbücher, Hefte, Schreib- und Malgeräte gehören an den Arbeitsplatz. Bedenken Sie, daß Ihr Kind in den Grundschuljahren wachsen wird. Um Haltungsschäden (Rückenschmerzen usw.) zu vermeiden, sollte zumindest der Stuhl verstellbar sein, d. h. mitwachsen können. Wenn im Kinderzimmer kein Arbeitsplatz eingerichtet werden kann oder kleinere Geschwister oft stören, überlegen Sie, ob Sie im Elternschlafzimmer einen Schreibtisch für Ihr Kind aufstellen können. Dieses Zimmer wird tagsüber kaum bewohnt und bietet so ideale Voraussetzungen, um ungestört zu arbeiten. Sprechen Sie mit Ihrem Kind darüber, daß auf dem Schreibtisch nur die Dinge liegen sollten, die im direkten Zusammenhang mit der Arbeit stehen. Dient der Schreibtisch auch zum Spielen, führen Sie ein Ritual ein: Fertigen Sie mit dem Kind ein Schildchen an mit „Arbeit" auf der einen Seite und „Spielen" auf der anderen. Beginnt die Arbeitsphase, wird das Schild auf „Arbeit" gestellt. Alle Dinge, die nicht zur Arbeit gehören, werden abgeräumt. Schaut Ihr Kind aus dem Fenster auf einen Spiel- oder Fußballplatz, auf dem schon die Freunde toben, so wird es sich leicht ablenken lassen. Stellen Sie den Schreibtisch an einen anderen Platz; achten Sie darauf, daß die Lichtverhältnisse gut sind. Verabreden Sie, daß Schulranzenpacken der letzte Teil der Hausaufgaben ist. So vermeiden Sie am Morgen hektisches Suchen nach Heften und Büchern. Schulranzen haben oft abenteuerliche Gewichte. Reduzieren Sie das Gewicht so gut Sie können. Wenn ein Stundenplan existiert, so sprechen Sie mit dem Lehrer ab, daß auch nur die eingetragenen Fächer unterrichtet werden. Viele Kinder müssen jeden Tag für alle Fächer alles mit sich herumschleppen. Sprechen Sie mit dem Lehrer ab, welche Dinge in der Schule bleiben können. Federmäppchen haben heute oft einen enormen Umfang: Füller, Bleistift, Filzstifte, Kugelschreiber, Buntstifte, Geldmäppchen, Radiergummi, Anspitzer, Tintenkiller, Lineal usw. – viel überflüssiger Ballast. Sträuben Sie sich, diese unsinnige Mode mitzumachen. Sammelmappen für Hefte dienen zwar der Ordnung und Sauberkeit. Ist ein Heft aber erst einmal eingeordnet, bleibt es in der Mappe und wird ständig mit herumgetragen.

Lassen Sie Ihr Kind den Schulranzen selbst aussuchen. Es trägt ihn tagtäglich mit sich, daher sollte er ihm auch gefallen. Bleiben Sie so lange wie möglich beim Schulranzen. Aktentaschen usw. sind nicht nur unpraktisch, sondern auch schädlich für die Wirbelsäule.

E 3.4 Lesen

Quälen Sie sich und Ihr Kind nicht damit, geläufiges, flüssiges und fehlerfreies Lesen zu üben. Fühlen Sie sich mitverantwortlich, Lesefreude und Lesebedürfnis bei Ihrem Kind zu wecken. Hat Ihr Kind Spaß am Lesen, liest es öfter und durch dieses automatische Üben wird das Lesen geläufiger.

Lesen Sie Ihrem Kind aus „dicken" Büchern *vor*. Lesen Sie gemeinsam mit Ihrem Kind „überschaubare" Bücher, die in einer relativ kurzen Zeit zu lesen sind.

Vorgehensweise:

a) 2 Wochen
   Ihr Kind liest $^1/_2$ Seite vor, Sie lesen $2^1/_2$ oder $3^1/_2$ Seiten (so geht die Handlung vorwärts)

b) 3.–4. Woche
   Ihr Kind liest 1 Seite vor, sie lesen 2 Seiten

c) ab 4. Woche
   Ihr Kind und Sie lesen abwechselnd 1 Seite.

Laden Sie den Freund oder die Freunde Ihres Kindes ein und lesen Sie ihnen vor. Jüngere Geschwister bekommen oft sehr gern von älteren vorgelesen; fördern Sie dies. Richten Sie einen fernsehfreien Nachmittag/Abend in Ihrer Familie ein, an dem gelesen oder vorgelesen wird. Gehen Sie mit Ihrem Kind in eine Bücherei und in Buchläden; fördern Sie die selbständige Auswahl.

Bei der Fülle auf dem Markt befindlicher Kinder- und Jugendliteratur ist es zunächst schwierig, die richtige Auswahl zu treffen. Wir listen nachfolgend einige Bücher auf, mit denen wir arbeiten. Mit ihnen ist es uns oft gelungen, Lesemuffeln Spaß und Lust am Lesen zu vermitteln:

Lustige, komische, phantastische Bücher

1. Reneé Nebehay:
   Mrs. Beestons Tierklinik
   dtv junior Nr. 7108, 4,80 DM
   6–10 Jahre
2. Angela Sommer-Bodenburg:
   Der kleine Vampir
   rororo rotfuchs Nr. 216, 4,80 DM
   6–12 Jahre
3. Angela Sommer-Bodenburg:
   Der kleine Vampir zieht um
   rororo rotfuchs Nr. 245, 4,80 DM
   6–12 Jahre
4. Angela Sommer-Bodenburg:
   Der kleine Vampir verreist
   rororo rotfuchs Nr. 297, 4,80 DM
   6–12 Jahre
5. Janosch:
   Der Mäuse-Sheriff
   dtv junior Nr. 7145, 3,80 DM
   8–12 Jahre
6. Christine Nöstlinger:
   Der liebe Herr Teufel
   rororo rotfuchs Nr. 167, 3,80 DM
   8–12 Jahre
7. Christine Nöstlinger:
   Die Kinder aus dem Kinderkeller
   Ravensburg TB Nr. 440, 3,80 DM
   9–12 Jahre
8. Christine Nöstlinger
   Wir pfeifen auf den Gurkenkönig
   rororo rotfuchs Nr. 153, 4,80 DM
9. G. Ruck-Pauquét:
   Die bezauberndsten Kinder der Welt
   Ravensburg TB Nr. 136, 3,80 DM
   8–12 Jahre
10. Elke Kahlert/ Friedrich Kohlsaat:
    Witzekiste
    rororo rotfuchs Nr. 253, 6,80 DM
    6–12 Jahre
11. Paul Maar:
    Eine Woche voller Samstage
    Oetinger, 10,80 DM
    6–12 Jahre
12. John Ronald R. Tolkien:
    Der kleine Hobbit
    dtv junior Nr. 7151, 6,80 DM
    9–12 Jahre
13. A. S. Neill:
    Die grüne Wolke
    Rowohlt
    9–12 Jahre
14. Eveline Hasler:
    Der Buchstabenvogel
    dtv junior Nr. 7516, 5,80 DM
    6–9 Jahre

15. Eveline Hasler: Der Buchstabenkönig
                              dtv junior Nr. 7514, 5,80 DM
                              6–9 Jahre
16. Ilse Kleberger: Villa Oma
                              Ravensburg TB Nr. 351, 4,80 DM
                              8–10 Jahre
                              PS.: Die Altersangaben bedeuten, daß
                              Kinder ab diesem Alter die Bücher
                              selbst lesen können, vorgelesen werden
                              können sie alle ab 6 Jahren.

Ein bestimmtes Problem ansprechende Bücher

1. Christine Nöstlinger: Die feuerrote Friederike
                              dtv junior Nr. 7133, 4,80 DM
                              8–12 Jahre
2. Christine Nöstlinger: Maikäfer flieg
                              dtv pocket Nr. 7804, 6,80 DM
                              9–14 Jahre
3. Wolfgang Körner: Der ausgedachte Vater
                              dtv junior Nr. 7208, 3,80 DM
                              8–12 Jahre
4. Susanne Kilian: O. K.
                              dtv junior Nr. 7368, 4,80 DM
                              11–14 Jahre
5. Angelika Kutsch: Man kriegt nichts geschenkt
                              rororo rotfuchs Nr. 108, 4,80 DM
                              12–14 Jahre
6. Katja Henning: Ein Mädchen aus geordneten Verhält-
                              nissen
                              rororo rotfuchs Nr. 130, 4,80 DM
                              13–15 Jahre
7. Tormod Haugen: Die Nachtvögel
                              rororo rotfuchs
                              10–14 Jahre

Märchenbücher, märchenhafte Erzählungen

1. Michael Ende: Momo
2. Michael Ende: Die unendliche Geschichte
3. William Goldmann: Die Brautprinzessin
4. Janosch: Janosch erzählt Grimms Märchen

Bildgeschichten

1. Maria Marcks: Immer ich
                              rororo rotfuchs Nr. 109, 4,80 DM
                              7–14 Jahre
2. Chlodwig Poth: Ihr nervt mich!
                              rororo rotfuchs 127, 4,80 DM
                              12–14 Jahre

3. Charles M. Schulz: Im Verlag Ravensburg und im Aar-Verlag sind die Bildergeschichten der Peanuts (Snoopy, Linus, Charlie Braun, Luzie, Schröder) erschienen.

E 3.5 Schreiben

Eltern sind keine Förderlehrer! (siehe Kap. 9.1.) Versuchen Sie niemals auf eigene Faust, mit Ihrem Kind einen Förderkurs durchzuführen!
Sprechen Sie immer zuerst mit dem Lehrer über Ihre Hilfen beim Schreiben!
Nachstehend geben wir Ihnen einige Bereiche an, in denen Sie nach unseren Erfahrungen problemlos helfen können:

a) Zum Schreibzeug

Lassen Sie Ihr Kind nur mit dem Füller schreiben. Beim Schreiben mit dem Bleistift ist viel Druck erforderlich, damit die Schrift gleichmäßig wird. Der Kugelschreiber „rennt" allein fort. Dadurch wird die Schrift wackelig, verschmiert usw. Bedenken Sie: Ein Füller hält heute nicht mehr für eine ganze Schullaufbahn. Sorgen Sie dafür, daß Ihr Kind immer einen intakten Füller parat hat. Für Linkshänder gibt es Spezialfüller.

b) Zum Diktat

Beim Diktat denkt man fast ausschließlich an die Texte, die diktiert werden. Keine Beachtung wird der Frage geschenkt, *wie* man Diktat schreibt. Üben Sie deshalb zuhause das Verhalten beim Diktat. Weisen Sie Ihr Kind an:

Höre zunächst genau zu, welchen Inhalt der Satz hat.
Schreibe noch nicht, während der Lehrer vorliest.
Schreibe immer nur das, was der Lehrer gerade diktiert hat und gehe nicht zu vorangegangenen Sätzen zurück, an denen Dir etwas unklar war.
Wenn Du etwas nicht verstanden hast: Frag nach!
Wenn Du nicht weißt, wie ein Wort geschrieben wird: Lasse eine Lücke!

Wenn Du unsicher bist, ob Du ein Wort richtig geschrieben hast:
Mache Dir ein Zeichen, um später nachzudenken.

> Besser ein Wort gar nicht, als wegen des
> langen Herumprobierens viele leichte
> Wörter falsch geschrieben!

Schaue beim nochmaligen Vorlesen, ob Du an alle Wörter und
Satzzeichen gedacht hast.
Beim stillen Nachlesen schaust Du Dir zunächst die gekennzeich-
neten Wörter an. Dann liest Du leise Wort für Wort nach und
prüfst, ob alle Buchstaben an ihrem Platz sind.

Beachten Sie bitte:
Übungen sollten 10 Minuten nicht überschreiten.
Wenn Ihr Kind ein Diktat schreiben *will,* dann diktieren Sie ein
bereits geübtes.
Bei der Korrektur unterstreichen Sie die *richtig geschriebenen Wörter
grün,* denn: unterstrichene Wörter prägen sich dem Kind ein. Wenn
Sie Falschgeschriebenes unterstreichen, prägt sich *das* ein.
Richten Sie eine „grüne Ecke" im Kinderzimmer ein. Benutzen Sie
z. B. Malerabdeckpappe und grüne Filzstifte. Hier trägt das Kind
oder auch Sie alle von ihm richtig geschriebenen Wörter grün ein.
Von Tag zu Tag, von Woche zu Woche wird die Ecke grüner und Ihr
Kind hat ständig vor Augen, was es schon alles kann.

c) Automatisierungsübungen

Kinder in der Grundschule schreiben z. T. sehr langsam. Bei LRS-
Schülern kommt hinzu, daß sie sich selbst nichts mehr zutrauen. So
ist es an der Tagesordnung, daß sie leichte Wörter, die sie sicher
beherrschen, buchstabenweise von der Tafel abschreiben und dadurch oft nur die Hälfte abgeschrieben haben. Geläufigkeit und
Sicherheit können eingeübt werden. Wir arbeiten mit einer Wortpy-
ramide, die die 207 häufigsten Wortformen enthält (Meier, 1967).
Diese Pyramide ist in sich noch einmal in drei Abschnitte gegliedert.

Gebrauchs - Gipfel der deutschen Wortformen

Die 207 häufigsten Wortformen der Schriftsprache um das Jahr 1900

In der Rangfolge ihrer Häufigkeit

Gipfelspitze
Wortstufe Ia
• 30 Wortformen

Wortstufe Ib
= 70 Wortformen

Wortstufe Ic
= 107 Wf.

die der und in zu den
das nicht von sie ist
des sich mit dem daß er
es ein ich auf so eine auch als
an nach wie im für
man aber aus durch
wenn nur war noch
werden bei hat wir was
wird sein einen welche
sind oder um haben einer
mir über ihm diese einem
ihr uns da zum zur kann
doch vor dieser mich ihn du
hatte seine mehr am denn
nun unter sehr selbst schon hier
bis habe ihre dann ihnen seiner
alle wieder meine Zeit gegen vom ganz
einzelnen wo muß ohne eines können sei

ja wurde jetzt immer seinen wohl dieses
ihrer würde diesen sondern weil welcher
nichts diesem alles waren will Herr viel mein
also soll worden lassen dies machen ihren weiter
Leben recht etwas keine seinem ob dir allen
großen Jahre Weise müssen welches wäre erst
einmal Mann hätte zwei dich allein Herren
während Paragraph Liebe andere kein damit gar
Hand Herrn euch sollte konnte ersten deren zwischen
wollen denen dessen bin Menschen sagen gut darauf
wurden weiß gewesen Seite bald weit große solche
hatten eben andern beiden macht ganze sehen anderen
lange wer ihrem zwar gemacht dort kommen Welt heute
Frau werde derselben ganzen deutschen läßt vielleicht meiner

Übungsanleitung

1. und 2. Tag:
Diktieren Sie je 15 Wörter der Pyramidenspitze, beginnend mit „die" bis „für" (höchstens aber 10 Minuten). Falsch geschriebene Wörter schreiben Sie Ihrem Kind langsam vor. Die richtigen Wörter werden in der grünen Ecke eingetragen.

3.–18. Tag:
An jedem Tag werden 2 Wörter gründlich geübt. Dazu brauchen Sie: 1 Zeichenblock oder Malerabdeckpappe (billig) und bunte Filzstifte. Wenn Ihr Kind gerne Musik hört, können Sie die Übung mit Musik durchführen. Es eignet sich Musik ohne Gesang, z. B. im Walzertakt.

Übungsform

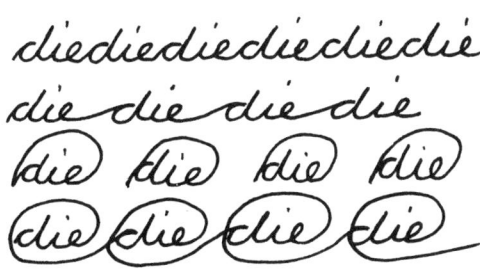

Achtung: i-Punkte nachträglich einsetzen, um den Schreibfluß nicht zu unterbrechen, z. B. mit einer neuen Farbe.

Durchführung
Die Schwungübungen sollen möglichst groß ausgeführt werden. Schreiben Sie dem Kind den Anfang jeder Zeile vor und lassen Sie das Kind für ca. 2 Minuten die Zeile weiterführen. Das zweite Wort wird genauso geübt. Insgesamt dauert die Übung ca. 20 Minuten. Am Anfang soll das Kind beim Schreiben langsam und bewußt mitsprechen, später wird die Schreibbewegung automatisch.

ab 19. Tag:
Beginnen Sie wieder mit den Anfangswörtern, führen Sie dieselbe Übung aus, zunächst auf Normalpapier, danach auf Schullineatur. Je nach Arbeitstempo Ihres Kindes schaffen Sie pro Tag 3–4 Wörter oder auch mehr. Wichtig ist, daß Sie 20 Minuten nicht überschreiten.

ab ca. 30. Tag:
Üben Sie die Mitte und den unteren Teil der Pyramide in ähnlicher Form ein. Lassen Sie Ihr Kind Vorschläge machen, in welcher Weise die Übung verändert werden kann.

d) Weitere Übungen

Fällt Ihnen auf, daß Ihr Kind Schwierigkeiten mit bestimmten Buchstaben oder Buchstabenverbindungen hat, kann eine Übung so aussehen:

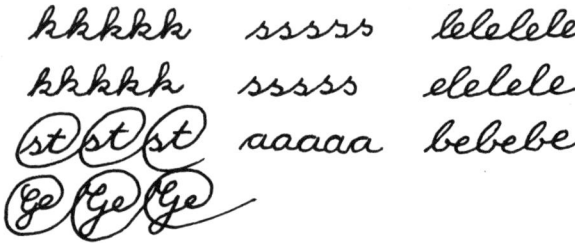

Mit diesem Übungsprogramm sind Sie mehrere Monate beschäftigt. Führen Sie keine weiteren Übungen nebenher durch, das würde Ihr Kind überfordern.

E 3.6 Geeignete Hilfsmittel

Schenken Sie Ihrem Kind einen Kurzzeitwecker und eine Pinwand mit schönen Stecknadeln.

Der Kurzzeitwecker hilft, Arbeitszeiten und Pausenzeiten einzuhalten. Denken Sie daran, 20–30 Minuten Arbeit am Stück sind genug für einen Schüler!

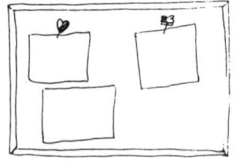

Die Pinwand bringen Sie direkt über dem Arbeitsplatz Ihres Kindes an.

Damit kann sich der Schüler Strukturierungshilfen für die Hausaufgaben geben. Er schreibt die zu erledigenden Aufgaben auf kleine Zettel, hängt sie in der Reihenfolge der Bearbeitung an die Pinwand und nimmt den Zettel ab, wenn er die dazugehörende Aufgabe erledigt hat. So vergißt er keine Aufgabe und sieht die Zettelmenge (= Aufgabenmenge) schrumpfen.

E 3.7 Der Tag vor dem Diktat

Versuchen Sie zu erreichen, daß Ihr Kind kurz vor dem Diktat und auch am Tag zuvor sich nicht mehr mit sinnlosem Üben verrückt macht, sondern sich mit erfreulichen Dingen entspannt. Wenn es aufgeregt ist, lenken Sie Ihr Kind ab und sprechen Sie vorsichtig seine Aufregung an. Beruhigen Sie Ihr Kind auf jeden Fall mit dem Hinweis, daß es für Sie nicht schlimm ist, wenn die Arbeit daneben geht.

E 3.8 Ihr Kind kommt mit einer schlechten Zensur nach Hause

Stellen Sie sich vor, Sie haben mit dem Auto einen Unfall gehabt und kommen nach Hause. Welche Reaktion wünschen Sie sich von Ihrem Partner? Doch bestimmt nicht, daß er Ihnen eine Szene macht, Sie mit Vorwürfen überschüttet oder sich betroffen, enttäuscht und beleidigt in die Ecke verkriecht.
Ihrem Kind geht es ähnlich, wenn es eine schlechte Zensur nach Hause bringt. Holen Sie tief Luft; vielleicht hilft Ihnen das, die richtige Reaktion zu finden.

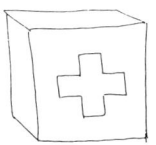

Wenn Sie platzen und sich nicht beherrschen können, sprechen Sie mit Ihrem Kind darüber. Nehmen Sie sich dafür Zeit, versuchen Sie in einem ernsten und entspannten Gespräch, Ihr Kind um Verständnis zu bitten und treffen Sie z. B. eine Regelung, daß Sie erst am Abend über die danebengegangene Arbeit sprechen.

E 3.9 Hobbies und Feste

Sie wissen, wie wichtig es ist, daß das Selbstwertgefühl Ihres Kindes gestärkt wird. Fördern Sie wo immer möglich die Stärken Ihres Kindes, die zu einem Hobby werden können. Um eine Vorliebe zum Hobby werden zu lassen, ist eine Anlauf- und Probierphase nötig. Geben Sie Ihrem Kind die Chance, sich erst nach einer gewissen Zeit festzulegen. Nehmen Sie die Hobbies Ihres Kindes ernst und interessieren Sie sich dafür. So erfährt Ihr Kind direkt, daß Ihr Interesse an ihm nicht nur von erbrachten Leistungen abhängt. Hobbygruppen aller Art finden Sie z. B. in Jugendhäusern, bei der VHS, in Sportvereinen, in kirchlichen Einrichtungen (Bastel-, Keramik-, Rhythmikkurse, Chöre usw.).

Ein Fest im Jahr ist für Ihr Kind besonders wichtig: der eigene Geburtstag! Hierzu einige Gedanken und Anregungen: Sorgen Sie dafür, daß Ihr Kind an diesem Tag die wichtigste Person ist und im Mittelpunkt des Geschehens steht.

Bürden Sie ihm bei seiner Geburtstagsfeier keine Gastgeberrolle auf.

Planen Sie rechtzeitig mit Ihrem Kind die Geburtstagsfeier (Einkaufszettel, Spiele usw.).

Lassen Sie Ihr Kind Einladungsschreiben verfassen und verteilen.

Geben Sie Anfang und Ende der Feier an.

Kinder erhalten im Kunstunterricht oft gute Anregungen; wenn Sie die Zeit dazu haben, basteln Sie gemeinsam etwas mit Ihrem Kind. Tun Sie es aber nicht nur aus Pflichtbewußtsein, wenn es Sie zeitlich belastet.

Fordern Sie jedes eingeladene Kind auf, sich ein Spiel auszudenken und vorzubereiten.

Veranstalten Sie kein großes Kaffeetrinken. Ein Eis- und Süßigkeitenbuffett kommt bei den Kindern besser an und kostet Sie weniger Mühe.

Finden Sie mit Ihrem Kind gemeinsam altersangemessene Spiele. Zum Ende dieses Kapitels listen wir Ihnen einige Spiele auf.

Nutzen Sie im Sommer Möglichkeiten, um im Freien zu feiern, z. B. Picknick.

Stellen Sie den Geburtstag unter ein bestimmtes Thema oder veranstalten Sie eine gemeinsame Aktion.

Besuchen Sie mit den Kindern gemeinsam eine Veranstaltung, z. B. Zirkus, Kino, Theater (dafür können Sie ggfs. auch einen kleinen finanziellen Beitrag verlangen).

Spiele:
Erbsen, Bohnen
Jedes Kind erhält ein Schälchen, in dem Erbsen und Bohnen gemischt sind. Die Augen werden verbunden. Nun müssen Erbsen und Bohnen getrennt werden. Wer als erster fertig ist, erhält eine kleine Belohnung.

Rippel-Dippel
Die Kinder sitzen im Kreis. Der Kreis wird abgezählt, so daß jedes Kind eine Zahl erhält (1, 2, 3, 4, 5, 6 usw.). Ein Kind beginnt:
„Ich *Rippel-Dippel** Nr. 1 ohne *Dippel-Rippel**
frage Dich Rippel-Dippel Nr. 4, wieviel Dippel-Rippel hast denn Du?"

* Rippel-Dippel sind die Personen
* Dippel-Rippel sind z. B. Niveacremepunkte, die eine Person ins Gesicht bekommt, wenn sie sich versprochen hat.

Rippel-Dippel Nr. 4 antwortet:
„Ich Rippel-Dippel Nr. 4 mit 2 Dippel-Rippel (Nr. 4 hat schon 2 Versprecher gehabt und deshalb 2 Nivea-Dippel-Rippel im Gesicht) frage Dich, Rippel-Dippel Nr. 3, wieviel Dippel-Rippel hast denn Du?"
usw.

Initiativspiel

Bereiten Sie Zettel mit 10 Aufgaben vor. Je 2, 3 oder 4 Kinder schließen sich zu einer Gruppe zusammen und lösen die Aufgaben. z. B.
1. Wie viele Leute wohnen im Haus des Geburtstagskindes?
2. Spielt den anderen einen Witz vor.
3. Führt eine Pantomime vor, die die anderen erraten müssen.
4. Nennt 10 europäische Großstädte.
usw.

Es wird eine Zeit festgelegt, wann man sich wieder trifft. Eine ausgewählte Jury vergibt zwischen 5 und 10 Punkte für die einzelnen Beiträge. Die Punkte werden addiert und die Sieger ermittelt.

Gemeinsame Aktionen

z. B.
Alle backen zusammen mit Salzteig (z. B. Buchstaben, Kränze, Figuren).
Eine Collage zu einem bestimmten Thema (Ferien, Schule, Spielplatz) gestalten.

E 4 Eltern-Ratgeber IV: Sekundarstufe

E 4.1 Zehn Fragen und zehn Antworten zum Thema „Lese-Rechtschreibschwäche und Schulwechsel"

Frage 1: Warum ist mein Kind lese-rechtschreibschwach?

Antwort:

Die Ursachen der LRS Ihres Kindes sind im nachhinein nicht mehr festzustellen. Wichtig ist es, daß Sie glauben, daß Ihr Kind weder dumm oder krank noch faul ist, sondern aufgrund von besonderen Schwierigkeiten sich mit dem Erlernen von Lesen und Schreiben schwer getan hat. Im jetzigen Alter Ihres Kindes sind die Voraussetzungen, Lesen und Schreiben zu lernen, wesentlich besser geworden. Die Hauptbelastungen derzeit bestehen in den Lücken, der Arbeitshaltung und dem schlechten Selbstvertrauen des Schülers in seine Lernfähigkeit.

Frage 2: Warum macht mein Kind so viele Leichtsinnsfehler und warum schreibt es auch gelernte Wörter immer wieder falsch?

Antwort:

Die Fehler Ihres Kindes entstehen oft durch in der Aufregung weggelassene Buchstaben und Endungen. Solche Fehler geben sich, wenn der Schüler ruhiger und zuversichtlicher wird. Andere Fehler entstehen dadurch, daß der Schüler schreibt, was er hört, also z. B. „drübber" oder „Fuks". Bei „drübber" schreibt er seinen Dialekt, bei „Fuks" schreibt er, was er hört. Diese Fehler verschwinden, wenn der Schüler aufhört, zu schreiben, was er hört, und dafür schreibt, was er *weiß*. Man muß die Wörter einfach auswendig lernen und dies geschieht im Laufe der Jahre durch die dauernde Übung im Umgang mit der Schrift. Auch Erwachsene machen viele Rechtschreibfehler, wenn sie wenig Übung haben, d. h., man „verlernt" die richtige Schreibweise auch wieder. Bei den LRS-Schülern kommt erschwerend hinzu, daß sie sich genauso viele falsche Wörter gemerkt haben, wie richtige. Falsches prägt sich nämlich genauso ein wie Richtiges. Das ist die Schwierigkeit bei der LRS!

Frage 3: Warum sieht mein Kind nicht ein, daß es viel üben muß?

Antwort:

Im Gespräch sieht Ihr Kind sicher ein, daß es zusätzlich üben muß. Wenn es aber daran geht, es zu tun, schwindet diese Einsicht schnell. Das zusätzliche Üben nützt nur, wenn es fachmännisch durchgeführt wird und dem Kind auch sichtbare Erfolge bringt. Wenn Sie Ihr Kind zu Übungen zwingen, die weder mit dem Lehrer abgesprochen sind noch vom Kind gewünscht werden, wird die Ablehnung gegen das Schreiben immer größer. Wie Sie dazu beitragen können, Ihrem Kind das Üben zu erleichtern, erfahren Sie in den nachfolgenden Eltern-Hilfen.

Frage 4: Ist die Angst vor den Fremdsprachen berechtigt?

Antwort:

Wenn Sie als Eltern Angst vor zukünftigen Schwierigkeiten Ihres Kindes im Fremdsprachenunterricht haben, so bessert sich für Ihr Kind nichts, sondern das Zutrauen in seine eigene Leistungsfähigkeit wird unmittelbar geschwächt. Trauen Sie Ihrem Kind zu, daß es eine neue Sprache erlernen kann. Selbst wenn es hinterher doch nicht so einfach ist, haben Sie dadurch nichts falsch gemacht.
Aufgrund seines Alters kann Ihr Kind jetzt Erfolgserlebnisse in einer neuen *Sprache* haben, die sich auf seine Rechtschreibung im Deutschen günstig auswirken. Wenn ein LRS-Schüler im Fremdsprachenunterricht versagt, dann haben ihn vor allem seine Selbstzweifel und seine Angst gehindert, die neue Sprache zu erlernen. Manche Schüler leiden so sehr unter ihren Mißerfolgen beim Lesen und Schreiben, daß sie nur noch durch eine besondere Behandlung wieder neuen Mut schöpfen. Diese Behandlung muß ein Fachmann durchführen. Völlig falsch wäre es, wenn wir das fehlende Selbstvertrauen durch mehr Üben ausgleichen wollten!

Frage 5: Wie ist ein Schulwechsel für ein LRS-Kind zu beurteilen?

Antwort:

Ein Schulwechsel ist ein Neuanfang. Wie bei jedem Neubeginn finden wir hier Gefahren *und* Chancen. Ob in Ihrem Fall mehr die Gefahren oder die Chancen zum Zuge kommen, hängt von vielen Dingen ab, nicht zuletzt aber auch von Ihrer Einstellung, Ihrer Geduld und Ihrer Zuversicht!

Frage 6: Welche Chancen liegen im Schulwechsel?

Antwort:

Die Chancen liegen im Neuanfang. Eingefahrene und unerfreuliche Grundschulzeiten haben ein Ende gefunden. Die neue Schule, der neue Lehrer und die neuen Mitschüler sind noch nicht vorbelastet. Wenn es der Schule und dem Elternhaus gelingt, die schlechten Rechtschreib- und Leseleistungen nicht in den Mittelpunkt der neuen Schullaufbahn zu stellen, sondern mehr den Inhalt des Lernstoffes und den Inhalt der Beiträge Ihres Kindes (vor allem der mündlichen) zu sehen, hat der Schüler Chancen. Wir stellen die Beachtung der Rechtschreibleistung so lange in den Hintergrund, bis Ihr Kind seine Begabungen wieder in den Unterricht einbringt, die in der Grundschule zu kurz gekommen sind und durch die Mißerfolge beim Lesen und Schreiben verschüttet wurden.

Durch die Pubertätsentwicklung der Schüler werden Reifungsprozesse ausgelöst, die sich in ruhigerem und selbständigerem Verhalten äußern. Indem auch andere Themen als die Schule zunehmend wichtiger werden, kann der Schüler sich Selbstvertrauen aus neuen Bereichen holen und ist nicht mehr so stark auf den Schulerfolg angewiesen.

Frage 7: Mit welchen Gefahren müssen wir rechnen?

Antwort:

Die neue Situation kann die Schüler auch verwirren. Anstelle der gewohnten Umgebung der Grundschule und der bekannten Gesichter trifft er so viel Neues an, daß dies Verunsicherung auslösen kann. Je ruhiger und gelassener die Umwelt auf diese Schwierigkeiten des Kindes reagiert, desto leichter gelingt es dem Schüler, sich an die neue Umgebung und die neue Unterrichtssituation anzupassen. Je klarer wir uns über die Möglichkeit von Rückschlägen und Konflikten sind, ohne aber darauf zu warten oder uns davon beunruhigen zu lassen, um so weniger enttäuscht werden wir bei solchen Rückschlägen und Umstellungsschwierigkeiten reagieren. Um Enttäuschungen vorzubeugen, fassen wir typische Schwierigkeiten zusammen, die bei entmutigten und verunsicherten Schülern auftreten können:
Sie lernen langsamer, sind ablenkbar, störanfälliger und vergeßlich.

Frage 8: Wie sollten wir uns in Anbetracht dieser Gefahren verhalten?

Antwort:

Stellen Sie sich von vornherein darauf ein, daß Ihr Kind mehr *Zeit* braucht, um mit den Umstellungsschwierigkeiten und dem Lernstoff fertig zu werden. Rechnen Sie mit einer entsprechend längeren Zeitdauer für die Schule. Planen Sie im voraus eine Klassenwiederholung ein, die in einem für alle Beteiligten günstigen Moment erfolgt und gemeinsam besprochen wird. Wenn ein Kind langsamer lernt, braucht es *mehr Zeit* und nicht mehr Druck! Wenn Sie das akzeptiert haben, sind Sie in der Lage, mit Verständnis auf Ihr Kind zu reagieren. Wir möchten in aller Deutlichkeit an dieser Stelle sagen, daß das alte Erziehungsmotto „Gelobt sei, was hart macht" einen LRS-Schüler ins Verderben bringen kann. Lese-Rechtschreibschwäche hat nichts mit schlechtem Charakter oder Böswilligkeit des Kindes zu tun. Diese Kinder brauchen Verständnis und Hilfe: Ihre Hilfe ganz besonders.

Frage 9: Wie können wir unser Kind bei seinen Umstellungsschwierigkeiten beim Schulwechsel stützen?

Antwort:

Bieten Sie psychische Unterstützung. Glauben Sie weiter an Ihr Kind und nehmen Sie die Liebe zu Ihrem Kind wichtiger als Ihre Angst um seinen Schulerfolg. Mit Ihrer Stützung überwindet das Kind die Schwierigkeiten am ehesten. Leider passiert es allzu häufig, daß Eltern sich von den Umstellungsschwierigkeiten ihrer Kinder anstecken lassen. Sie fangen an zu zweifeln, ob sie die richtige Schulform gewählt haben, befürchten schlimme Zeiten und steigern sich in Katastrophenphantasien hinein. Jede schlechte Zensur wird zum „Beweis", wie recht sie mit ihren Ängsten haben. Vielleicht hilft Ihnen der Gedanke an eine Schwierigkeit. Stellen Sie sich vor, Sie haben Angst vor Ihrer Fahrprüfung und fühlen sich unsicher. Nun spüren Sie, wie Ihr Partner an Ihnen zweifelt und mit einem Versagen rechnet. Werden Sie dann besser fahren?

Denken Sie daran, daß es darum geht, die Selbstzweifel des Schülers *ab*zubauen und auf den neuen Schulanfang und das günstigere Alter zu rechnen. Selbst wenn der Schüler eine der ersten Klassen wiederholt, ist der neue Schulanfang positiv, wenn die Wiederholung als Fördermaßnahme und nicht als Blamage gewertet wird.

Frage 10: Soll ich mit meinem Kind zu Hause üben?

Antwort:

Lassen Sie Ihr Kind möglichst selbständig arbeiten. Helfen Sie so, wie in den folgenden Eltern-Hilfen für den Bereich Schule beschrieben wird.

E 4.2 Eltern-Hilfen für den Bereich Schule

Hilfe 1: Statt Fragen stellen, Antworten geben

Helfen geht leichter, wenn man sich an den Fragen und Anforderungen des Kindes orientiert. Aufgedrängte Hilfe verstehen Kinder meist als Schikane und Kontrolle.

Mutter: „Hast Du Deine Hausaufgaben fertig?"
Kind: „Jaaaa, laß mich in Ruhe!"

Kind: „Mama, kannst Du mir den Aufsatz bitte mal nachsehen?"
Mutter: „Warte noch eine halbe Stunde, dann habe ich Zeit für Dich."

Testfrage: Wie läuft das bei Ihnen zu Hause ab?

> Merke:
> *Fragen* stellt das Kind, *Antworten* geben die Eltern

Natürlich können Sie Ihr Kind fragen, ob es Hunger hat oder mit Ihnen in die Stadt fahren möchte. Unsere Anregung bezieht sich ausdrücklich auf Bereiche, die mit der Schule zu tun haben!

Hilfe 2: Hausaufgaben macht das Kind

Nicht Sie, die Eltern, sollen den Lernstoff zu Hause noch einmal durchgehen, sondern Ihr Kind. Nehmen Sie Ihrem Kind also seine Arbeiten nicht ab, helfen Sie ihm, die Arbeit in überschaubare, bewältigbare Abschnitte einzuteilen. Besprechen Sie mit Ihrem Kind, wie Sie helfen können. Lassen Sie das Kind selbst sagen, was ihm hilft.

Vereinbaren Sie einen gemeinsamen Treff etwa nach 20–30 Minuten. Während dieser Zeit widmet sich jeder seiner Arbeit. Bei dem vereinbarten Treff können Sie sich zusammen darüber freuen, was Sie jetzt schon alles erledigt haben.

239

Achten Sie darauf, daß Ihr Kind die vom Lehrer für seine Alters- und Klassenstufe angegebene Höchstzeit nicht ständig überschreitet. Ausnahmen gibt es natürlich immer. Das gleiche gilt für auffällig kurze Arbeitszeiten. Arbeitet Ihr Kind zu lange oder auffällig kurz, dann vereinbaren Sie einen Termin mit dem Lehrer. Die folgende Aufstellung zeigt, von welchen Richtwerten für die Hausaufgaben in den einzelnen Bundesländern ausgegangen wird:

Bundesland	Klassenstufe	bis zu . . . Minuten
Baden-Württemberg	5 und 6	75 Minuten
	7 und 8	90 Minuten
	9 und 10	120 Minuten
Bayern	5 bis 10	60–120 Minuten
Berlin	5 und 6	60 Minuten
	7, 8 und 9	90 Minuten
	10	120 Minuten
Bremen	5 und 6	nicht mehr als 8 Std. je Woche
	7, 8 u. 10	nicht mehr als 10 Std. je Woche
Hamburg	5 und 6	90 Minuten
	7 und 10	120 Minuten
Hessen	5 und 6	60 Minuten
	7 und 8	90 Minuten
	9 und 10	120 Minuten
Niedersachsen	5 und 6	60 Minuten
	7 bis 10	120 Minuten
Nordrhein-Westfalen	5 und 6	90 Minuten
	7 bis 10	120 Minuten
Rheinland-Pfalz	Die tägliche Gesamtbelastung des Schülers ist angemessen zu beachten.	
Saarland		
Schleswig-Holstein	5	60 Minuten
	6 bis 10	120 Minuten

Überlassen Sie schwierige Gespräche mit dem Schüler dem Lehrer und vergiften Sie Ihre Beziehung zu Ihrem Kind nicht mit dem berühmten Mutter-Kind-Polizeispiel.

Hilfe 3: Arbeitsplatz und Schulranzen

Genies können auf dem Fußboden, auf der Bettkante oder in der Toilette arbeiten. Manche LRS-Schüler sind solche Künstler. Aufgrund ihrer Schwierigkeiten empfiehlt es sich aber, ihnen einen ordentlichen, übersichtlichen und gut beleuchteten Arbeitsplatz mit Ablagemöglichkeit für Schreibgeräte, Bücher, Schülerduden und dgl. anzubieten.

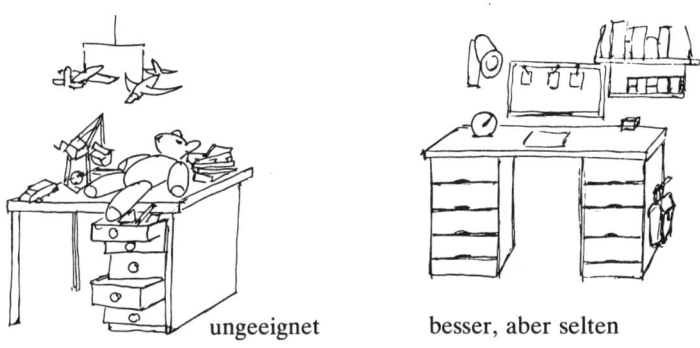

ungeeignet   besser, aber selten

Wenn Sie mehr Kinder als Arbeitsplätze haben, treffen Sie „zeitlich geregelte Besitzverhältnisse".
Von . . . . bis . . . . gehört der Arbeitsplatz . . . .
Ordnung ist für viele Schüler ein Schreckgespenst und kein wirkliches Bedürfnis. Helfen Sie dem LRS-Kind, an seinem Arbeitsplatz Ordnung zu halten. Das hilft ihm, seine „innere Unordnung" nicht noch zu vergrößern.
Der Schulranzen
Wenn ein Kind morgens schon verzweifelte Suchaktionen hinter sich gebracht hat, um noch schnell das Bio-Heft zu finden, kommt es hektisch und unausgeruht in die Schule. Sorgen Sie dafür, daß der Schulranzen am Tag zuvor fertig gepackt bereit steht!

Hilfe 4: Betrifft: Lesen und Schreiben

Eltern sind keine Förderlehrer! Versuchen Sie niemals auf eigene Faust, mit Ihrem Kind einen Förderkurs durchzuführen! Sprechen Sie zuerst immer mit dem Lehrer über Ihre Hilfen beim Lesen und Schreiben.

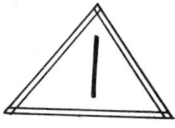

Was tun, wenn . . .	Antwort
. . . mein Kind mich bittet, die Hausaufgaben nach Fehlern durchzuschauen?	Halten Sie sich an die Absprache, die Sie mit dem Lehrer getroffen haben. Wenn Sie keine Absprache getroffen haben, treffen Sie eine.
. . . mein Kind ein Diktat üben möchte?	Tun Sie ihm den Gefallen. Diktieren Sie ein *schon geübtes* aus dem Deutschheft.
. . . ich das Diktat korrigieren soll?	Horchen Sie zunächst in sich hinein: Können Sie im Augenblick ruhig auf die Fehler reagieren? Wenn Sie leicht wütend und ungehalten reagieren, dann korrigieren Sie bitte nicht.
. . . ich das Diktat nicht korrigieren möchte?	Lassen Sie den Schüler das Diktat selbst korrigieren anhand der Vorlage (die muß natürlich richtig sein). Bitten Sie ein anderes Familienmitglied oder einen guten Freund des Kindes darum, nachdem Sie dies vorher mit dem Kind abgesprochen haben. Denken Sie daran: Rechtschreibfehler sind etwas Intimes, das man nicht jedem zeigt. Berücksichtigen Sie also Schamgefühle.
. . . ich meinem Kind nach einem Diktat Mut machen will und seine Anstrengungen loben möchte?	Gehen Sie davon aus, daß sich falsch geschriebene Wörter genauso einprägen, wie richtig geschriebene Wörter. Deswegen hüten Sie sich davor, das Falsche zu unterstreichen und dadurch hervorzuheben.

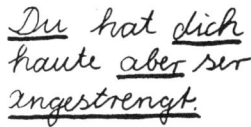

Du hat dich heute aber ser angestrengt.

... ich dem Kind Spaß am Lesen vermitteln möchte?

Unterstreichen Sie alle richtig geschriebenen Wörter, wenn Sie wollen, grün. Hervorgehobene Stellen prägt man sich nämlich besonders gut ein! Kaufen Sie ein Buch, das Ihrem Kind Spaß macht und lesen Sie es vor. Dadurch wird Lesen spannend und erstrebenswert. Konkurrieren Sie so mit dem Fernsehen.

... mein Kind meine Hilfe bei den Fremdsprachen möchte?

Geben Sie Hilfe. Fragen Sie das Kind, welche Hilfe es sich wünscht. Fragen Sie nach dem Helfen, ob es so richtig war.

... mein Kind schlechte Noten schreibt und meine Hilfe trotzdem nicht möchte?

Ertragen Sie die Situation. Drängen Sie das Kind nicht. Lassen Sie ihm Zeit und sprechen Sie einmal mit dem Lehrer darüber.

... mein Kind im Bereich „Schule" keine Fragen stellt?

Abwarten, Geduld haben, Gewährenlassen. Vielleicht haben Sie vorher zu viele Fragen gestellt, so daß sich Ihr Kind erst einmal erholen muß.

... ich meinem Kind ein Angebot machen möchte?

Schreiben Sie z. B. ein „Gutscheinheft" mit Gutscheinen für Ihre Angebote.

Weitere Hilfen finden Sie im Eltern-Ratgeber → E 3, → E 3.6, → E 3.7, → E 3.8.

Weiterführende Literatur:

Speichert (1980)
Speichert (1978)
Blümle/Mapp (o. J.)

Literaturverzeichnis

Adrion, D.: Praxis des Rechtschreibunterrichts. Freiburg: Herder 1978
Angermaier, M.: Psycholinguistischer Entwicklungstest (PET). Deutsche Bearbeitung des Illinois Test of Psycholinguistic Abilities von Kirk, A., Mc Carthy, J. J. Weinheim: Beltz 1974
Angermaier, M. (Hrsg.): Legasthenie. Das neue Konzept der Förderung lese-rechtschreibschwacher Schüler in Schule und Elternhaus. Frankfurt: Fischer 1976
AOL: Unterrichtsmaterial von Lehrern für Lehrer. Waldstraße 17, 7585 Lichtenau-Scherzheim
Atzesberger, M.: Prävention und Intervention bei Lese-Rechtschreibversagen und Lese-Rechtschreibschwäche. Bonn–Bad Godesberg: Dürr 1981
Behle, G.: Fehlerkiller 1, 2, 3. Stuttgart: Klett, Merky-Compakt 1979
Betz, D./Breuninger, H.: Teufelskreis Lernstörungen. München/Wien/Baltimore: Urban & Schwarzenberg 1982
Breuninger, H./Betz, D.: Elternarbeit. In: Naegele u. a., 1982.
Blümle, K./Mupp, P.: Grundkurs: Das Lernen lernen. AOL, Waldstraße 17, 7585 Lichtenau-Scherzheim
Boßmann, D.: Die verdammten Hausaufgaben. Frankfurt: Fischer 1979
Breuninger, H.: Lernziel Beziehungsfähigkeit. Die Verschränkung von praxisnaher Ausbildung (für Lehrer) und gezielte Hilfe (für lese-rechtschreibschwache Schüler). Dissertation, Essen, 1980a
Dostal, K.: Methodik des Schreibunterrichts. Wien/München: Jugend und Volk 1972
Dummer, L. u. Atzesberger, M. (Hrsg.): Legasthenie. Bonn: Reha 1981
Eggert, D. (Hrsg.): Psychomotorisches Training. Weinheim/Basel: Beltz 1975
Elbing, E.: Das Soziogramm in der Schulklasse. München: Reinhardt 1975
Eucker J./Eucker J./Kämpf-Jansen, H.: . . . damit ich besser lesen kann. Düsseldorf: Proschule Verlag GmbH 1975
Florin, I. u. Tunner, W. (Hrsg.): Therapie der Angst. München/Berlin/Wien: Urban & Schwarzenberg 1975
Grissemann, H.: Legasthenie als Deutungsschwäche – eine wahrnehmungs- und leistungspsychologische Betrachtung. In: Hägi, H., Bürli, A., Mathis, A. (Hrsg.): Legasthenie. Weinheim: Beltz 1970 `
Haarmann, D. (Hrsg.): Die Grundschule der achtziger Jahre. (Beiträge zur Reform der Grundschule – Bd. 43/44). Grundschultage 1979 in Bielefeld und Frankfurt
Hägi, H., Bürli, A., Mathis, A.: Legasthenie. Weinheim/Berlin/Basel: Beltz 1970
Hamacher, P. (Hrsg.): s. S. 299
Heckhausen, H.: Die Interaktion der Sozialisationsvariable in der Genese des

Literaturverzeichnis

Leistungsmotivs. In: Graumann, D. F. (Hrsg.): Handbuch der Psychologie. Band 7/2, Göttingen: Hogrefe 1972

Heermann, M.: Schreibbewegungstherapie als Psychotherapieform bei verhaltensgestörten, neurotischen Kindern und Jugendlichen. München: Reinhardt 1977

Horney, K.: Neurose und menschliches Wachstum. München: Kindler 1975

Huberich, P. u. Huberich, U.: Spiele für die Gruppe. Heidelberg: Quelle & Meyer 1979

Jacobson, E.: Progressive relaxation. Chicago: Univ. of Chicago Press 1938

Jung, U. O. H.: Zur auditiven Diskrimination legasthener und nicht-legasthener Schüler. In: Linguistik und Didaktik 1977, 31 (8).

Kern, A. u. Kern, E.: Der neue Weg der Rechtschreibung. Freiburg: Herder 1954

Kowarik, O.: Legasthenikerbetreuung in Gruppen und Kursen. Wien/München: Jugend und Volk 1977

Kowarik, O./Kraft, J.: Die Legasthenie und ihre methodische Behandlung. Wien/München: Jugend und Volk 1973

Kramer, J.: Linkshändigkeit. Solothurn: Antonius 1970

Lefrançois, G. R.: Psychologie des Lernens. Berlin: Springer 1976

Lempp, R.: Lernerfolg und Schulversagen. Eine Kinder- und Jugendpsychiatrie für Pädagogen. München: Kösel 1971

Mc Leod, B.: Psychotherapie des lese-rechtschreibschwachen Kindes. In: Biermann, G. (Hrsg.): Handbuch der Kinderpsychotherapie. Ergänzungsband. München: Reinhardt 1976

Meichenbaum, D. W.: Kognitive Verhaltensmodifikation. München: Urban & Schwarzenberg 1979

Meier, H.: Deutsche Sprachstatistik. Hildesheim: Olms 1967

Menze, F.: Rechtschreibtraining Orientierungsstufe. Unterrichtsmaterialien von Lehrern für Lehrer: AOL, Waldstraße 17, 7585 Lichtenau-Scherzheim, o. J.

Metzger, W.: Schöpferische Freiheit. Frankfurt: Kramer 1962

Müller, R. G. E.: Ursachen und Behandlung von Lese-Rechtschreibschwäche. Berlin: Marhold 1969

Müller, R.: Diagnostischer Rechtschreibtest für 2. Klasse DRT 2. Weinheim: Beltz Test Gesellschaft 1966

Naegele, I., Haarmann, D., Rathenow, P., Warwel, K.: Lese- und Rechtschreibschwierigkeiten. Orientierungen und Hilfen für Grundschüler. Weinheim/Basel: Beltz 1981

Naegele, I. u. a.: Lese- und Rechtschreibschwierigkeiten. Orientierungen und Hilfen für die Sekundarstufe. Weinheim: Beltz 1982

Niemeyer, W.: Legasthenie und Milieu. Hannover: Schroedel 1974

Plickat, H.-H.: Deutscher Grundwortschatz. Weinheim/Basel: Beltz 1980

Rathenow, P. u. Vöge, J.: Erkennen und fördern lese-rechtschreibschwacher Schüler. Hessisches Institut für Lehrerfortbildung 1980

Redlich, A. & Schley, W.: Kooperative Verhaltensmodifikation im Unterricht. München/Wien/Baltimore: Urban & Schwarzenberg 1978

Rosemann, H.: Kinder im Schulstreß. Die Krankheit, die Schule heißt. Frankfurt/M.: Fischer 1978

Rosenthal, R./Jacobsen, L.: Pygmalion in the classroom: teacher, expectation and pupil's intellectual development. New York: Rinehart & Sinston 1968

Sarason, S. B. u. a.: Angst bei Schulkindern. Stuttgart: Klett 1971

Schlee, J.: Legasthenieforschung am Ende? München: Urban & Schwarzenberg 1976

Schmiedeberg, J.: Konzentrations- und Orientierungsübungen. Bonn: Dümmler o. J.

Schwäbisch, L., Siems, M.: Anleitung zum sozialen Lernen für Paare, Gruppen und Erzieher. Reinbek: Rowohlt 1974.

Schwalbacher Spielekartei. Wiesbaden: Haus Schwalbach 1977

Sirch, K.: Der Unfug mit der Legasthenie. Stuttgart: Klett 1975

Speichert, H.: Umgang mit der Schule. Ein Eltern-Handbuch. Reinbek: Rowohlt 1978

Speichert, H.: Hausaufgaben sinnvoll machen. Reinbek: Rowohlt 1980

Tamm, H.: Die Schule hilft lese-rechtschreibschwachen Kindern. In: Ges. d. Freunde des Vaterländischen Schul- und Erziehungswesens. Hamburg 1966

Tamm, H.: Die Betreuung legasthenischer Kinder. Weinheim/Basel: Beltz 1974

Vopel, K. W.: Interaktionsspiele für Kinder (Bd. 2). Hamburg: Isko-press 1980

Wagner, I.: Aufmerksamkeitstraining mit impulsiven Legasthenikern. In: Angermaier, M. (Hrsg.): Legasthenie. Frankfurt: Fischer 1976a

Wagner, I.: Aufmerksamkeitstraining mit impulsiven Kindern. Stuttgart: Klett 1976b

Walther, H., Schmitz, H. J., Dietze, L.: Elternarbeit in der Grundschule. Ravensburg: Maier-Verlag 1976

Wittmann, B.: Vom Sinn und Unsinn der Hausaufgaben. Darmstadt: Luchterhand 1977

Zander, S.: Aufsatzunterricht in der Grundschule. Bochum: Kamp 1974

Zimmermann, A.: Legasthenie und schriftsprachliche Kommunikation. Weinheim/Basel: Beltz 1980

Hamacher, P. (Hrsg.): Handreichung Rechtschreibung/Grundwortschatz. Skript zu beziehen über das Kultusministerium NRW, Völklingerstr. 49, 4 Düsseldorf 1, o. J.

LESEN UND SCHREIBEN

Ingrid M. Naegele
**Schulversagen in Lesen
und Rechtschreiben (LRS I)**
Ursachen, Auswirkungen, Abhilfen
144 S. Pappband. DM 24,80
ISBN 3-407-83118-8
Kompetente, verständliche Ratschläge
für den Dialog zwischen Eltern und
Schule, die bei Lese-Rechtschreib-
Schwäche wirksam helfen können.

Ingrid M. Naegele
**Häusliche Hilfen bei Lese-
und Rechtschreib-Schwierigkeiten
(LRS II)**
Ein Ratgeber für Eltern. Mit einem
Vorwort von Dieter Haarmann.
158 S. Br. DM 24,80
ISBN 3-407-83120-X
Dieser Eltern-Ratgeber gibt erprobte
Tips und Hilfen, wie im Elternhaus LRS-
Kindern geholfen werden kann: mit ge-
zielten Schreib- und Leseübungen, mit
Spielen, mit der Wortkartei u.a. Der
Ratgeber bietet darüber hinaus Tips
und Hinweise auf außerschulische
Hilfs-, Beratungs- und Therapieeinrich-
tungen an.

Ingrid M. Naegele/Renate Valtin (Hrsg.)
LRS in den Klassen 1–10
Handbuch der Lese- und Rechtschreib-
schwierigkeiten.
192 S. Br. DM 42,–
ISBN 3-407-62125-6
Prävention und Therapie von beson-
deren Schwierigkeiten beim Lesen,
Schreiben und Rechtschreiben in der
Grundschule und Sekundarstufe I sind
Thema dieses Bandes.

Heinz Triebel/Wilhelm Maday
Handbuch der Rechtschreibübungen
Didaktischer Rahmen, methodische
Möglichkeiten, Arbeitsplanungen,
Übungseinheiten und Korrektur-
vorschläge.
319 S. Br. DM 44,–
ISBN 3-407-62064-0
»... eine der umfassendsten und
besten Hilfen in diesem Bereich.«
Lernen fördern

Leonhard Blumenstock
Handbuch der Leseübungen
Vorschläge und Materialien zur
Gestaltung des Erstleseunterrichts mit
Schwerpunkt im sprachlich-akustischen
Bereich
159 S. Br. DM 36,–
ISBN 3-407-62068-3
Dieses Handbuch bietet eine Übungs-
sammlung zu verschiedenen Phasen
und Schwerpunkten des Erstleseunter-
richts, wobei an vielen Stellen die
Verbindung zum Schreib- und Recht-
schreibunterricht hergestellt wird.

Leonhard Blumenstock/Erich Renner
(Hrsg.)
Freies und angeleitetes Schreiben
Beispiele aus dem Vor- und Grund-
schulalter
142 S. Br. DM 32,–
ISBN 3-407-62131-0
Eine Fülle praktischer und von jedem
nachvollziehbarer Beispiele zeigt, wie
»freies und angeleitetes Schreiben«
in konstruktivem Verbund sich stufen-
weise entfaltet.

Preisänderungen vorbehalten

Beltz Verlag · Postfach 10 01 54 · 6940 Weinheim

B_126